低頭認輸 × 自我安慰 × 逆境求生，既然無法成為

成熟大人學彎腰

OWN
HEART

胡彧——編著

難得在滾滾紅塵中走一遭，
你又何必自尋那麼多煩惱？

人生從起點到終點，猶如一道美麗的弧線，
——生命之美被淋漓盡致展現——

目 錄

目錄

目錄

第八章　感謝折磨你的人

目錄

第一章　心態決定命運

　　哲人說：「你的心態就是你真正的主人。」偉人說：「要麼你去駕馭生命，要麼生命駕馭你。你的心態將決定誰是坐騎，誰是騎士。」在人生的旅途中，有數不盡的坎坷泥濘，也有看不完的春花秋月，持一種什麼樣的心態，將最終決定你的人生軌跡。

● 成功由心態掌控

積極的心態能使你集中所有的精神力量去成就一番事業。當你以積極的心態全力以赴時，無論結果如何，你都是贏家。

有一位媽媽，她有一個讀高中而且網球打得很好的女兒。有一年，學校舉行網球聯賽，女兒信心十足地報了名，滿懷著奪冠的希望。

比賽前，女兒查看賽程表時，發現第一場和自己比賽的竟是曾經打敗她的高手，她很灰心，開始垂頭喪氣起來。

「這次可能連預賽出線的機會也沒有了。」

媽媽看見女兒如此絕望，自己的壓力也很大。她腦子一轉，對女兒說：「你想不想把那人打敗呢？」

「當然想呀，不過她上次把我打得很慘，我們的實力相差太遠了。」

「我有一個方法，如果你照著我的話做，你便能贏這場比賽。」

「真的嗎？請媽媽快點告訴我好嗎！」

「你現在閉上眼睛，回想以前你打網球時最精彩的一幕，把那過程從頭到尾重演一次，好好地感受勝利的滋味。」

女兒照著媽媽的話做，剛才臉上的絕望不見了，換來的是精神煥發。改變了面對比賽的態度，讓她充滿了信心和活力。

比賽開始了。女兒信心百倍地踏上球場，施展渾身解數，把對方打得落花流水，順利地贏得第一場比賽。比賽結束之後，女兒興高采烈地衝向媽媽。媽媽說：「你打得很好呢！」

「全靠媽媽的指點！坦白說，我最初聽到時覺得有點懷疑，沒想到那麼有效！」女兒興奮地說著。

當你的心靈只為一種可能的結果所盤踞時，你的心靈便會產生一種

魔力，你的思考過程和整個神經系統會將一切的力量都凝聚於產生這個結果。

能利用心靈力量讓自己的表現更好嗎？當然可以。你可以重複地告訴自己——「我能做到！我能做到！我能做到！」且在重複這句話的同時，也要想像著你想要達到的表現水準。不要讓任何相反的念頭竄入你的心裡！忘掉它們！勝利者永遠只想著勝利。

信念會在許多方面以化學方式影響我們的心理和生理，讓我們更確定成功的到來。我們的心理和生理會呈現的最佳狀態包括：進取心更強、更為專注、注意力更為集中、更大的力量、更多的精力以及追求勝利的堅強意志和決心。

相信自己會失敗的人，總是相信不好的結果一定會發生，他們並非缺乏信心，錯誤只在於他們總是將自己的滿腔信心放在不想要的事情上。唯有我們所堅信的思想最後才會落實在我們的生活中，這是因為潛意識只接受我們所相信的事物。若想了解我們自己現在擁有哪些堅定的信念，我們只需好好去檢視各個生活層面——我們的健康、家庭、職業、朋友、活動以及所擁有的事物等。

心靈物語

讓心靈先到達你想去的那個地方，接下來我們要做的，就是沿著心靈的召喚前進。聽從心靈的召喚，走自己的路，我們的人生由我們自己做主。為了自己的信念，在心靈深處堅持不懈，這就好比在心裡嵌入了不竭的熱源，還會懼怕表面上的雨雪風霜嗎？

● 心態影響生活

我們的生活狀況其實就是我們心境的外部反映，從某種意義上說，有什麼樣的心境，就有什麼樣的生活。

有位老太太生了兩個女兒，大女兒嫁給傘店老闆，小女兒當上了洗衣店的女主管。於是老太太整天憂心忡忡，逢上陰天，她擔心洗衣店的衣服晾不幹，逢上晴天，她害怕傘店的雨傘賣不出去，天天為女兒擔憂，日子過得很憂鬱。

後來一位聰明人告訴她：「老太太，您真是好福氣！下雨天，您大女兒家生意興隆，大晴天，您小女兒家顧客盈門。哪一天你都有好消息啊！」老太太一想，果然如此，從此高興起來，每天都很舒心。天還是老樣子，只是腦筋變了一變，生活的色彩竟然煥然一新。

明人陸紹珩說一個人生活在世上，要敢於放開眼，而不向人間浪皺眉。

「放開眼」和「浪皺眉」就是對人生兩面的選擇。你選擇正面，你就能樂觀自信地舒展眉頭，面對一切；你選擇負面，你就只能是眉頭緊鎖，鬱鬱寡歡，最終成為人生的失敗者。

悲觀失望的人在挫折面前，會陷入不能自拔的困境；樂觀向上的人即使在絕境之中也能看到一線生機，並為此而努力。有位詩人說：「即使到了我生命的最後一天，我也要像太陽一樣，總是面對著事物光明的一面。」

到處都有明媚宜人的陽光，勇敢的人一路縱情歌唱。即使在烏雲的籠罩之下，他也會充滿對美好未來的期待，跳動的心靈一刻都不曾沮喪悲觀：不管他從事什麼行業，他都會覺得工作很重要、很體面；即使他衣衫

襤褸，也無礙於他的尊嚴；他不僅自己感到快樂，也讓別人感受快樂。

千萬不要讓自己的心消沉，一旦發現有這種傾向就要馬上避免。我們應該養成樂觀的個性，面對所有的打擊，我們都要堅韌地承受；面對生活的陰影，我們也要勇敢地克服。要知道，任何事物總有光明的一面，我們應該去發現光明的一面。垂頭喪氣和心情沮喪是非常危險的，這種情緒會減少我們生活的樂趣，甚至會毀滅我們的生活本身。

心靈物語

一個人要想生活幸福，就不能總把目光停留在那些消極的東西上，那只會使你沮喪、自卑，徒增煩惱，還會影響你的身心健康。結果，你的人生就可能被失敗的陰影遮蔽本該有的光輝。

● 心境不同結果不同

古代一個舉人進京趕考，住在一家店裡。考試前兩天他做了三個夢，第一個夢是自己在牆上種白菜；第二個夢是下雨天，他戴了斗笠還撐傘；第三個夢是跟心儀已久的表妹躺在一起，但是背靠著背。

這三個夢似乎有些深意，舉人第二天就趕緊去找算命的解夢。算命的一聽，連拍大腿說：「你還是回家吧！你想想，高牆上種菜不是白費勁嗎？戴斗笠撐雨傘不是多此一舉嗎？跟表妹都躺在一張床上了，卻背靠背，不是沒戲嗎？」

舉人一聽，如同掉進了萬丈深淵。他回到店裡，心灰意冷地收拾包袱準備回家。店老闆非常奇怪，問：「不是明天就要考試了嗎？你怎麼今天就要回鄉了？」

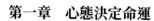

　　舉人如此這般說了一番，店老闆樂了：「喲，我也會解夢的。我倒覺得，你這次一定要留下來。你想想，牆上種菜不是高種（中）嗎？戴斗笠撐傘不是說明你這次有備無患嗎？跟你表妹背靠背躺在床上，不是說明你翻身的時候就要到了嗎？」

　　舉人一聽，更有道理，於是振奮精神參加考試，果然考中了。

　　這就是不同心態帶來的不同結果。

　　為什麼會這樣呢？積極的心態能激發腦內啡，腦內啡又轉而激發樂觀和幸福的感覺，這些感覺反過來又增強了積極的心態，這樣，就形成了「良性循環」。

　　積極的心態能激發高昂的情緒，幫助我們忍受痛苦，克服憂鬱、恐懼，化緊張為精力充沛，並且凝聚堅忍不拔的力量。

　　這就從生理學（精神藥理學）的角度解釋了為什麼成功者都是心態正面者，為什麼他們能夠拿得起、放得下，忍辱負重，樂觀向上，義無反顧地走向成功。

　　相反，負面的心態和頹廢的思想則耗盡了腦內啡，導致人心情沮喪；由於心情沮喪，腦啡的分泌量更加減少，於是消極的想法變得越來越嚴重，這就是「惡性循環」。

心靈物語

樹立健康的心態，樹立富有生機與活力的心態，這種心態作為一切創造的源泉，作為一種永恆的真理，是一種妙不可言的萬用靈藥，將使你頓感力量陡增，積極地投入生活。

● 正確認識自己

　　一隻狐狸欣賞著自己在晨曦中的身影說：「今天我要用一隻駱駝做午餐呢！」整個上午，牠奔波著，尋找駱駝。但當正午的太陽照在牠的頭頂時，牠再次看了一眼自己的身影，於是說：「一隻老鼠也就夠了。」

　　狐狸之所以犯了兩次截然不同的錯誤，與牠選擇「晨曦」和「正午的陽光」作為鏡子有關。晨曦拉長了牠的身影，使牠錯誤地認為自己就是萬獸之王，並且力大無窮、無所不能，能吃掉駱駝，而正午的陽光又讓牠對著自己已縮小了的身影妄自菲薄。

　　像狐狸這種心態的，在現實生活中大有人在，對自己了解不足、過分強調某種能力，或者無根無據承認自己無能。這種情況下，千萬別忘記上帝為我們準備了另外一面鏡子，這塊鏡子就是「反躬自省」4個字，它可以照見落在心靈上的塵埃，提醒我們「時時勤拂拭」，使我們認識真實的自己。

　　尼采曾經說過：「聰明的人只要能認識自己，便什麼也不會失去。」正確認識自己，才能使自己充滿自信，才能使人生的航船不迷失方向。正確認識自己，才能正確確定人生的奮鬥目標。有了正確的人生目標，並充滿自信，為之奮鬥終生，才能此生無憾，即使不成功，自己也會無怨無悔。

　　世界上沒有兩片完全相同的樹葉，人也一樣，每個人都是上帝的寵兒。正確認識自己，既看到自己的長處，也認識到自己的不足，為自己正確定位，這樣才能充滿自信地去迎接機遇和挑戰，為自己創造更多的成功和歡樂。

> **心靈物語**
>
> 雖然，生活賦予我們每個人的並不是完全相同的命運，但上帝是無私的。天生我才必有用，只要我們正確認識自己，不失自知之明，就能譜寫出屬於自己的華美樂章。

● 腳比路長

當你堅信「腳比路長」時，你的熱情會促使你把理想付諸行動。

古老的阿拉比國在大漠深處，多年的風塵肆虐，使城堡變得滿目瘡痍。國王對 4 個王子說，他打算將國都遷往據說美麗而富饒的卡倫。

卡倫離這裡很遠很遠，要翻過許多崇山峻嶺，要穿過草地、沼澤，還要涉過很多的大河，但究竟有多遠，沒有人知道。

於是，國王決定讓 4 個兒子分頭去探路。

大王子坐車走了 7 天，翻過 3 座大山，來到一望無際的草地邊，一問當地人，得知過了草地，還要過沼澤，還要過大河、雪山……便馬上往回走。

二王子策馬穿過一片沼澤後，被那條寬闊的大河擋了回去。

三王子過了那條大河，卻被那又一片遼遠的大漠嚇退了。

一個月後，3 個王子陸陸續續回到國王那裡，將各自沿途所見報告給國王，並再三強調，他們在路上問過很多人，都告訴他們去卡倫的路很遠很遠。

又過了 5 天，小王子風塵僕僕地回來了，興奮地向父親報告：到卡倫只需 18 天的路程。

國王滿意地笑了：「孩子，你說得很對，其實我早就去過卡倫。」

幾個王子不解地望著國王：那為什麼還要派他們去探路？

國王一臉鄭重道：「我只想告訴你們4個，腳比路長。」

心靈物語

> 相信腳比路長時，你就會對生活充滿希望，無論你在人生的旅途中遭遇多大的困難，都不會悲觀沮喪，相反會充滿熱情地投入生活。

● 驅逐任何懷疑的思想

3隻青蛙掉進了鮮奶桶中。

第一隻青蛙說：「這是命。」於是牠盤起後腿，一動不動地等待著死亡的降臨。

第二隻青蛙說：「這桶看來太深了，憑我的跳躍能力，是不可能跳出去了。今天死定了。」於是，牠沉入桶底淹死了。

第三隻青蛙打量著四周說：「真是不幸！但我的後腿還有勁，我要找到墊腳的東西，跳出這可怕的桶！」

於是，第三隻青蛙一邊滑一邊跳，慢慢地，鮮奶在攪拌下變成了奶油塊，在奶油塊的支撐下，這隻青蛙奮力一躍，終於跳出了鮮奶桶。

正是希望救了第三隻青蛙的命。

許多成功者都有樂觀期待的習慣。不論目前所遭遇的境地是怎樣的慘澹黑暗，他們都不會屈服於現狀，他們對於自己的信仰、對於「最後的勝利」始終堅定不移。這種樂觀的期待心理會生出一種「神祕的力量」，以使他們達成願望。

每個人都應該堅信自己所期待的事情能夠實現，千萬不可有所懷疑。

要把任何懷疑的思想都驅逐掉，而代之以必勝的信念，努力發掘出屬於自己的強項，必定會有美滿的成功。

心靈物語

> 人的一生很像是在霧中行走，遠遠望去，只是迷茫一片，辨不出方向和吉凶。可是，當你鼓起勇氣，放下悲傷和沮喪，一步一步向前走去的時候，你就會發現，每走一步，你都能把下一步路看得清楚一點。「放下悲觀按前走，別站在遠遠的地方觀望！」這樣，你就可以瀟灑上路，最終找到屬於你的方向。

● 堅持下去就會成功

　　一位名叫希瓦勒的鄉村郵差，每天徒步奔走在各個村莊之間。有一天，他在崎嶇的山路上被一塊石頭絆倒了。

　　他發現，絆倒他的那塊石頭樣子十分奇特，他拾起那塊石頭，左看右看，有些愛不釋手了。

　　於是，他把那塊石頭放進自己的郵包裡。村子裡的人們看到他的郵包裡除信件之外，還有一塊沉重的石頭，都感到很奇怪，便好意地對他說：「把它扔了吧，你還要走那麼多路，這可是一個不小的負擔。」

　　他取出那塊石頭，炫耀地說：「你們看，有誰見過這樣美麗的石頭？」

　　人們都笑了：「這樣的石頭山上到處都是，夠你撿一輩子。」

　　回到家裡，他突然產生一個念頭，如果用這些美麗的石頭建造一座城堡，那將是多麼美麗啊！

　　於是，他每天在送信的途中都會找幾塊好看的石頭。不久，他便收集了一大堆，但離建造城堡的數量還遠遠不夠。

　　於是，他開始推著單輪車送信，只要發現中意的石頭，就會裝上單輪車。

　　此後，他再也沒有過上一天安閒的日子，白天他是一個郵差和一個運輸石頭的苦力，晚上他又是一個建築師。他按照自己天馬行空的想像來構造自己的城堡。

　　所有的人都感到不可思議，認為他的大腦出了問題。

　　20 多年以後，在他偏僻的住處，出現了許多錯落有致的城堡，有清真寺式的、有印度神教式的、有基督教式的……當地人都知道有這樣一個性格偏執、沉默不語的郵差，在玩一些如同小孩建築沙堡的遊戲。

　　西元 1905 年，美國波士頓一家報社的記者偶然發現了這群城堡，這裡的風景和城堡的建造格局令他慨嘆不已，為此寫了一篇介紹希瓦勒的文章。文章刊出後，希瓦勒迅速成為新聞人物。許多人都慕名前來參觀，連當時最有聲望的大師級人物畢卡索也專程參觀了他的建築。

　　在城堡的石塊上，希瓦勒當年刻下的一些話還清晰可見，有一句就刻在入口處的一塊石頭上：「我想知道一塊有了願望的石頭能走多遠。」

　　據說，這就是那塊當年絆倒希瓦勒的第一塊石頭。

　　其實有了願望的不是石頭，而是我們的內心有了一股強大的信念，這個信念就是要過自己嚮往的生活。

　　許多人之所以不平凡，是因為他們能夠清醒地認識到一點：自己想過什麼生活，想要什麼樣的人生。當他們有了自己的夢想以後，任何困難都是微不足道的。

心靈物語

> 很多人抱怨生活中缺少或沒有光明，這是因為他們自己缺少或沒有希望的緣故。無論在多麼艱難的困境中，只要活在希望中，就會看到光明，這光明也將會伴隨我們的一生。希望是生活的燈塔，沒有希望的人生就如同在黑暗中行進；希望具有鼓舞人心的創造性力量，激勵人們去盡力完成自己的事業；希望可以增強人們的才智，能夠使夢幻變成現實。

● 信念的力量

生活中沒有信念的人，猶如一個沒有羅盤的水手，在浩瀚的大海裡隨波逐流。

西元 1989 年，發生在美國洛杉磯一帶的大地震，在不到 4 分鐘的時間裡，使 30 萬人受到傷害。在混亂和廢墟中，一個年輕的父親安頓好受傷的妻子，便衝向他 7 歲兒子上學的學校。他眼前，那個昔日充滿孩子們歡聲笑語的漂亮的 3 層教學樓，已變成一堆廢墟。

他頓時感到眼前一片漆黑，大喊：「艾曼達，我的兒子！」跪在地上大哭了一陣後，他猛地想起自己常對兒子說的一句話：「不論發生什麼，我總會跟你在一起！」他堅定地站起身，向那片看起來毫無希望的廢墟走去。

他每天早上送兒子上學，知道兒子的教室在一層樓的左後角，他疾步走到那裡，開始動手。

在他清理挖掘時，不斷有孩子的父母急匆匆地趕來，看到這片廢墟，他們痛哭並大喊：「我的兒子！」、「我的女兒！」哭喊過後，他們絕望

地離開了，有些人上來拉住這位父親：

「太晚了，他們已經死了。」

「這樣做無濟於事，回家去吧！」

「冷靜些，你要面對現實。」

這位父親雙眼直直地看著這些好心人，問道：「你是不是來幫助我的？」沒人給他肯定的回答，他便埋頭接著挖。

消防隊長擋住他：「太危險了，這裡隨時可能發生起火爆炸。請你離開。」

這位父親問：「你是不是來幫助我的？」

員警走過來：「你很難過，難以控制自己，可這樣不但不利於你自己，對他人也有危險，馬上回家去吧。」

「你是不是來幫助我的？」

人們都搖頭嘆息地走開了，認為他精神失常了。

這位父親心中只有一個念頭：「兒子在等著我。」

他挖了 8 小時、12 小時、24 小時、36 小時，沒人再來阻擋他。他滿臉灰塵，雙眼布滿血絲，渾身上下到處是血跡。到第 38 小時，他突然聽見底下傳出孩子的聲音：「爸爸，是你嗎？」

是兒子的聲音！父親大喊：「艾曼達！我的兒子！」

「爸爸，真的是你嗎？」

「是我，是爸爸！我的兒子！」

「我告訴同學們不要害怕，說只要我爸爸活著就一定會來救我們，因為他說過不論發生什麼，我總會跟你在一起！」』

「你現在怎麼樣？有幾個孩子活著？」

「我們這裡有 14 個同學，都活著，我們都在教室的牆角。房頂塌下來

架了個大三角形，我們沒被砸到。我們又餓又渴又害怕，現在好了。」

父親大聲向四周呼喊：「這裡有 14 個孩子，都活著！快來人！」

心靈物語

> 信念能夠產生巨大的力量。在生活中，想想正面的事，有助於心態的改變。凡事若不從好的方面去想，往往可能還沒有去做某件事，就失去了信心，其結果十有八九會朝著不利的方向發展。所以，做什麼事，都要有正面的信念，都要從好的方面去想。當你想像你會成功時，你就會增強信心，並在實踐中想方設法去做。從好的方面想，才會有好的結果。

● 懷有成為珍珠的信念

很久很久以前，有一個養蚌人，他想培養一顆世上最大最美的珍珠。

他去海邊沙灘上挑選沙粒，並且一顆一顆地問那些沙粒，願不願意變成珍珠。一顆一顆的沙粒都搖頭說不願意。養蚌人從清晨問到黃昏，他都快要絕望了。

就在這時，有一顆沙粒答應了他。

旁邊的沙粒都嘲笑起那顆沙粒，說它太傻，去蚌殼裡住，遠離親人、朋友，見不到陽光、雨露、明月、清風，甚至還缺少空氣，只能與黑暗、潮溼、寒冷、孤寂為伍，不值得。

可那顆沙粒還是無怨無悔地跟著養蚌人走了。

星移斗轉，幾年過去了，那顆沙粒已長成了一顆晶瑩剔透、價值連城的珍珠，而曾經嘲笑它傻的那些夥伴們，卻依然只是一堆沙粒，有的已風化成土。

也許你只是眾多沙粒中最平凡的一顆，但如果你有要成為一顆珍珠的信念，並且忍耐著、堅持著，當走過黑暗與苦難的長隧道之後，你或許會驚訝地發現，平凡如沙粒的你，在不知不覺中，已長成了一顆珍珠。

每顆珍珠都是由沙子磨礪出來的，能夠成為珍珠的沙粒都有著成為珍珠的堅定信念，並無怨無悔。沙粒之所以能成為珍珠，只是因為它有成為珍珠的信念。芸芸眾生中，我們原本只是一粒粒平凡的沙子，但只要懷有成為珍珠的信念，你終會長成一顆珍珠的。

心靈物語

> 一個人除非對自己的目標有足夠的信心，否則很難實現目標。在成長的道路上，我們應當始終堅信，只要朝著自己的目標不斷向前，肯定會有好的結果。

● 選對合適的角色

從前，一位陶工製作了一隻精美的彩釉陶罐，他把這個精美的陶罐搬回家中放到了屋角的一塊石頭上。

陶罐認為主人把自己放錯了地方，整天唉聲嘆氣地抱怨說：「我這麼漂亮，這麼精緻，為什麼不把我放到皇宮裡作為收藏品呢？即使擺放到商店展出，也比待在這裡強啊！」

陶罐底下的石頭聽了忍不住勸它：「這裡不是也挺好嗎？我待的時間比你還久呢。」

陶罐聽了譏諷石頭說：「你算什麼東西？只不過是一塊墊腳石罷了，你有我這麼漂亮的圖案嗎？和你在一起我真感到羞恥。」

石頭爭辯說：「我確實不如你漂亮好看，我生來就是做墊腳石的，但在完成本職任務方面，我不見得比你差……」

「閉嘴！」陶罐憤怒地說，「你怎麼敢和我相提並論！你等著吧，要不了多久，我就會被送到皇宮成為收藏品……」它越說越激動，不小心搖晃了一下，「嘩啦」掉在地上，摔成了一堆碎片。

一年一年過去了，世界發生了許多事情，一個又一個王朝覆滅了，陶工的房子早已倒塌了，石塊和那堆陶罐碎片被遺落在荒涼的場地上。歷史在它們上面積滿了渣滓和塵土，一個世紀連著一個世紀。

許多年以後的一天，人們來到這裡，掘開厚厚的堆積，發現那塊石頭。

人們把石塊上的泥土刷掉，露出了晶瑩的顏色。「啊，這塊石頭可是一塊價值連城的寶玉呢！」一個人驚訝地說。

「謝謝你們！」石塊興奮地說，「我的朋友陶罐碎片就在我的旁邊，請你們把它也發掘出來吧，它一定悶得受不了了。」

人們把陶罐碎片撿起來，翻來覆去查看了一番，說：「這只是一堆普通的陶罐碎片，一點價值也沒有。」說完就把這些陶罐碎片扔進了垃圾堆。

社會是一座舞臺，要想在這個舞臺上當一名好演員，就必須根據自己的素養、才能、興趣和環境條件，選擇好適合自己的社會角色，只能演配角就不要去爭當主角，適合當士兵就別奢望當將軍。

如果認不清自己，不滿足於普通的角色，像故事中的陶罐那樣，一心想成為皇宮的收藏品，把自己擺錯了位置，到頭來只會白費力氣，一事無成。反之，一旦選準了適合的角色，走向成功也是順理成章的事情。

心靈物語

在生活中，誰都想最大限度地發揮自己的力量，在更大程度上獲得社會的承認。而要想做到這一點，你就必須根據自己的特長和愛好選準適合自己扮演的社會角色。

● 積極的心態

一個年輕人和一個老年人分別要在夜晚不同的時間裡，穿過一處陰森的樹林。

走之前，他們都聽說這樹林裡出現過一隻狼，那是從附近一座山上跑下來的。但這隻狼是否還在那裡，誰也不知道。

老年人臨行前，別人勸他還是不去為好，可老人說：「我已經與樹林那邊的人約好了，今晚無論如何都要趕到。再說，反正我已六十多歲了，讓狼吃了也沒什麼了不起。」

於是，老人走了，他準備了一根木棍、一把斧頭，很快走進了樹林。幾個小時後，當老人走出樹林時，他已經精疲力竭。燈光下，人們看見老人身上有許多血跡。

年輕人臨行前，別人也同樣勸他別去，年輕人猶豫了一下，他想，老人都去了，我若退縮的話多沒面子，於是，學著老人的話說：「我也已經與樹林那邊的人約好了，怎能不去呢？」接著又說：「要是那老人和我一起走，該多好啊！畢竟兩個人安全些，我還年輕，以後的日子還長著呢！」說這話的時候，年輕人因害怕而渾身發抖。

那晚他也走進了樹林，但人們卻沒能見到他到達樹林的那邊。天亮的時候，人們只在那片樹林裡見到一堆新鮮的骨頭。

故事中，年輕人結局悲慘的原因就在於他持一種負面的心態，在遇到狼以前，他就已經否定了自己。由此可見，建立一種積極的心態才是成功的關鍵。

很多時候，大部分人之所以不成功，是因為他們不「想」成功，或者說他們不具備成功者的心態。知識與才能是成功的發動機，而積極的心態則是成功發動機中的潤滑油。透過對大量成功者的研究，我們發現，幾乎所有的成功者都表現出一個共同的特徵，那就是都具備正面的心態。

有的人彷彿天生就具備積極樂觀、善於自我激勵等特徵，而有的人則經過苦難的磨礪主動地培養了正面的個性。沒有什麼比積極的心態更能使一個普通平凡的人走上成功的道路。從這個角度講，積極的心態是成功理論的重要原則之一。如果你已具有積極的心態，那麼恭喜你；如果你能培養積極的心態，那麼你也必定能走向成功。

心靈物語

成功者與失敗者之間的差別是：成功者始終用最積極的思考、最樂觀的精神和最輝煌的經驗支配和控制自己的人生；失敗者則剛好相反，他們的人生是受過去的種種失敗與疑慮所引導和支配的。

● 進取心創造卓越

玫琳凱（Mary Kay）在美國可謂家喻戶曉，然而在創業之初，她曾歷盡失敗，走了不少彎路。但她從來不灰心、不洩氣，最後終於成為大器晚成的化妝品行業的「皇后」。

1960 年代初期，玫琳凱已經退休回家。可是過分寂寞的退休生活使她

突然決定冒一冒險。經過一番思考，她把一輩子積蓄下來的 5,000 美元作為全部資本，創辦了玫琳凱化妝品公司。

為了支持母親實現「狂熱」的理想，兩個兒子也「跳往助之」，一個辭去一家月薪 480 美元的人壽保險公司代理商職務，另一個也辭去了在休士頓月薪 750 美元的職務，加入到母親創辦的公司中來，寧願只拿 250 美元的月薪。

玫琳凱知道，這是背水一戰，是在進行一次人生中的大冒險，弄不好，不僅自己一輩子辛辛苦苦的積蓄將血本無歸，而且還可能葬送兩個兒子的美好前程。

在創建公司後的第一次展銷會上，她隆重推出了一系列功效奇特的護膚品。按照原來的想法，這次活動會引起轟動，一舉成功。可是，「人算不如天算」，整個展銷會下來，她的公司只賣出去 15 美元的護膚品。

在殘酷的事實面前，玫琳凱不禁失聲痛哭，而在哭過之後，她反覆地問自己：「玫琳凱，你究竟錯在哪裡？」

經過認真分析，她終於悟出了一點：在展銷會上，她的公司從來沒有主動請別人來訂貨，也沒有向外發訂單，而是希望女人們自己上門來買東西……難怪在展銷會上落得如此下場。

玫琳凱擦乾眼淚，從第一次失敗中站了起來，在生產管理的同時，她加強了銷售隊伍的建設……

經過 20 年的苦心經營，玫琳凱化妝品公司由初創時的 9 個員工發展到現在的 5,000 多人；由一個家庭公司發展成為一個國際公司，擁有一支 20 萬人的推銷隊伍，年銷售額超過 3 億美元。

玫琳凱終於實現了自己的夢想。是什麼力量不斷地激勵玫琳凱朝著自己的目標前進？這個推動力就是：進取心。一旦養成一種不斷自我激勵、

始終向著更高目標前進的習慣，我們身上的很多不良習性就都會逐漸消失。

　　一旦我們有幸受這種偉大推動力的引導和驅使，我們就會成長、開花、結果，進取心最終會成為一種偉大的自我激勵力量，它會使我們的人生更加崇高。

心靈物語

進取心是神祕的宇宙力量在人身上的體現，這種動力並不是純粹的人為力量能創造的。為了獲得和滿足這種力量，我們甚至願意放棄舒適乃至犧牲自我。我們每個人都感到，我們需要這種激勵，它是我們人生的支柱。

● 希望讓生命之樹常青

　　希望和欲念是生命不竭的原因所在。記住，無論在什麼境況中，我們都必須有繼續向前行的信心和勇氣，生命的生動在於：我們滿懷希望，不懈追求。

　　有一個老人，不僅功成名就，子孫滿堂，而且身體硬朗，耳聰目明。在他百歲生日的這一天，他的子孫濟濟一堂，熱熱鬧鬧地為他祝壽。

　　在祝壽中，他的一個孫子問：「爺爺，您這一輩子中，在那麼多領域做了那麼多的成績，您最得意的是哪一件呢？」

　　老人想了想說：「是我要做的下一件事情。」

　　另一個孫子問：「那麼，您最高興的一天是哪一天呢？」

　　老人回答：「是明天，明天我就要著手新的工作，這對於我來說是最高興的事。」

這時，老人的一個重孫子，雖然還 30 歲不到，但已是名聞天下的大作家了，站起來問：「那麼，老爺爺，最令您感到驕傲的子孫是哪一個呢？」說完，他就支起耳朵，等著老人宣布自己的名字。

沒想到老人竟說：「我對你們每個人都是滿意的，但要說最滿意的人，現在還沒有。」

這個重孫子的臉突地紅了，他心有不甘地問：「您這一輩子，沒有做成一件感到最得意的事情，沒有過一天最高興的日子，也沒有一個令您最滿意的孫子，您這 100 年不是白活了嗎？」

此言一出，立即遭到了幾個叔叔的斥責。老人卻不以為意，反而哈哈大笑起來：「我的孩子，我跟你說一個故事：一個在沙漠裡迷路的人，就剩下半瓶水。整整 5 天，他一直沒捨得喝一口，後來，他終於走出大沙漠。現在，我來問你，如果他當天喝完那瓶水的話，他還能走出大沙漠嗎？」

老人的子孫們異口同聲地回答：「不能！」

老人問：「為什麼呢？」

他的重孫子作家說：「因為他會喪失希望和欲念，他的生命很快就會枯竭。」

老人問：「你既然明白這個道理，為什麼不能明白我剛才的回答呢？希望和欲念，也正是我生命不竭的原因所在呀！」

生命在於永不放棄，我們的事業也如此，有希望在，我們就有了前進的方向，就有了不竭的動力。

心靈物語

心無希望的人注定只能渾渾噩噩地生活，沒有目標，一切都顯得很糟糕。

希望是我們內心深處盛開的一朵永不凋零的花，人生在世絕不能沒有希望。

無論我們的生活是什麼狀況的，有希望就會有光明。

● 做自己的主人

人要主宰自己的命運，做自己的主人。

「老師讓我去報名參加那個拼寫競賽。」13 歲的安琪一回到家就告訴父母。

「太好了，你已經報名了嗎？」

「還沒有呢。」

「為什麼，寶貝？」父母奇怪地問。

「我有點害怕，臺下可能會有許多人看著。」安琪很激動，她在家一向是個聽父母話的孩子，在學校平時也不愛多說話，但是學習成績很好。

「我想你還是先報個名吧，你可以很好地鍛鍊自己的。不過這事你還是得自己決定。」

父母離開了安琪的房間。過了兩天之後，學校老師打來電話，讓安琪的父母說服安琪去報名參加拼寫競賽。

安琪回到家後，父母又跟她談了話，父母對她說：「首先，我們並不是強迫你一定要報名，這件事還是你來做決定，但是我們可以談談關於參加競賽的利弊。參加競賽可以鍛鍊自己的意志，鍛鍊自己的智力，還能增

強自己的信心。比賽贏了更好，沒有得名次，也是無關緊要的，我們不在乎。因為你在我們的心目中是很有能力的孩子，這點並不需要用競賽的名次來證明。」

父母又對她說：「老師打電話來說，他也很相信你的能力。我們對你的比賽結果都不太關心，關心的只是你想不想用這一次機會去鍛鍊自己。」

有這樣開明的父母的鼓勵和支援，最後安琪還是去報名了。

安琪的父母知道安琪很聰明，只是她太膽小了。她不敢想像如果自己站在臺上面對那麼多的觀眾拼寫單字會是一種什麼樣的感覺。她的父母很想讓安琪見一見世面，讓她走向自己的生活，而這就是一個很好的機會。

還有，父母想讓安琪透過這一機會來證明她自己的能力，也好好地鍛鍊自己的膽量，發輝自己的潛力，明白自己只是有些驚恍，需要自己的父母幫她加油，同時，又能夠消除得一個名次的壓力。

安琪的父母對安琪充滿了信心，但他們並不催促安琪，而是讓她自己來做這決定。

透過這件事，安琪增強了自己的獨立性和勇氣，而父母則很滿意自己鼓勵了安琪，使她沒有失去一個鍛鍊自己的好機會。

要駕馭命運，從近處說，要自主地選擇學校，選擇書本，選擇朋友，選擇服飾；從遠處看，則要不被種種因素制約，自主地選擇自己的事業、愛情和大膽地追求崇高的精神。

你的一切成功、一切造就，完全取決於你自己。

你應該掌握前進的方向，掌握住目標，讓目標似燈塔般在高遠處閃光；你應該獨立思考，有自己的主見，懂得自己解決問題。你不應相信有救世主，不該信奉什麼神仙或皇帝，你的品格、你的作為，你所有的一切都是你自己行為的產物，並不能靠其他什麼東西來改變。

在生活道路上，你必須擅於做出抉擇，不要總是踩著別人的腳步走，不要總是聽他人擺布，而要勇敢地駕馭自己的命運，調控自己的情感，做自己的主宰，做命運的主人。

心靈物語

> 人若失去自己，是一種不幸；人若失去自主，則是人生最大的缺憾。紅橙黃綠藍靛紫，誰都應該有自己的一片天地和特有的亮麗色彩。你應該果斷地、毫無顧忌地向世人宣告並展示你的能力、你的風采、你的氣度、你的才智。

● 最優秀的人就是你自己

風燭殘年之際，柏拉圖知道自己時日不多了，就想考驗和點化一下他那位平時看來很不錯的助手。他把助手叫到床前說：「我需要一位最優秀的承傳者，他不但要有相當的智慧，還必須有充分的信心和非凡的勇氣……這樣的人選直到目前我還未見到，你幫我尋找和發掘一位好嗎？」

「好的，好的。」助手很溫順誠懇地說：「我一定竭盡全力去尋找，以不辜負您的栽培和信任。」

那位忠誠而勤奮的助手，不辭辛勞地透過各種管道開始四處尋找了。可他領來一位又一位，總被柏拉圖一一婉言謝絕了。有一次，病入膏肓的柏拉圖硬撐著坐起來，撫著那位助手的肩膀說：「真是辛苦你了，不過，你找來的那些人，其實還不如你……」

半年之後，柏拉圖眼看就要告別人世，最優秀的人選還是沒有眉目。助手非常慚愧，淚流滿面地坐在病床邊，語氣沉重地說：「我真對不起

您，令您失望了！」

「失望的是我，對不起的卻是你自己。」柏拉圖說到這裡，很失望地閉上眼睛，停頓了許久，又不無哀怨地說：「本來，最優秀的人就是你自己，只是你不敢相信自己，才忽略、耽誤、丟失了自己……其實，每個人都是最優秀的，差別就在於如何認識自己、如何發掘和重用自己……」話沒說完，一代哲人就永遠離開了這個世界。

那位助手非常後悔，甚至整個後半生都在自責。

生活中，一個缺乏信心的人，如同一根受了潮的火柴，是不可能擦亮希望的火光的。有一位研究成功學的專家曾經這樣說過：「信心是生命和力量，信心是奇蹟，信心是創立事業之本。只要有信心，你就能夠移動一座山；只要你相信會成功，你就一定能贏得成功。」

不是因為有些事情難以做到，我們才失去自信；而是因為我們失去了自信，有些事情才顯得難以做到。

真正的自信不是孤芳自賞，也不是夜郎自大，更不是得意忘形、自以為是和盲目樂觀，真正的自信就是看到自己的強項或者說好的一面來加以肯定、展示或表達。它是內在實力和實際能力的一種體現，能夠清楚地預見並掌握事情的正確性和發展趨勢，引導自己做得最好或更好。

自信是成功最重要的力量之一。自信是對自己百分之百的肯定，自信是相信自己有能力做好某一件事。一個人的自信決定了他的能量、熱情以及自我激勵的程度。一個擁有高度自信的人，一定會擁有強大的個人力量，他做任何一件事幾乎都會成功。你對自己越自信，你就越喜歡自己、接受自己、尊敬自己。

心靈物語

> 你可以敬佩別人，但絕不可忽略了自己；你也可以相信別人，但絕不可以不相信自己。每個嚮往成功、不甘沉淪者，都應該牢記柏拉圖的這句至理名言：最優秀的人就是你自己！

● 生命需要熱忱

一個人成功的因素很多，而居於這些因素之首的就是熱忱。熱忱是發自內心的興奮，散發、充滿到整個人身上。英文中「熱忱」這個詞是由兩個希臘字根組成的，一個是「內」，一個是「神」。

事實上，一個熱忱的人，等於是有神在他的內心裡。熱忱也就是內心裡的光輝 —— 這種熾熱的、精神的特質深存於一個人的內心。

俄亥俄州克里夫蘭市的史坦·諾瓦克下班回到家裡，發現他最小的兒子提姆又哭又叫地猛踢客廳的牆壁。小提姆明天就要開始上幼稚園了，他不願意去，就這樣以示抗議。按照史坦平時的作風，他會把孩子趕回自己的臥室去，讓孩子一個人在裡面，並且告訴孩子他最好還是聽話去上幼稚園。由於已了解了這種做法並不能使孩子歡歡喜喜地去幼稚園，史坦決定運用剛學到的知識：熱忱是一種重要的力量。

他坐下來想：「如果我是提姆的話，我怎麼樣才會樂意去上幼稚園？」

他和太太列出所有提姆在幼稚園裡可能會做的趣事，例如畫畫、唱歌、交新朋友等等，然後他們就開始行動。

史坦對這次行動做了生動的描繪：「我們都在飯廳桌子上畫起畫來，我太太、另一個兒子鮑勃和我自己，都覺得很有趣。沒有多久，提姆就來偷看我們究竟在做什麼事，接著表示他也要畫。『不行，你得先上幼稚園

去學習怎樣畫。』我以我所能鼓起的全部熱忱，以他能夠聽懂的話，說出他在幼稚園裡可能會得到的樂趣。」

「第二天早上，我一起床就下樓，卻發現提姆坐在客廳的椅子上睡著了。我問：『你怎麼睡在這裡呢？』提姆回答：『我等著去上幼稚園，我不要遲到。』我們全家的熱忱已經鼓起了提姆內心對上幼稚園的渴望，而這一點是討論或威脅、責罵都不可能做到的。」

心靈物語

> 生活中沒有任何人能夠阻止你將你的目標變成現實，更沒有人能夠阻止你把熱忱注入你的計畫之中。
> 熱忱能帶領你邁向成功。如果你有熱情，那麼，你幾乎就所向無敵了。

● 水溫夠了茶自香

心情浮躁就像水溫不夠，水溫夠了茶香自會飄散而出，人只有沉穩下來才能體會到生活的樂趣。

一個屢屢失意的年輕人千里迢迢來到普濟寺，慕名尋到老僧釋圓，沮喪地對他說：「人生總不如意，活著也是苟且，有什麼意思呢？」

釋圓靜靜地聽著年輕人的嘆息和絮叨，末了才吩咐小和尚說：「施主遠道而來，燒一壺溫水送過來。」

不一會兒，小和尚送來了一壺溫水，釋圓抓了茶葉放進杯子，然後用溫水沏了，放在茶几上，微笑著請年輕人喝茶。杯子冒出微微的水汽，茶葉靜靜浮著。年輕人不解地詢問：「寶剎怎麼是溫茶？」

釋圓笑而不語。年輕人喝一口細品，不由搖搖頭：「一點茶香都沒有呢。」

釋圓說：「這可是閩地名茶鐵觀音啊。」

年輕人又端起杯子品嚐，然後肯定地說：「真的沒有一絲茶香。」

釋圓又吩咐小和尚：「再去燒一壺沸水送過來。」

又過了一會兒，小和尚便提著一壺冒著濃濃白氣的沸水進來。釋圓起身，又取過一個杯子，放茶葉，倒沸水，再放在茶几上。年輕人俯首看去，茶葉在杯子裡上下沉浮，絲絲清香不絕如縷，令人望而生津。

年輕人欲去端杯，釋圓作勢擋開，又提起水壺注入一線沸水。茶葉翻騰得更厲害了，一縷更醇厚、更醉人的茶香嫋嫋升騰，在禪房彌漫開來。釋圓這樣注了 5 次水，杯子終於滿了。那綠綠的一杯茶水，端在手上清香撲鼻，入口沁人心脾。

釋圓笑著問：「施主可知道，同是鐵觀音，為什麼茶味迥異嗎？」

年輕人思忖著說：「一杯用溫水，一杯用沸水，沖沏的水不同。」

釋圓點頭：「用水不同，則茶葉的沉浮就不一樣。溫水沏茶，茶葉輕浮水上，怎會散發清香？沸水沏茶，反覆幾次，茶葉沉沉浮浮，釋放出四季的風韻：既有春的清新和夏的熾熱，又有秋的豐盈和冬的清洌。世間芸芸眾生，也和沏茶是同一個道理。沏茶的水溫度不夠，想要沏出散發誘人香味的茶水不可能；你自己的能力不足，要想處處得力、事事順心自然很難。要想擺脫失意，最有效的方法就是苦練內功，提高自己的能力。」

年輕人茅塞頓開，回去後刻苦學習，虛心向人求教，不久就引起公司上級的重視。

心靈物語

泡一杯好茶，一定要用沸水。只有沸水才能夠將茶的味道全部浸出來。人也一樣，做事要沉穩。如果心裡浮躁，那麼就像用溫水泡茶，總也不到火候，此時要想處處得力、事事順心也是很困難的。

● 要克服虛榮心

有一隻高傲的烏鴉非常瞧不起自己的同伴。牠到處尋找孔雀的羽毛，一根一根地藏起來。等蒐集得差不多了，牠就把這些孔雀的羽毛插在自己烏黑的身上，直至將自己打扮得五彩繽紛，看起來真有點像孔雀為止。

然後，牠離開烏鴉的隊伍，混到孔雀群中。但當孔雀們看到這位新同伴時，立即注意到這位來客穿著牠們的衣服，忸忸怩怩、裝腔作勢，大夥都氣憤極了。牠們扯去烏鴉所有的假羽毛，拚命地啄牠、扯牠，把牠弄得頭破血流，痛得昏死在地。

烏鴉甦醒後，不知該怎麼辦才好。牠再也不好意思回到烏鴉群中去。想當初，自己插著孔雀羽毛，神氣活現的時候，是怎麼也看不起自己的同伴啊！

最後，牠終於決定還是老老實實地回到同伴們那裡去。有一隻烏鴉問牠：「請告訴我，你瞧不起自己的同伴，拚命想抬高自己，你可知道害羞？要是你老老實實地穿著這件天賜的黑衣服，如今也不至於受這麼大的痛苦和侮辱了。當人家扒下你那偽裝的外衣時，你不覺得難為情嗎？」說完，誰也不理睬牠，大夥一起高高飛走了。

地面上，那隻夢想當孔雀的烏鴉被孤零零地留下了。

莎士比亞說：「輕浮的虛榮是一個十足的饕餮者，它在吞噬一切之

後，結果必然犧牲在自己的貪欲之下。」虛榮是一種無聊的、騙人的東西，我們要時時提醒自己遠離虛榮，以免被它撞得頭破血流。

虛榮是虛妄的榮耀，是無知無能的你最想依賴而實際上最依靠不住的心靈稻草。稻草人是用來嚇唬烏鴉及其他動物的，而你是人，還有點智商，你想用稻草人來保護自己，真是愚蠢至極。

虛榮心是一種為了滿足自己榮譽、社會地位的欲望。虛榮心強的人往往不惜玩弄欺騙、詭詐的手段來炫耀、顯示自己，借此搏取他人的稱讚和羨慕，最大限度地滿足自己的虛榮心。但是由於這種人自身素養低、修養差，經常真善美與假惡醜不分，往往把肉麻當有趣，將粗俗當高雅，打扮不合時宜，矯揉造作，不倫不類，使人感到很不舒服，甚至產生噁心之感。故事中的烏鴉，就是因為貪圖虛榮，盲目追求標新立異的效果，結果弄巧成拙，留下了笑柄。

華麗的外表無法掩飾空虛的心靈。很難想像一個愛慕虛榮的人能有多大的成就，因為他們總是把一些浮在表面上的東西作為提高自己地位的條件，而不是紮實地生活和工作。由於虛榮心具有許多負面的東西，是一種扭曲的人格，它多半會遭到他人的反感和敵意，甚至攻擊，因此要盡量克服它。

要克服虛榮心，關鍵要樹立正確的榮辱觀，即對榮譽、地位、得失、面子要持有一種正確的認知和態度。不可過分追求榮華富貴、安逸享受，否則就真的陷入了愛慕虛榮的怪圈。

心靈物語

> 虛榮心會將你帶入無知的深淵。你如果只是追求名譽、地位，看重他人對你的看法，那你就會在無意中將真實和真理拒之於千里之外。追求虛榮是與追求真理相悖的一種膚淺意識。

● 恐懼是心靈之魔

恐懼能摧殘一個人的意志和生命，它能影響人的胃、傷害人的修養、減少人的生理與精神的活力，進而破壞人的身體健康。它能打破人的希望、消退人的志氣，而使人的心力「衰弱」至不能創造或從事任何事業。

許多人在面對一切都懷著恐懼之心：他們怕風，怕受寒；他們吃東西時怕有毒，經營生意時怕賠錢；他們怕人言，怕輿論；他們怕困苦的時候到來，怕貧窮，怕失敗，怕收獲不佳，怕雷電，怕暴風……他們的生命，充滿了怕，怕，怕。

恐懼能摧殘人的創造精神，足以殺滅個性而使人的精神機能趨於衰弱。一旦心懷恐懼、不祥的預感，則做什麼事都不可能有效率。恐懼代表著、指示著人的無能與膽怯。這個惡魔，從古到今，都是人類最可怕的敵人，是人類文明事業的破壞者。

衛斯裡為了領略山間的野趣，一個人來到一片陌生的山林，左轉右轉，迷失了方向。正當他一籌莫展的時候，迎面走來了一個挑山貨的美麗少女。

少女嫣然一笑，問道：「先生是從景點那邊迷失方向的吧？請跟我來吧，我帶你抄小路往山下趕，那裡有旅遊公司的汽車在等著你。」

衛斯裡跟著少女穿越叢林，陽光在林間映出千萬道漂亮的光柱，晶瑩的水氣在光柱裡飄飄忽忽。正當他陶醉於這美妙的景致時，少女開口說話了：「先生，前面一點就是我們這裡的鬼谷，是這片山林中最危險的路段，一不小心就會摔進萬丈深淵。我們這裡的規矩是路過此地，一定要挑或扛點什麼東西。」

衛斯裡驚問：「這麼危險的地方，再負重前行，那不是更危險嗎？」

第一章　心態決定命運

少女笑了，解釋道：「只有你意識到危險了，才會更加集中精力，那樣反而會更安全。這裡發生過好幾起墜谷事件，都是迷路的遊客在毫無壓力的情況下一不小心摔下去的。我們每天都挑東西來來去去，卻從來沒人出事。」

衛斯裡冒出一身冷汗，對少女的解釋並不相信。他讓少女先走，自己去尋找別的路，企圖繞過鬼谷。

少女無奈，只好一個人走了。衛斯裡在山間來回繞了兩圈，也沒有找到下山的路。

眼看天色將晚，衛斯裡還在猶豫不決。夜裡的山間極不安全，在山裡過夜，他恐懼；過鬼谷下山，他也恐懼；況且，此時只有他一個人。

後來，山間又走來一個挑山貨的少女。極度恐懼的衛斯裡攔住少女，讓她幫自己拿主意。少女沉默著將兩根沉沉的木條遞到衛斯裡的手上。衛斯裡膽戰心驚地跟在少女身後，小心翼翼地走過了這段「鬼谷」。

過了一段時間，衛斯裡故意挑著東西又走了一次「鬼谷」。這時，他才發現「鬼谷」沒有想像中那麼「深」，最「深」的是自己心中的「恐懼」。

恐懼是人生命情感中難解的癥結之一。面對自然界和人類社會，生命的進程從來都不是一帆風順、平安無事的，總會遭到各式各樣、意想不到的挫折、失敗和痛苦。當一個人預料將會有某種不良後果產生或受到威脅時，就會產生這種不愉快情緒，並為此緊張不安，程度從輕微的憂慮一直到驚慌失措。

現實生活中每個人都可能經歷某種困難或危險的處境，從而體驗不同程度的焦慮。恐懼作為一種生命情感的痛苦體驗，是一種心理折磨。人們往往並不為已經到來的，或正在經歷的事而懼怕，而是對結果的預感產生恐慌，人們生怕無助、生怕排斥、生怕孤獨、生怕傷害、生怕死亡的突

然降臨；同時人們也生怕失業、生怕失戀、生怕失親、生怕聲譽的瞬息失落。

馬克・富萊頓說：「人的內心隱藏任何一點恐懼，都會使他受魔鬼的利用。」

美國著名作家、諾貝爾文學獎獲得者福克納（William Faulkner）說：「世界上最懦弱的事情就是害怕，應該忘了恐懼感，而把全部身心放在屬於人類情感的真理上。」

愛因斯坦說：「人只有獻身社會，才能找出那實際上是短暫而有風險的生命的意義。」

循著哲人們的腳步，聆聽他們智慧的聲音，我們還有什麼可以恐懼的理由？

心靈物語

恐懼產生的結果多是自我傷害，它不僅讓你喪失自信心或戰鬥力，還能使人被根本不存在的危險傷害。與恐懼相反，勇氣和鎮定能使人變得強大，能減少或避免傷害。所以，在面對危險的時候，一定要臨危不亂，牢記勇者無懼的箴言，這樣你才能從容面對生活並且走向成功。

● 化解怒氣

動輒發怒是放縱和缺乏教養的表現，而且一旦「憤怒」與「愚蠢」攜手並進，「後悔」就會接踵而來。所以，血氣沸騰之際，理智不太清醒，言行容易過分，於人於己都不利。

有一位經理，一大早起床，發現上班快要遲到了，便急急忙忙地開著車趕往公司。

一路上，為了趕時間，這位經理連闖了幾個紅燈，最終在一個路口被員警攔了下來，開了罰單給他。

這樣一來，上班遲到已是必然。到了辦公室之後，這位經理猶如吃了火藥一般，看到桌上放著幾封昨天下班前便已交代祕書寄出的信件，更是氣不打一處來，把祕書叫了進來，劈頭就是一陣痛罵。

祕書被罵得莫名其妙，拿著未寄出的信件，走到總機小姐的座位，同樣是一陣責罵。祕書責怪總機小姐，昨天沒有提醒她寄信。

總機小姐被罵得心情十分惡劣，便找來公司內職位最低的清潔工，借題發揮，對清潔工的工作，沒頭沒腦地也是一連串聲色俱厲的指責。

清潔工沒有人可以再罵下去，她只得憋著一肚子悶氣。

下班回到家，清潔工見到讀小學的兒子趴在地上看電視，衣服、書包、零食，丟得滿地都是，剛好逮住機會，把兒子好好地教訓了一頓。

兒子電視也看不成了，憤憤地回到自己的臥房，見到家裡那只大懶貓正盤踞在房門口，一時怒由心中起，狠狠地踢了一腳，把貓踢得遠遠的。

無故遭殃的貓，心中百思不解：「我又招誰惹誰了？」

情緒是可以傳染的，尤其是壞情緒、怒氣。按照上面這則事例中怒氣蔓延的邏輯，再傳遞下去，最終會將全世界鬧個雞犬不寧。此話雖略顯誇張，但不無道理。

其實，他們中的任何一個人只要心平氣和地面對別人的怒氣，然後合理地處理好自己的情緒，怒氣就不會傳播得這麼廣，就不會有那麼多的人受怒氣影響而情緒變壞。

脾氣暴躁、經常發火，不僅強化誘發心臟病的致病因素，而且會增加患其他病的可能性，它是一種典型的慢性自殺。因此為了確保自己的身心健康，以及保證人際關係的和諧安寧，必須學會控制自己，克服易怒的毛病。

● 衝動會釀成大禍

培根說：「衝動，就像地雷，碰到任何東西都一起毀滅。」如果你不注意培養自己冷靜理智、心平氣和的性情，培養交往中必需有的沉著，一旦碰到「導火線」就暴跳如雷，情緒失控，就會把你最好的人生全都炸掉，最後只會讓自己陷入自戕的囹圄。

南南的爸爸媽媽大吵了一架，起因是媽媽放在自己外套裡的 300 元不見了，媽媽認定是爸爸拿的，但爸爸卻不承認。下班後，爸爸直接去保姆家接南南，保姆一邊幫南南穿衣服，一邊說：「昨天我給南南洗衣服，從她口袋裡找出 300 元，都被我洗溼了，晾在……」

沒等保姆把話說完，爸爸立刻就把南南拽了過去，狠狠打了她兩個耳光，南南的嘴角立刻流血了。「你竟敢偷錢！害得我和你媽媽大吵了一架，這樣壞的孩子不要算了！」他丟下南南掉頭就走了。南南根本不知道發生了什麼事，只覺得臉很痛就哭了起來。

保姆對南南媽媽說：「你家先生也太急躁了，不等我把話說完就打孩子，這麼小的孩子哪知道偷錢啊！100 元紙鈔對她來說就是張花紙。一定是她拿著玩時順手放到口袋裡的。」南南被媽媽抱回家，卻總是不停哭鬧，媽媽只好帶她去醫院做檢查。

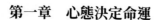

檢查結果讓夫妻倆完全呆住了：孩子的左耳完全失去聽力，右耳只剩一點聽力，將來得帶助聽器生活。由於失去聽力，孩子的平衡感會很差，同時她的語言表達也將受到嚴重影響。

南南爸爸簡直痛不欲生，他一時衝動打出的兩個巴掌竟然毀了女兒的一生，他永遠也無法原諒自己，並將終生背負著對女兒的虧欠。

愚蠢的行為大多是在手腳活動得比大腦還快的時候產生的。每個父親都是愛自己的孩子的，南南的爸爸也一定為女兒設想過前途，想過女兒美好的未來，但衝動卻使他親手毀了這一切。

在遇到與自己的主觀意識發生衝突的事情時，若能冷靜地想一想，不倉促行事，也就不會有衝動，更不會在事後後悔莫及了。

大多數成功者，都是對情緒能夠收放自如的人。這時，情緒已經不僅僅是一種感情的表達，更是一種重要的生存智慧。如果控制不住自己的情緒，隨心所欲，就可能帶來毀滅性的災難。情緒控制得好，則可以幫你化險為夷。

所以，要學會控制自己的衝動，學會審時度勢，千萬不能放縱自己。每個人都有衝動的時候，儘管它是一種很難控制的情緒。但不管怎樣，你一定要牢牢控制住它。否則，一點細小的疏忽，就可能貽害無窮。

心靈物語

平時可以透過修身養性來調節自己的情緒，或是加強思想修養；或是提高文化層次，以一顆愛心去對待別人，增加自己的心理相容性；或者去學釣魚，等等，目的都是給你一個舒適的心境，寬鬆怡人，忘掉煩惱，擺脫急躁。

● 控制好自己的情緒

良好地控制自我就是不要凡事都情緒化，不任由情緒發展，而是要適度控制。

新的一屆競選又開始了，一位準備參加參議員競選的候選人向自己的參謀討教如何獲得多數人的選票。

其中一個參謀說：「我可以教你些方法。但是我們要先定一個規則，如果你違反我教給你的方法，要罰款 10 元。」

候選人說：「好，沒問題。」

「那我們從現在就開始。」

「好，就現在開始。」

「我教你的第一個方法是：無論人家說你什麼壞話，你都得忍受。無論人家怎麼損你、罵你、指責你、批評你，你都不許發怒。」

「這個容易，人家批評我、說我壞話，正好給我敲個警鐘，我不會記在心上。」候選人輕鬆地答應。

「你能這麼認為最好。我希望你能記住這個戒律，要知道，這是我教給你的規則當中最重要的一條。不過，像你這種愚蠢的人，不知道什麼時候才能記住。」

「什麼！你居然說我……」候選人氣急敗壞地說。

「拿來，10 塊錢！」

雖然臉上的憤怒還沒退去，但是候選人明白，自己確實是違反規則了。他無奈地把錢遞給參謀，說：「好吧，這次是我錯了，你繼續說其他的方法。」

「這條規則最重要，其餘的規則也差不多。」

「你這個騙子……」

「對不起，又是 10 塊錢。」參謀攤手道。

「你賺這 20 塊錢也太簡單了。」

「就是啊，你趕快拿出來，你自己答應的，你如果不給我，我就讓你臭名遠揚。」

「你真是隻狡猾的狐狸。」

「又 10 塊錢，對不起，拿來。」

「呀，又是一次，好了，我以後不再發脾氣了！」

「算了吧，我並不是真要你的錢，你出身那麼貧寒，父親也因不還人家錢而聲譽不佳！」

「你這個討厭的惡棍，怎麼可以侮辱我家人！」

「看到了吧，又是 10 塊錢，這回可不讓你抵賴了。」

看到候選人垂頭喪氣的樣子，參謀說：「現在你總該知道了吧，克制自己的憤怒，控制情緒並不容易，你要隨時留心，時時在意。10 塊錢倒是小事，要是你每發一次脾氣就丟掉一張選票，那損失可就大了。」

控制自己的衝動是件非常不容易的事情，因為我們每個人的心中都存在著理智與感情的鬥爭。為情所困時，不要有所行動，否則你將把事情搞得一團糟。人在無法自制時，會舉止失常；激動總會使人喪失理智。

此時應去諮商不為此情所動的冷靜沉著之人，因為當局者迷，旁觀者清。當謹慎之人察覺到情緒衝動時，會即刻控制並使其消退，避免因熱血沸騰而魯莽行事。短暫的爆發會使人不能自拔，甚至名譽掃地，更糟糕的則可能丟掉性命。

心靈物語

一個成功的人必定是有良好控制能力的人，控制自我不是說不發洩情緒，也不是不發脾氣，過度壓抑會適得其反。良好的控制自我就是不要凡事都情緒化，任由情緒發展，而是要適度控制，這是一種能力的體現。

● 擊好下一個球

有人問世界網球冠軍海倫‧威爾斯‧穆迪（Helen Wills Moody）：「你的上一場溫布頓公開賽打得很艱難，與對手只有一分之差，你當時的感覺怎麼樣？你在想什麼？」

「我在想什麼？」她有點驚訝，微笑著回答道，「我只有時間去想如何打好下一個球，擊敗對手！」

無疑，她又登上了英國網球的冠軍寶座。在緊張的時刻保持冷靜，發揮自己所有的潛能和技術，這才能造就冠軍。

這是一個鎮靜取勝的很好例子。只有在別人激動或者用一張嚴肅的臉掩飾內心的不安，而你卻保持冷靜，積極調動自己的每一根神經時，你才能夠取得勝利。

如果她失去了自控，她就會輸掉比賽；如果她想像著比賽結束，自己取得勝利的場景；如果她在擊球的過程中有一秒鐘的走神：她都會以失敗而告終。

有些人可能因為過於自信而輸掉比賽，有些人可能因為過於恐懼而滿盤皆輸。贏得比賽和贏得人生的唯一辦法就是認真地擊好下一個球，做好每一件事。

如果我們能打好下一個球,不是後面的球,也不是最後一個球,只是下一個球而已,我們就能贏得比賽,否則,我們就會輸掉。

生活的祕訣在於控制自己的情緒,只有這樣才是無法戰勝的。如果沒有這種能力,如果我們不能把自己的精力集中起來,我們就會輸掉比賽,甚至在比賽之前就已經輸了。

不管目前的情況有多糟,調整好情緒,保持冷靜的頭腦,認真地擊下一個球,這樣對於整個比賽都會改觀,即使失敗也會在轉瞬之間變成勝利。

心靈物語

冷靜是智慧美麗的珍寶,它來自長期耐心的自我控制;冷靜是一種成熟的經歷,來自於對事物規律不同尋常的了解。一個冷靜的人不會在任何事情面前大驚小怪,即使在大風大浪中也會如岩石般屹立於海岸,巍然不動。保持冷靜,就會擁有處變不驚、泰然自若的人生。

● 比較使人生的天平傾斜

我們已經習慣在比較的差距上感受人生的意義,體會幸福與悲傷。但是,比較的結果是使人生的天平傾斜。

在朋友聚會中,「在哪裡發財」、「一個月能賺多少錢」、「房子有多大」成了人們閒話家常的主要內容。然而,這些原本很普通的問話,對於一些人來說卻可能是被點到「痛處」了,甚至因此引發了心理疾病。

小陳和小麗剛剛結婚,兩個人如膠似漆,甜蜜的不得了。然而,最近一段時間,小麗卻表現得鬱鬱寡歡。而且每當小陳下班去小麗公司接

她時，她不再像以前那樣高高興興地坐上車，摟著小陳的脖子問他想不想她。

小陳發現，下班後小麗總是要等其他同事差不多都走完了才不緊不慢地出來。小陳為此忍不住數落了小麗幾句，沒想到小麗委屈地說：「你以後不要把車開到公司門口來了，那邊有個巷子，你就停在那邊，我保證一下班就過來！」

小麗還說，「最近在公司裡自己老公開什麼車成了辦公室的熱門話題，王姐平時在辦公室深藏不露，這段時間打『嘴仗』誰都說不過她。沒辦法，她老公開的是BMW，車牌號又帶4個8，停在公司門口，就讓人羨慕得不得了！像福斯帕薩特、本田也風光得很，還有賓士波羅又好看又時髦，福斯桑塔納也還勉強看得過去，你開這種車，讓我在同事中間一點面子都沒有。」

小麗羨慕別人的車子有多麼漂亮，就在老公面前抱怨，這樣又有什麼好處呢？人不可能每樣都比別人強，所謂「人外有人，天外有天」，羨慕別人等於在一定程度上貶低自己，為什麼不默默趕上？再怎麼羨慕，自己的轎車也變不成別人的BMW啊！

綜合起來，比較者的表現不外乎以下幾種：做事情三心二意、朝三暮四、淺嘗輒止；或是東一榔頭西一棒槌，既要魚也要熊掌；或是這山望著那山高，靜不下心來，耐不住寂寞，稍不如意就輕易放棄，從來不肯為一件事傾盡全力。

其實，立志成就偉業的人應拒絕比較，拒絕急於求成。讓比較的心多一些個性，讓燥熱的心多一點清涼，使急於求成的心多一些冷靜，這樣才能成就大事。

第一章 心態決定命運

心靈物語

盲目比較的人總是輕易地修改自己的目標，對任何事都難以有恆久之心。當你看到別人事業有成時，如果能從中看到努力的方向，腳踏實地好好工作，也許下一個事業有成的人就是你自己了。

● 忘記仇恨

有個人在他 20 多歲時被人陷害，在牢房裡待了 10 年。後來冤案告破，他終於走出了監獄。出獄後，他開始了幾年如一日地反覆控訴、咒罵：「我真不幸，在最年輕有為的時候竟遭受冤屈，在監獄度過本應最美好的一段時光。那樣的監獄簡直不是人居住的地方，狹窄得連轉身都困難。唯一的小窗裡幾乎看不到陽光，冬天寒冷難忍、夏天蚊蟲叮咬……真不明白，上帝為什麼不懲罰那個陷害我的傢伙，即使將他千刀萬剮，也難解我心頭之恨啊！」

75 歲那年，在貧病交加中，他終於臥床不起。彌留之際，牧師來到他的床邊：「可憐的孩子，去天堂之前，懺悔您在人世間的一切罪惡吧……」

牧師的話音剛落，病床上的他聲嘶力竭地叫喊起來：「我沒有什麼需要懺悔，我需要的是詛咒，詛咒那些施予我不幸命運的人……」

牧師問：「您因受冤屈在監獄待了多少年？離開監獄後又生活了多少年？」他惡狠狠地將數字告訴了牧師。

牧師長嘆了一口氣：「可憐的人，您真是世上最不幸的人，對您的不幸，我真的感到萬分同情和悲痛！他人囚禁了你區區 10 年，而當你走出監牢本應獲取永久自由的時候，您卻用心底裡的仇恨、抱怨、詛咒囚禁了

自己整整 50 年！」

　　對仇人的報復只會使你內心超負荷。醫學上認為，如果內心壓力過大，長期性的高血壓和心臟病就會如影隨形，伴你度過痛苦的一生。因為你胸懷報復之心，所以你將因無法排遣的怨氣而缺乏對理想的執著與追求，事業的成功自然遙遙無期。

　　忘記仇恨就是快樂。人人都有痛苦，都有傷疤，經常去揭，會添新傷。學會忘卻，生活才有陽光與歡樂。如果沒有忘卻，人不會快樂，只會淹沒在對過去的懊悔、痛苦和對未來的恐懼、憂慮與煩惱之中，人的大腦與神經會因不堪重荷而錯亂，心也會被人生必經的一切坎坷咬噬著，永遠沒有喘息的機會；如果沒有忘卻，人們可能會因為人與人之間的小摩擦而終生沒有朋友、沒有伴侶；如果沒有忘卻，那麼我們除了在沒有多少記憶也不需要忘卻的嬰兒身上看到最天真的歡愉之外，不會再看到洋溢著幸福的臉。

　　忘記仇恨就是瀟灑。寬厚待人，忘記仇恨，乃事業成功、家庭幸福美滿之道。事事斤斤計較、患得患失，活得也累。法國 19 世紀的文學大師雨果曾說過這樣一句話：「世界上最寬闊的是海洋，比海洋寬闊的是天空，比天空更寬闊的是人的胸懷。」人難得在滾滾紅塵中走一遭，何必自己去尋找那麼多的煩惱呢？

　　實際上，忘記仇恨也是愛他人、愛世界的一種方式。在現實生活中，你千萬不要拿顯微鏡看周圍。人人都有不足，事事都有缺憾。但是瑕不掩瑜，只要我們忘記仇恨，不刻意追求完美，就會從中發現自己喜歡的東西，從而擁有豐富而美好的真實生活。

心靈物語

> 把仇恨一直埋在心裡，既浪費感情和精力，也讓自己沉重而空虛。人生短暫，要做的事情很多，只要擁有包容的心，一切不快樂都會過去。因為不知道原諒別人而讓自己痛苦，才是最大的不幸。

● 急於求成的惡果

有一個小朋友，他很喜歡研究生物學，很想知道那些蝴蝶如何從蛹裡出來，然後翩翩飛舞。

有一次，他走到草原上面看見一個蛹，便帶了回家，然後天天守著它。過了幾天以後，這個蛹出現了一條裂痕，他看見裡面的蝴蝶開始掙扎，想抓破蛹飛出來。

這個過程達數小時之久，蝴蝶在蛹裡面很辛苦地拚命掙扎，怎麼也沒辦法走出來。這個小孩看著不忍心，就想不如讓我幫幫它吧，便隨手拿起剪刀把蛹剪開，使蝴蝶破蛹而出。

但蝴蝶出來以後，因為翅膀不夠有力，身體變得很臃腫，飛不起來。

那隻蝴蝶以後再也飛不起來，只能在地上爬，因為牠沒有經過自己奮鬥將蛹打開然後飛出來的這個過程。

從這個故事中，我們能得到什麼樣的啟示？

蝴蝶在破蛹而出的時候，在最後的幾小時中，要很辛苦地掙扎，而掙扎過程實際上是鍛鍊牠那一對翅膀的過程，亦是看它身體是否能夠縮小的過程。如果牠透過努力，最後能將這個蛹打開裂口，飛出來的時候，牠便可以輕鬆自如。

但是這個小孩幫了牠，用剪刀剪開蛹殼，蝴蝶輕而易舉地出來了，可

是牠的翅膀沒有經過在撕破蛹的過程中的奮鬥，是沒有力氣的。所以這個小孩想幫蝴蝶的忙，正所謂欲速則不達，結果反害了蝴蝶，。

由此不難看出，急於求成只會導致最終的失敗，所以我們不妨放遠眼光，注重自身知識的累積，厚積薄發，自然會水到渠成，達到自己的目標。

蛹化蝶的例子，表面上是一個生物界裡很簡單的事實，但是放大至我們的人生，我們的社會，我們今時今日所做的事業，同樣也都必須有一個痛苦的掙扎、奮鬥的過程，這個過程本身就是將你鍛鍊得堅強，使你成長、使你有力的過程。

對於「一萬年太久，只爭朝夕」的人來說，最容易犯的毛病就是「欲速則不達」。放眼整個社會，大多數人都知道這個道理，而最終背道而行的仍是大多數人。

造成這種速成心理主要有兩方面的原因：一是人們過於追求眼前利益，二是許多人過分享受，而不是磨練自我。

平時我們看到一些人急於求成的時候，總是以這句話來相告。但叫一個人去接受這句話的時候，卻並不是一件容易的事情，很多人只把你所說的當作耳邊風，行事依然是我行我「速」，最後自然只會導致失敗。

事實上，很多歷史上的名人也用過求速成的方法，但在追求過程中，又轉向了下苦功。例如，宋朝的朱夫子是個絕頂聰明之人，他十五六歲就開始研究禪學。而到了中年之時，才感覺到，速成不是求學良方。於是他堅信「欲速則不達」這句話，之後下苦功，方獲得了一定的成就。他有一句 16 字真言：「甯詳毋略，甯近毋遠，甯下毋高，甯拙毋巧。」

為什麼當今的人卻無法做到這一點呢？因為當前更多人信奉的是「隨主流而不求本質。」在追求的過程中喪失了自己的目的性，不追求人生最

根本的目的，轉而追求一些形式上的成功，正如一句話中所說的，瞬間的成就可以使人獲得短暫的名利，但如果談起永恆，無非只是皮毛之舉。我們要成就一番事業，就必須靜下心來，腳踏實地，擺脫速成心理的牽制，看清人生最根本的目的，一步一個腳印地走下去。

心靈物語

「涓流積至滄溟水，拳石崇成泰華岑。」這一出自宋代陸九淵〈鵝湖和教授兄韻〉的詩句勸喻人們：涓涓細流匯聚起來，就能形成蒼茫大海；拳頭大的石頭疊砌起來，就能形成泰山和華山那樣的巍巍高山。只要我們勤勉努力，腳踏實地，持之以恆，不論自身條件與客觀條件如何，都能走上成才建業之路。

● 適時地認清自己

　　一個圓滾滾的鳥蛋，不知為什麼，忽然從灌木叢上的鳥窩裡骨碌碌地滾了出來，跌在灌木叢下厚厚的落葉上。奇怪的是它居然沒有摔破，一切完好如初。

　　鳥蛋得意了，對著鳥窩大聲笑著說：「哈哈，我是一隻摔不破的鳥蛋！你們誰有我這樣的本事，就跳下來比試！」

　　窩裡的鳥蛋們聽了，一個個探出頭來看了一眼，嚇得忙縮進頭說：「我們害怕，不敢跳呀。我們誰也沒有對你剛才的行為不服氣，還要比試什麼呢？」

　　「哼！我早就料到你們沒有這個膽量！」地上的鳥蛋神氣地向窩裡的鳥蛋們大聲嘲笑起來。

　　這個鳥蛋在地上滾來滾去，一會兒滾到一棵小草邊，向小草碰了碰，小草連忙仰起身體往後讓，一會兒鳥蛋又滾到一株樹苗邊，向樹苗撞一撞，樹苗也仰著身體，給它讓路。

　　鳥蛋更得意了。它認為自己力大無比、天下無敵，更加勇氣十足地在山坡上滾過來，滾過去。

　　窩裡的鳥蛋們勸告說：「老哥，剛才你只是碰到一個偶然的機會，才沒有摔破的，不要就此認為自己是個鐵蛋了。你仍然是一個容易破碎的鳥蛋呀！這點自知之明你總該有吧？」

　　「鐵蛋有什麼了不起？」鳥蛋仍然神氣地說，「你們剛才沒看到小草和樹苗嗎？它們對我都要讓幾分，不敢跟我碰撞，難道這山坡上還有什麼我不能去碰撞的嗎？哈哈！」

　　鳥蛋一陣大笑，蹦跳翻滾，想到山坡下的路邊去顯顯威風，誰知被山坡上一塊小石頭擋住了去路。

　　鳥蛋氣憤地望了小石頭一眼，厲聲喝道：「你是什麼東西？居然敢擋我的去路？想找死嗎？」

　　小石頭昂著頭說：「嘿，今天的太陽是從西邊出來的嗎？一個鳥蛋對我也如此神氣？告訴你吧，我是一塊阻擋山坡上泥沙往下滑的小石頭，這裡是我的崗位，我站在這裡是絕不會後退一步的，你看看怎麼辦吧？」

　　鳥蛋更氣憤了，仰著頭對小石頭說：「你知道我的脾氣嗎？我是一個勇氣十足的鳥蛋，在這山坡上是頗有名氣的。小草和樹苗都已經領教過我的厲害，別人怕你小石頭，我可不怕。到時候，你別說我不客氣啊！」

　　小石頭也生起氣來，大聲說：「你還想打架嗎？別不知天高地厚了，快滾回去吧！」

　　鳥蛋為了顯示它的勇氣，不聽小石頭的警告，鼓足勁，猛地一滾，向

小石頭衝去。只聽「啪」的一聲，鳥蛋碰得粉碎，流出一攤蛋汁。

鄰居山雀大嬸從這裡飛過，看到這情景，傷心地說：「唉，這孩子也太任性了，竟然硬要與石頭過不去。要知道，沒有自知之明的人，越是無所畏懼，那後果就越不妙啊！」

在一個人的成長、發展過程中，對自己充滿自信是可取的；但過分的自信則成為自負，這是非常不利的。小鳥蛋在一次又一次「暢通無阻」之後，過分沉浸於自己取得的成就，沾沾自喜，不能自拔，於是盲目自大，更加倡狂。它從來都沒有看清自己的處境和地位，以致於敢與強大自己百倍的石頭碰撞，所以它的結局就只能是自取滅亡。

這種結局當然是咎由自取，希望它的下場能夠敲響每一個人警鐘 —— 適時地認清自己。

心靈物語

一個人不管自己有多豐富的知識，取得多大的成績，或有了何等顯赫的地位，都要謙虛謹慎，不能自視過高。應心胸寬廣，博採眾長，不斷地再進取，增強自己的本領，以獲取新的業績。

第二章 感謝生命

　　我們要對生命致以虔誠的謝意和崇高的敬畏。畢竟，每個人只有一次生命。在人生的道路上，即使事業、前途、愛情、家庭都如泡沫一樣破滅了，也不必悲觀，不要絕望，要知道，生命的生存本身就是一種資本，一種幸運，一種對命運不公而勇敢挑戰和蔑視。感謝我們擁有的生命，好好珍惜，才能開創出屬於我們自己的輝煌人生。

● 讀懂生命

　　哲人說，生命不止一次。讀不懂生命的人，認為他的生命只是一次，讀懂生命的人，感嘆他的生涯浮沉，九死一生。活得無悔，便不會怨憎死亡。

　　一天，莊子的妻子去世了，好友惠子去弔喪，卻看到莊子蹲在地上，正敲著盆子唱歌，惠子很驚訝。

　　惠子憤憤地說：「夫人和你結為伴侶，生兒育女，身老而死，你不哭也就罷了，怎麼能敲著盆子唱歌，是不是太過分了？」

　　莊子微笑：「不對。她剛死的時候，我怎麼可能不難過！可是探究她的開始，本來沒有生命；不僅沒有生命，而且沒有形體；不僅沒有形體，而且沒有氣。混雜在恍恍惚惚之中，變化而產生了氣，氣變化成了形體，形體變化有了生命。現在又變化而死亡，這些就好像是春夏秋冬一年四季在運行。夫人現在安靜地在天地之間休息，我卻號啕大哭，我認為這樣是太不懂得命運了，所以忍住了哀痛。」

　　惠子若有所悟。

　　生命從起點到終點，是一次多麼自然的過程啊！

心靈物語

　　沒有死的悲傷就沒有生的喜悅，洞悉了生與死的本質，就不會為終究要死去而坐立不安，而只會為生存的每一天喝彩。

● 生命豈容虛擲

1920 年代，有一位老少皆知的珠寶大盜羅迪克，他偷盜的對象，都是有錢有地位的上流人士。他還是位藝術品鑑賞家，所以有「紳士大盜」之稱，羅迪克因偷盜被捕，被判刑 18 年。

出獄後，全國各地的記者紛紛前來採訪他，其中有位記者問了一個有趣的問題：「羅迪克先生，你曾偷了許多很有錢的人家，我想知道，蒙受損失最大的人是誰？」羅迪克不假思索地說：「是我。」

記者們譁然。羅迪克接著解釋說：「以我的才能，我應該能成為一個成功的商人、華爾街的大亨，或是對社會很有貢獻的一分子；但我不幸選擇了做小偷，成了一個偷盜自己最多東西的人 —— 各位都知道，我生命中四分之一的時間是在監獄裡消耗掉的。」

無獨有偶，一位造詣很深的畫家派克，曾經花費了很多精力，以鬼斧神工的技藝，一筆一畫地手工繪製了一張 20 美元的鈔票。和羅迪克一樣，他也因觸犯法律而被捕了。具有諷刺意味的是，派克畫一張 20 美元鈔票所耗費的時間，跟他畫一張可以賣到 500 美元的肖像畫所需的時間幾乎是相同的。但不管怎麼說，這位天才的畫家卻是一個小偷。可悲的是，被偷得最慘的人不是別人，正是他自己。

羅迪克和派克都是天分很高的聰明人，在某一領域，他們完全可以憑藉自己的本領贏得成功，占有一席之地。然而，他們卻沒有發揮自身的才能，反而選擇了偷竊。

第二章　感謝生命

生活中，向自己行竊者，大有人在。為什麼人們會做這種蠢事呢？這是因為，他們沒有真正地認識自己，不知道自己的價值何在。他們不相信正面地、充分地發揮自己的才華，便是走在通向成功的光明大道上。他們更不知道，透過不正當的手段謀取錢財，實際上是在走一條死胡同。其實，任何一個不相信自己、從而未能充分發揮自身才能的人，都可以說是偷竊自己的人。

● 感謝生命

　　吉米・杜蘭特（Jimmy Durante）是 20 世紀偉大的藝術家之一。他曾被邀參加一場慰勞第二次世界大戰退伍軍人的表演，但他告訴邀請單位自己行程很緊，連幾分鐘也抽不出來；不過假如讓他只做一段獨白，可以馬上離開趕赴另一場表演的話，他願意參加。當然，安排表演的負責人欣然同意了。

　　當吉米走到臺上，奇怪的事發生了。他做完了獨白，卻並沒有立刻離開。掌聲愈來愈響，他沒有離去。他連續表演了 15 分鐘、20 分鐘、30 分鐘，最後，終於鞠躬下臺。等在後臺的負責人間他道：「我還以為你只能表演幾分鐘。這是怎麼回事？」

　　吉米回答：「我本來需要馬上離開的，但我不能那樣做，你自己看看第 1 排的觀眾便會明白了。」

　　第 1 排坐著兩個男人，二人均在戰事中失去一隻手。一個人失去左手，另一個則失去右手。他們卻在一起鼓掌，他們一直在鼓掌，而且拍得又開心又大聲。

人對生命缺少感激，源於人在心靈上難以滿足，對生命有太多的抱怨。當一個人能從心底對自己的生命充滿感激時，快樂自然會與之相伴。

● 活著就是莫大的幸福

有位青年，厭倦了日復一日平淡無奇的生活，感到生命盡是無聊和痛苦。

為尋求刺激，青年參加了挑戰極限的活動。

主辦者把他關在山洞裡，無光無火亦無糧，每天只供應 5 千毫升的水，時間為 120 小時，整整 5 個晝夜。

第 1 天，青年還心懷好奇，頗覺刺激。

第 2 天，飢餓、孤獨、恐懼一齊襲來，四周漆黑一片，聽不到任何聲響。於是他有點嚮往起平日裡的無憂無慮來。

他想起了鄉下的老母親千里迢迢、風塵僕僕地趕來，只為送一罈韭菜花醬以及給小孫子的一雙虎頭鞋。

他想起了終日相伴的妻子在寒夜裡為自己掖好被子。

他想起了寶貝兒子為自己端的第 1 杯水。

他甚至想起了與他發生爭執的同事曾經幫自己買過的一份工作餐……

漸漸地，他後悔起平日裡對生活的態度來：懶懶散散，敷衍了事，冷漠虛偽，無所作為。

第 3 天，他餓得幾乎挺不住了。可是一想到人世間的種種美好，便堅持了下來。第 4 天、第 5 天，他仍然在飢餓、孤獨、極大的恐懼中反思過

去，嚮往未來。

　　他痛恨自己竟然忘記了母親的生日；他遺憾妻子分娩時未盡照料的義務；他後悔聽信流言與好友分道揚鑣……他這才發現需要他努力彌補的事情竟是那麼多。可是，連他自己也不知道，他能不能挺過最後一關。

　　就在他涕淚齊下、百感交集之時，洞門開了。陽光照射進來，白雲就在眼前，淡淡的花香，悅耳的鳥鳴 —— 他又迎來了美好的人間。

　　青年搖搖晃晃地走出山洞，臉上浮現出了一絲難得的笑容。5 天來，他一直用心在說一句話，那就是：活著，就是幸福！

心靈物語

活著就是莫大的幸福。放下死亡的包袱，打開自己的心扉，積極對待生活中的每一天，你才能好好地活著。

● 生命不能被透支

　　在印度洋海島上，有一種紅嘴的鳥，嘴的顏色深淺決定了其在異性眼裡受歡迎的程度。那些一心想讓自己變得更受異性歡迎的鳥，必須調整體內的胡蘿蔔素。研究表明，胡蘿蔔素是促使鳥嘴顏色變紅的主要原因，但同時也是鳥體內免疫能力不可或缺的重要元素。

　　在異性鳥眼裡，深度紅嘴的鳥是鳥中菁英，因為牠有足夠的胡蘿蔔素。儘管生物學家證明有很大一部分鳥是打腫臉充胖子，事實上把太多的胡蘿蔔素集中到嘴的顏色裝飾上會削弱體內正常的免疫能力，但為了異於同類，在競爭中取勝，鳥甚至於紅「嘴」薄命。

一位作家曾經講過一個故事：一位電腦博士在美國找工作，他奔波多日卻一無所獲。萬般無奈，他來到一家職業介紹所，沒出示任何學位證書，以最低的身分作了登記。很快他被一家公司錄用了，職位是程式輸入員。

不久，老闆發現這個年輕人的能力非一般程式輸入員可比。此時，他亮出了學士證書，老闆給他換了相應的職位。又過了一段時間，老闆發覺這位年輕人能提出許多有獨特見解的建議，其本領遠比一般大學生高明，此時，他亮出了碩士證書，老闆立刻晉升了他。

又過去了半年，老闆發覺他幾乎能解決實際工作中遇到的所有技術難題，老闆再三盤問下，他才承認自己是電腦博士，因為工作難找，就把博士學位瞞了下來。第 2 天一上班，他還沒來得及出示博士證書，老闆已宣布他就任公司副總裁。

這個作家的意思是一個人要懂得生命的迂迴，在沒有機遇時要善於儲存智慧，而不可把自己看得過重。其實這位博士仍然遵循了生命不能被透支的人生哲學。適當地保存生命的價值是非常重要的。而那紅嘴鳥，只憑一時的勇氣來展示自己，一不小心就會透支生命。

心靈物語

循序漸進的生命對一般人來說很重要。我們應該像河流一樣，在行進過程中遇到山石或者草叢的阻擋時，懂得迂迴而過，只有這樣才能更好地鍛鍊生命。

● 心靈的孔洞

有個老人一生十分坎坷，年輕時由於戰亂幾乎失去了所有的親人，一條腿也在一次空襲中被炸斷；中年時，妻子也因病去世了；不久，和他相依為命的兒子又在一次車禍中喪生。

可是，在別人的印象之中，老人一直爽朗而又隨和。有一次某個人終於冒昧地問他：「您經受了那麼多苦難和不幸，可是為什麼看不出一點傷感？」

老人默默地看了此人很久，然後，將一片樹葉舉到那個人的眼前。

「你瞧，它像什麼？」

那是一片黃中透綠的葉子。那個人想，這是白楊樹葉，可是，它到底像什麼呢？

「你能說它不像一顆心嗎？或者說就是一顆心？」

那個人仔細一看，還真的十分像心臟的形狀，心不禁輕輕一顫。

「再看看它上面都有些什麼？」

老人將樹葉更近地向那個人湊去。那個人清楚地看到，那上面有許多大小不等的孔洞。

老人收回樹葉，放到了掌中，用那厚重的聲音緩緩地說：「它在春風中綻出，陽光中長大。從冰雪消融到寒冷的深秋，它走過了自己的一生。這期間，它經受了蟲咬石擊，以致幹瘡百孔，可是它並沒有凋零。它之所以得以享盡天年，完全是因為它熱愛著陽光、泥土、雨露，它熱愛著自己的生命！相比之下，那些打擊又算得了什麼呢？」

人的生命只有一次，生命不是綿延到永遠的，它有起點更有終點。我們敬畏它的不屈不撓，更敬畏它不著痕跡、毫不留情地逝去。生命需要我們去熱愛。熱愛生命，你體會到的將是生命中更深邃的意義。

● 生命的潛能

有一次，喬治不幸遭遇了交通事故，被一輛小汽車撞得不省人事，好在有人迅速將他送往醫院。

在一間燈光暗淡的病房裡，兩位女護士焦急地工作著 —— 一人各抓住喬治的一隻手腕，力圖摸到脈搏的跳動。因為喬治在這整整 6 小時內都未能脫離昏迷狀態。醫生已經做了他力所能及的一切事情，然後離開這個病房，看其他病人去了。

喬治不能動彈、談話或撫摸任何東西。然而，他能聽到護士們的聲音，在昏迷的某些時間裡，他能清楚地思考，他聽到一位護士激動地說：

「他停止呼吸了！你能摸到脈搏的跳動嗎？」

「沒有。」

他一再聽到如下的問題和問答：「現在你能摸到脈搏的跳動嗎？」「沒有。」

「我很好，」他想，「但我必須告訴她們，無論如何我必須告訴她們。」

同時他又對護士們近於愚蠢的關切覺得很有趣，他不斷地想：「我的身體良好，並非即將死亡，但是，我怎麼能告訴她們這一點呢？」

他記起了他所學過的自我激勵的語句：「如果你相信你能夠做這件

事，你就能完成它。」他試圖睜開眼睛，但失敗了，他的眼瞼不肯聽他的命令。事實上，他什麼也感覺不到，然而他仍努力地睜開雙眼，直到最後他聽到這句話：「我看見他的一隻眼睛在動 ── 他仍然活著！」

這種情況持續了一段相當長的時間，直到喬治不斷努力睜開了一隻眼睛，接著又睜開另一隻眼睛。恰好這時候，醫生回來了，醫生和護士們以精湛的醫術、精心的護理，使他起死回生。

心靈物語

「潛能」是生命所具備的一種自然能量。這種能量是人類對萬物造化的一種反抗。而人的潛能，則是幫助人找到實現自我價值的意義。

● 享受生命的過程

小羅和阿恒結婚已 5 年了。小羅現在是一個全職家庭主婦，不會有人想到她曾經是個十分優秀的商場經理。

小羅常常覺得有點失落、後悔和惋惜。她問自己，這幾年在家庭中操勞，她究竟得到了些什麼？一座帶小花園屬於她和阿恒的房子，一輛小汽車，一個孩子。生活給她的報酬難道就只有這些嗎？小羅想不通。

有一天，小羅收拾屋子時，發現了一盤看上去很舊的錄影帶，她十分好奇，停下手裡的活，將錄影帶塞進放映機裡。

螢幕上，首先顯示出這樣一個畫面：她抱著一大束玫瑰站在房門口，顯得光彩照人。小羅想起那是 4 年前第一次收穫自己種植的玫瑰。當時，看到自己辛勤除草、鬆土、滅蟲的工作終於有了回報，她高興得合不攏嘴。

螢幕上接著顯示出這樣的場景：寶寶搖搖擺擺地出現。他瞪著一雙大眼睛，手指頭含在小嘴裡，一顛一顛地向鏡頭跑來。突然，他「啪」地摔在地上，隨即號啕大哭起來。看到寶寶可愛的樣子，小羅情不自禁地笑了。

看完錄影帶，小羅已感動得滿眼淚花。原來這 5 年裡，她獲得了這麼多歡笑和快樂。

心靈物語

生命本身就是一個過程，如果你在這個過程中體會到了生命的魅力，那結果對你來說也只是一個過程—無數個結果串聯成生命的過程。懂得享受過程的人，才能真正懂得珍惜生命、享受生活。

● 生命需要挑戰

派蒂·威爾森在年幼時被診斷出患有癲癇。她的父親吉姆·威爾森習慣每天晨跑。有一天，戴著牙套的派蒂興致勃勃地對父親說：「爸，我想每天跟你一起慢跑，但我擔心病情會中途發作。」

她父親回答說：「如果你的病發作，我知道該怎樣應付。我們明天就開始跑吧。」

於是，十幾歲的派蒂就這樣與跑步結下了不解之緣。和父親一起晨跑是她一天之中最快樂的時光；跑步時，派蒂的病一次也沒發作。

幾個星期後的一天，她向父親表達了自己的心願：「爸，我想打破女子長距離跑步的世界紀錄。」父親替她查金氏世界紀錄，發現女子長距離跑步的最高紀錄是 128 公里。

第二章　感謝生命

當時，讀高一的派蒂為自己訂立了一個長遠的目標：「今年我要從橘郡跑到舊金山（640多公里）；高二時，要到達俄勒岡州的波特蘭（2,400多公里）；高三時的目標在聖路易（3,200多公里）；高四則要向白宮前進（4,800多公里）。」

雖然派蒂的身體狀況與他人不同，但她依舊滿懷熱情與理想。對她來說，癲癇只是偶爾給她帶來不便的小毛病。她並不因此消極退縮，相反，她更加珍惜自己已經擁有的一切。

高一時，派蒂穿著上面寫有「我愛癲癇」的襯衫，一路跑到了舊金山。她父親陪她跑完了全程，母親則開著旅行車尾隨其後，照料父女兩人。

高二時，她身後的支持者換成了班上的同學。他們拿著巨幅的海報為她加油打氣，海報上寫著：「派蒂，跑啊！」但在這段前往波特蘭的路上，她扭傷了腳踝。醫生勸告她馬上中止跑步：「你的腳踝必須打上石膏，否則會造成永久的傷害。」

她回答道：「醫生，跑步不是我一時的興趣，而是我一輩子的至愛。我跑步不單是為了自己，同時也是要向所有人證明，身障人同樣可以跑馬拉松。有什麼方法能讓我跑完這段路？」

醫生表示可用黏合劑先將受損處接合，而不用上石膏；但他警告說，這樣會起水泡，到時會十分疼痛。

派蒂毫不猶豫地點頭答應了。

派蒂終於來到波特蘭，俄勒岡州州長還陪她跑完最後1.6公里。一面寫著紅字的橫幅早在終點等著她：「超級長跑女將，派蒂‧威爾森在17歲生日這天創造了輝煌的紀錄。」

高中的最後一年，派蒂花了4個月的時間由美國西海岸長跑到東岸，

最後抵達華盛頓，並接受總統召見。她告訴總統「我想讓人們明白，癲癇患者與一般人無異，也能過正常的生活。」

心靈物語

要想煉就真金，需經烈火燃燒；要想鑄造寶劍，就得千錘百煉，然而要想見證生命的價值，搶占生命的制高點，就得勇敢地挑戰生命。

● 生命在好不在長

一個 14 歲的男孩與他 6 歲的妹妹相依為命。兄妹二人父母早逝，他是她唯一的親人。所以男孩愛妹妹勝過愛自己。

然而災難再一次降臨在這兩個不幸的孩子身上。妹妹染上重病，需要輸血。

作為妹妹唯一的親人，男孩的血型與妹妹相符。醫生問男孩是否有勇氣承受抽血時的疼痛，男孩鄭重而又嚴肅地點了點頭。

抽血時，男孩十分安靜，只是向鄰床上的妹妹微笑。抽血後，他躺在床上，目不轉睛地看著醫生將血液注入妹妹體內。等到手術完畢，男孩聲音顫抖地問「醫生，我還能活多長時間？」

醫生正想笑男孩無知，但轉念間又被男孩的勇敢震撼了：在男孩 14 歲的大腦中，他認為輸血會失去生命，但他仍然肯輸血給妹妹。在那一瞬間，男孩所做出的決定使他付出了一生的勇敢，並下定了付出生命的決心。醫生的手心滲出了汗，他握緊了男孩的手說：「放心吧，你不會死的。輸血不會丟掉生命。」

男孩眼中放出了光彩：「真的？那我還能活多少年？」

醫生微笑著說：「你能活到 100 歲，小朋友，你很健康！」

男孩從床上跳到地上，挽起袖子鄭重其事地對醫生說：「那就把我的血抽一半給妹妹吧，我們每人活 50 年！」

心靈物語

對每個人來說，不僅生命有長有短，而且生命的品質也有很大不同。什麼是生命的品質？生命的品質是願意將生命平分給別人的無私，是一個生命走向成熟必須經歷的對靈魂的考驗！

● 人生的起點與終點

生和死是一對孿生兄弟。死對他的哥哥眷戀不已，生走到哪裡，他就跟到哪裡。可是，生卻討厭他的這個弟弟。尤其使他掃興的是，往往在他舉杯暢飲的時候，死突然出現了，把他斟滿的酒杯碰落在地，摔得粉碎。

「你這個冤家，當初母親既然生我，又何必生你，既然生你，又何必生我！」生絕望地喊道。

「好哥哥，別這麼說。沒有我，你豈不寂寞？」死心平氣和地說。

「永遠不！」

「可是你想想，如果沒有我和你競爭，你的享樂有何滋味？如果沒有我和你同臺演出，你的戲劇豈能精彩？如果沒有我給你靈感，你心中怎會湧出美的詩歌，眼前怎會展現美的圖畫？」

「我寧可寂寞，也不願見到你！」

「好哥哥，這可辦不到。母親怕你寂寞，才讓我陪伴你。我怎能不從母命？」

於是，忍無可忍的生來到大自然母親面前，請求她把可惡的弟弟帶走，別讓他再糾纏自己。然而，大自然是一位大智大慧的母親，絕不遷就兒子的任性。生只好服從母親的安排，但並不領會母親如此安排的好意，所以對死始終懷著一種無可奈何的怨恨心情。

心靈物語

生是人生的起點，死是人生的終點，許多時候，死是容易的，活著卻很艱難。從起點到終點，猶如畫了一道美麗的弧線，生命之美被淋漓盡致地展現。

● 生命的熱情

她一生中見過的絕大多數花都在病房裡，花開花敗，命運無常。因為她是醫生。

記得有一次，一場與死神的搏殺宣告失敗之後，她無意間看到，病人床頭櫃上的花竟還在大朵大朵地綻放，彷彿渾然不知死亡的存在，黑色的花蕊像一雙冰冷嘲弄的眼睛。

她從此不喜歡花。

然而有一個病人第一次見到她，便送給她一盆花，她沒有拒絕。也許是因為這個病人稚氣、孩子一般的笑容，更可能是因為，所有的人都知道，除非奇蹟中的奇蹟，他是沒有機會活著離開醫院的。

那次，是他不顧叫他多休息的醫囑，與兒科的小病人們打籃球，滿身大汗。她責備他，他吐吐舌頭，不好意思地笑笑，然後傍晚，她的桌上多了一盆 3 瓣的花，紫、黃、紅，斑斕交錯，像蝴蝶展翅，又像一張頑皮的

鬼臉，附一張小條子：「醫生，你知道你發脾氣的樣子像什麼嗎？」她忍俊不禁。

第二天花又換了一種，是小小圓圓的一朵朵紅花，每一朵都是仰面的一個笑：「醫生，你知道你笑的樣子像什麼嗎？」

他告訴她，昨天那種花，叫三色堇，今天的，是太陽花。他在陽光把竹葉照得透綠的日子裡帶她到附近的小花店，她這才驚奇地知道，世上居然有這麼多種花，玫瑰深紅，康乃馨粉黃，馬蹄蓮幼弱婉轉，鬱金香冰豔倨傲，梔子花香得動人，而七里香懾人心魄。她也驚奇於他談起花時炙熱的眼睛，彷彿忘了病，也忘了死。

他問：「你愛花嗎？」

她答：「花是無情的，不懂得人的愛。」

他只是微笑，說：「花的情，要懂得的人才會明白。」

一個烈日的正午，她遠遠看見他在住院部的後園裡呆站著，走近喊他一聲，他急忙轉過身，食指掩唇：「噓——」

那是一株矮矮的灌木，綴滿紅色燈籠似的小花，此時每一朵花囊都在爆裂，無數花籽像小小的空襲炸彈向四周飛濺，彷彿一場密集的流星雨。他們默默地站著，同時看見生命最輝煌的歷程。

他俯身拾了幾顆花籽裝在口袋裡。第二天，他送給她一個花盆，盆裡盛著黑土：「這花，叫死不了，很容易種，過幾個月就會開花——那時，我已經不在了。」

她突然很想做一件事，她想證明命運並非不可逆轉的洪流。

四天後深夜，鈴聲大震，她一躍而起，衝向病人的身邊。

他始終保持奇異的清醒，對周圍的每一個人，父母、手足、親友、所有參與搶救的醫生護士，說：「謝謝，謝謝，謝謝。」唇邊的笑容，像剛

剛綻放便遭遇風雪的花朵，漸漸凍凝成化石。她知道，已經沒有希望了。

她並沒有哭，只是每天給那一盆光禿禿的土澆水。然後她參加醫療小分隊下鄉，打電話回來，同事說：「什麼都沒有，以為是廢物，丟窗外了。」她怔了一怔，也沒說什麼。

回來已是幾個月後，她打開自己桌前久閉的窗，震住 ——

花盆裡有兩瓣瘦瘦的嫩苗。彷彿是營養不良，一口氣就吹得走，卻青翠欲滴。而最高處，是那麼羞澀的含苞，透出一點紅的消息，像一盞初初燃起的燈。

她忽然深深懂得了花的情意。

心靈物語

> 易朽的是生命，似那轉瞬即謝的花朵；然而永存的，是對未來的渴望，是那生生世世傳遞下來的、不朽的生命熱情。每一朵勇敢開放的花，都是死亡唇邊的微笑。

● 抓住自己的「樹葉」

托尼在伯父的林場裡散步，時不時聽到樹枝斷裂時發出的劈啪聲，偶爾也可以聽到貓頭鷹的叫聲。

「大衛，奶奶為什麼會死？」8歲的堂弟湯姆突然問他。托尼嚇了一跳，因為他沒有想到湯姆會跟他說話，他們散步這麼久了，湯姆還沒跟他說過一句話呢。

「那是上帝的意願。」托尼邊說邊撿起一根樹枝，用力甩了出去。他轉過臉看看小堂弟，接著說：「上帝出於某種原因讓她死的。」

「我不明白，你講講死到底是什麼？」湯姆大聲說。他的語氣讓托尼吃驚，他的眼睛裡好像有了淚水。

「奶奶去世，你一定很傷心吧？」湯姆點點頭。

「好吧，我來跟你講一講。」托尼停下來，希望這時能看到一隻兔媽媽帶著小兔子穿過樹林，這樣就可以用牠們來做個例子。可是，四周除了高高的橡樹，什麼也看不到。

「湯姆，奶奶老了，」他正說著，一片樹葉落下來，他撿起樹葉遞給湯姆，「這片樹葉曾經很年輕，可現在老了。」

「所有的人都是這樣死的嗎？」湯姆看著樹葉問。

「當然不是，就像所有的樹葉不會以相同的方式落下一樣。」

「別的樹葉是怎樣落的？」

「有的落得很慢，像奶奶一樣……」

「這我知道。」湯姆打斷托尼的話，「告訴我，其他人的樹葉是怎樣的？」

「我剛才不是在說嗎？有些樹葉落得很慢，像老人；有些落得很快，就像有人患了癌症。」托尼從地上拾起一塊鵝卵石，拋向天空。

「為什麼有的樹葉落得快？」托尼真想不到湯姆會提出這麼多的問題。

「這，我也說不清，也許是因為有的樹葉天生虛弱，要麼就是它們病了，就像我們有的人很早就死去。」

「有時候我看到樹枝斷的時候，成百上千的樹葉同時落下，那是怎麼回事？」

「你想想，遇到飛機失事或地震時，不是也有成百上千的人死亡嗎？這跟樹葉是一樣的，有時會一起落下來。」

「托尼，你的樹葉呢？」湯姆好像有點害怕提這樣的問題。

「肯定在什麼地方，但我現在說不清。」托尼感到有些冷，便把上衣拉鍊拉上去。

「托尼，我要保護你的生命，我要抓住你的樹葉，不讓它落下來，這樣你就不會死了。」

托尼驚愕了。「聽著，小孩子，人總是要死的，只是遲早而已。死是避免不了的，正如你不能把所有的樹葉都抓住，就是這樣。」

「可是春天來了，樹上又長滿了樹葉，這是怎麼回事？」

「這就像新生兒替代了死去的人。」托尼抬頭望望天空，天色已經暗了下來。

「那麼，托尼，嬰兒是從哪來的？」

「這不容易解釋，這裡好冷，咱們回家吧。我跟你賽跑，看誰先跑到家。」

「等等，托尼，你還沒回答我的問題呢。」

「預備 —— 跑！」

「什麼？」

「沒什麼。從現在起，讓我們緊緊抓住自己的樹葉吧！」

心靈物語

生命如花，有著它特有的活力與規律，只有用心靈去領悟，才能真正地觸摸到它的最深處。

● 過好生命中的每一分鐘

一位風燭殘年的老人在日記簿上記下了這段生命的醒悟。

「如果我可以從頭活一次，我要嘗試更多的錯誤。我不會再事事追求完美。」

「我情願多休息，隨遇而安，處世糊塗一點，不對將要發生的事處心積慮計算著。其實人世間有什麼事情需要斤斤計較呢？」

「可以的話，我會多去旅行，跋山涉水，最危險的地方也要去一次。以前我不敢吃霜淇淋，不敢吃青豆，是怕危害健康，此刻我是多麼的後悔。過去的日子，我實在活得太小心，每一分每一秒都不容有失。太過清醒明白，太過清醒合理。」

「如果一切可以重新開始，我會什麼也不準備就上街，甚至連紙巾也不帶一張，我會用心享受每一分、每一秒。如果可以重來，我會赤足走在戶外，甚至整夜不眠，用這個身體好好地感受世界的美麗與和諧。還有，我會去遊樂園多玩幾次旋轉木馬，多看幾次日出，和公園裡的小朋友玩耍。」

「如果人生可以從頭開始……但我知道，不可能了。」

這就是人生，真的不可以再來一次。

今天，正值韶華的你，如果每天巧用一分鐘，會是怎樣呢？

多讀一分鐘：書太多了，人的時間太少了，多浪費一分鐘，少閱讀一本書。經常省下零零星星的一分鐘，拿出一本喜歡又被遺忘很久的書來閱讀。多讀一分鐘，你會感到很愜意。

多玩一分鐘：人生倏忽一百年，少得可憐。每天多留一分鐘，看一看山水，看一看大海和天空，看一看星星和月亮，把人生演繹得美妙多情些。

多陪孩子一分鐘：孩子才是人生裡最重要的財產之一，多一分鐘賺錢，便少一分鐘與孩子相處的機會，要珍惜。與孩子相處，你可以返璞歸真，擁有童稚之心，無憂、歡樂。

多陪愛人一分鐘：愛人不是用來拌嘴的對象，是陪你走過一生的人，在終老之前多陪她一分鐘。一個一分鐘很少，一百個一分鐘也不多，但是千千萬萬個一分鐘，可就不少了。每天預留一分鐘給家人，人生便多了許多一分鐘的美好。

心靈物語

過好每一分鐘，人生足以美不勝收、妙不可言。

● 熱情是一筆財富

熱情，是一種無法抗拒的力量。

對生活充滿熱情的人都有著積極的心態和良好的精神狀態。在人群當中，熱情是用一種極富感染力的表達方式來表示對別人的支持。擁有熱情的人，無論碰到什麼事情，都能夠以正面的心態去面對、去行動。

熱情的人，往往是積極的人，熱情不是來自外在空間的力量，而是自信、熱忱、樂觀在人的內心燃燒，最後綜合而來的。人們喜歡熱情的人，心中永遠保持住熱情，良好的精神狀態就會自然而然地表現出來。

劍橋郡的世界第一名女性打擊樂獨奏家依芙琳‧葛蘭妮（Evelyn Glennie）說：「從一開始我就決定，一定不要讓其他人的觀點阻礙我成為一名音樂家的熱情。」

她成長在蘇格蘭東北部的一個農場，從 8 歲時就開始學習鋼琴。隨著

年齡的增長，她對音樂的熱情與日俱增。但不幸的是，她的聽力卻在漸漸下降，醫生們斷定是難以康復的神經損傷造成的，並且斷定到 12 歲，她將徹底失聰。可是，她對音樂的熱愛卻從未停止過。

她的目標是成為打擊樂獨奏家，雖然當時並沒有這類音樂家。為了演奏，她學會了用不同的方法「聆聽」其他人演奏的音樂。她只穿著長襪演奏，這樣她就能透過她的身體和想像感覺到每個音符的震動，她幾乎用她所有的感官來感受她的聲音世界。

她決心成為一名音樂家，而不是一名失聰的音樂家，於是她向倫敦著名的皇家音樂學院提出了申請。

因為以前從來沒有一個聽力受損的學生提出過類似申請，所以一些老師反對她入學。但是她的演奏征服了所有的老師，她順利地入學，並在畢業時榮獲了學院的最高榮譽獎。

從那以後，她的目標就是成為第一位專職的打擊樂獨奏家，並且為打擊樂獨奏譜寫和改編了很多樂章，因為那時幾乎沒有專為打擊樂而譜寫的樂譜。

至今，她作為獨奏家已經有十幾年的時間了，因為她很早就下了決心，不會因為醫生的診斷而放棄追求，因為醫生的診斷並不意味著她的熱情和信心不會有結果。

心靈物語

> 熱情的人總是面對光明，遠離黑暗，因而，他們不僅個性燦爛耀眼，命運也灑滿陽光，即使在危難之時，他們也總是能轉危為安。因為不僅命運之神青睞他們，人們也願意把友誼奉送給感染自己的人。

第三章　做事先做人

　　一個人不管有多聰明，多能幹，條件或背景有多麼好，但如果他不懂得如何去做人，那他最終肯定也會一事無成。做事之前先學好做人，在良好人際關係的幫助下，那他做事肯定是一帆風順。做事是一門藝術，做人更是一門學問，這需要細細揣摩，認真體會。

● 別拿誠信開玩笑

一個年輕人終於實現了自己的理想，來到美麗的法國開始了半工半讀的留學生活。

漸漸地，他發現當地的車站與國內不同，幾乎都是開放式的，不設檢票口，也沒有檢票員，甚至連隨機性的抽查都非常少。憑著自己的聰明，他精確地估算了這樣一個機率 —— 逃票而被查到的比例大約僅為萬分之三。他為自己的這個發現而沾沾自喜，從此之後，他便經常逃票上車。

偶爾也會被查到受處罰，當時他會感到羞愧，決定以後不再逃票，但每次上車後他的僥倖心理又會冒出來，他又開始逃票了，而且他還找到了一個寬慰自己的理由：自己還是個窮學生嘛，能省一點是一點。

4 年過去了，知名大學的金字招牌和優秀的學業成績讓他充滿自信，他開始進入巴黎一些跨國公司的大門，躊躇滿志地推銷自己。然而，結局卻是他始料不及的：這些公司都是先對他熱情有加，然而數日之後，卻又都是婉言相拒。真是莫名其妙。

最後，他寫了一封措辭懇切的電子郵件，發送給了其中一家公司的人力資源部經理，煩請他告知不予錄用的理由。當天晚上，他就收到了對方的回復。

「先生：

我們十分賞識您的才華，但我們調閱了您的信用紀錄後，非常遺憾地發現，您有兩次乘車逃票受罰的紀錄。然而根據逃票受罰的機率計算，您也許有過上百次甚至更多次逃票卻沒有被發現。我們認為此事至少證明了兩點：一、您不遵守規則；二、您不值得信任。而敝公司對這兩點是十分重視的，鑒於以上原因，敝公司不敢冒昧地錄用您，請見諒。」

　　直到此時，他才如夢方醒、懊悔難當。

　　之後，無論他怎樣努力，也沒能找到一份理想的工作，而拒絕他的原因大多是因為他有因逃票而受罰的紀錄。

　　12 年後的今天，他已經成為一名小有名氣的教授，他在授課時不再避諱這段不光彩的經歷，他告訴學生們：別拿誠信開玩笑，一次也不要！

心靈物語

> 道德常常能彌補智慧的缺陷，然而，智慧卻永遠填補不了道德的空白。道德上的一次錯誤便可能會造成終身的遺憾。

● 我們心裡有眼睛

　　凱恩斯 11 歲的時候，舉家前往新罕布夏湖的島上別墅度假。那裡四面湖水環繞，景色非常美，是絕佳的釣魚聖地。

　　在那裡，只有在鱸魚節的時候才允許釣鱸魚。但他和父親決定提前過過釣魚癮。於是，他們扛著釣竿，在鱸魚節開始前的午夜來到了湖邊。他們坐下後，只見明月當空，波光粼粼，一片銀色世界。突然間有什麼東西沉甸甸地拽著漁竿的那頭。父親吩咐他沉住氣並讚賞地看著他慢慢地把釣線拉回來，那條用盡了力氣的魚被凱恩斯小心地拖出水面 —— 那是他們見過的最大的一條鱸魚！

　　父親擦著了火柴，他看著錶說：「10 點，再過 2 小時鱸魚節才開始。」他看了看魚，又看看凱恩斯，「放回去，孩子！」

　　「爸爸……」剛開始凱恩斯不理解，接著大聲地哭起來。

　　「這裡還有別的魚……」

「但是沒有牠那麼大。」他繼續哭，和父親爭執起來。

月光晶瑩，萬籟俱寂，四周再也沒有人和船了，似乎還有一絲希望。凱恩斯不哭了，懇求地看著父親。

凱恩斯怯生生地求父親：「爸爸，這裡沒有別人，沒有人會看到的。」

「可是我們心裡有眼睛。」父親堅定地說。

之後是父親的沉默，他已經很明白地表示，這個決定是不能改變的。沒辦法，凱恩斯只好從鱸魚的嘴上摘下釣鉤，慢慢把牠放回寂靜的湖水裡，「呼」的一聲，魚就消失在水中了。凱恩斯感到很失望，因為他很可能再也無法釣到這麼大的一條鱸魚了。

那是 23 年前的事了，現在凱恩斯已經成為紐約市一名小有成就的建築師。的確，這些年來，他再也沒有釣到過 23 年前那麼大的鱸魚。

他日後提起那段往事，說：「那次父親讓我放走的只不過是一條魚，但是我從此學會了自律。那晚，在父親的告誡下，我走上了光明磊落的道路。有了這個開始，在人生的道路上，我處處嚴於律己。我在建築設計上從不投機取巧，在同行中頗有口碑；就連親朋好友把股市內部消息透露給我，勝算有十成的時候，我也會婉言謝絕。誠實是我生活的信條，也是教育孩子的準則。」

「我們心裡有眼睛」，這句智慧的話語一直溫暖地留在凱恩斯的心裡。

心靈物語

自律是做人的根本，在小事情上能夠自律的人才能夠成就一番大事業。

● 金錢換不來尊重

有位富翁認為金錢可以買到一切，可事實好像並非如此。他想得到別人的尊重，卻總是難以辦到。他很是苦惱，每天都在想怎樣才能得到眾人的敬仰。

某天在街上散步時，他看到街邊一個衣衫襤褸的乞丐，心想我給他錢，他一定會感謝我的，便在乞丐的破碗中丟下 10 枚亮晶晶的金幣。

誰知乞丐頭也不抬地仍是忙著捉蝨子，富翁生氣了：「你眼睛瞎了？沒看到我給你的是金幣嗎？」

乞丐仍是不看他一眼，答道：「給不給是你的事，不高興可以拿回去。」

富翁大怒，和乞丐較起勁來，又丟了 10 個金幣在乞丐的碗中，心想不會有人對金幣不動心的。卻不料乞丐仍是不理不睬。

富翁幾乎要跳了起來：「我給你 10 個金幣，你看清楚，我是有錢人，難道你就不會向我道個謝來表示一下尊重嗎？」

乞丐懶洋洋地回答：「有錢是你的事，尊不尊重你則是我的事，這是強求不來的。」

富翁急了：「那麼，我將我財產的一半送給你，你該尊重我了吧？」

乞丐翻了一下白眼看他：「給我一半財產，那我不是和你一樣有錢了嗎？為什麼要我尊重你？」

富翁更急了：「好，我將所有的財產都給你，這下你該願意尊重我了吧？」

乞丐大笑：「你將財產都給了我，那你就成了乞丐，而我成了富翁，我憑什麼來尊重你？」

富翁語塞。

心靈物語

能否得到他人的尊重不在於你是否是有錢人,金錢與尊重在許多情況下是難以畫等號的。尊重只能用真誠的心來換得,而不能用金錢的多少來衡量。

● 萬千遺產敵不過一個好名聲

蓋瑟近來覺得日子越來越難過了。他和妻子都在鎮上教書,收入維持日常開銷尚可,卻拿不出任何一筆大的數目。但他們的第1個孩子已經出世了,需要一塊地皮來蓋房子,這件事令他們很苦惱。

鎮上還是有很多土地的,在小鎮南邊有一大片土地,屬於老銀行家于勒先生,但他就是不賣,無論誰去找他,他總是說:「我答應過農民,他們可以在上面放牛的。」

儘管如此,蓋瑟還是去拜訪了他。他穿過一道森嚴的桃花心木大門,來到一間幽暗的辦公室。于勒先生坐在書桌旁,在看《華爾街日報》。他透過眼鏡的上緣打量著來客,身體一動不動。

蓋瑟告訴于勒先生他想買那塊地,于勒先生挺和氣地說:「不賣。我答應過農民可以在上面放牛的。」

「我知道,」蓋瑟緊張地答道,「不過,我是在這裡長大的,現在和妻子都在鎮裡教書,我們以為也許您願意把它賣給準備在這裡長住的人。」

于勒努起嘴唇,盯著他們:「你說你叫什麼名字來著?」

「蓋瑟。比爾·蓋瑟。」

「嗯⋯⋯和格羅弗·蓋瑟有什麼關係嗎?」

「他是我的祖父。」

于勒先生放下報紙，摘去眼鏡，示意蓋瑟坐在椅子上談。

「格羅弗‧蓋瑟是我的農場裡最好的工人啊。」于勒說，「來得早，去得晚。需要做什麼就做什麼，從來不需要指派。」于勒先生開始回憶往事。

老人向前傾了傾身子：「一天夜裡，都下班一個鐘頭了，我發現他還在倉庫裡。他在修理拖拉機，他說修不好就回家心裡會不踏實。」于勒先生眯起雙眼，「蓋瑟，你說你想幹什麼來著？」

蓋瑟將自己的意思對他講了一遍。

「這件事讓我考慮考慮，過幾天你再來找我吧。」

沒過幾天，蓋瑟又去了于勒的辦公室。于勒先生告訴他說：「我已經決定了。3,800，怎麼樣？」

蓋瑟想：看來他是不會賣給我了。每英畝 3,800 元，一共要拿出將近 6 萬美元。可我根本拿不出這筆錢的啊！

「3,800？」蓋瑟重複了一句，嗓子裡堵了一下。

「嗯。15 英畝一共 3,800 美元。」

這是蓋瑟絕沒有想到的，這塊地的價值恐怕 5 倍不止！蓋瑟滿懷感激地接受了。

蓋瑟知道，自己能有這片神奇的土地，全是靠了爺爺的好名聲。好名聲是蓋瑟爺爺留給自己的一份遺產。在他爺爺的葬禮上，很多人都走過來對他說：「你爺爺可是個好人啊。」人們讚美他善良、寬容、敦厚、慷慨 —— 最重要的是誠實正直。他只不過是一個樸實的農民，但他的品德使他贏得了人們的敬重。

心靈物語

> 萬千遺產敵不過一個好名聲。寧可拋棄那家產萬貫，而應選擇好的名聲；寧可拋棄金銀財寶，而應選擇真正的讚譽。

● 幫助別人也是幫助自己

風浪太大了，貨輪在海面上顛簸，艱難地行駛著。一個在船尾打雜的黑人小孩不慎掉進了波濤滾滾的大西洋。沒有人知道他掉了下去，儘管他想大聲呼救，但根本沒有人能夠聽得見，望著漸行漸遠的貨輪，孩子難過極了。

孩子使出全身的力氣在冰冷的水中游動，求生的本能讓他自己努力浮出水面，睜大眼睛盯著輪船遠去的方向。

船越來越遠，船的身影越來越小，到後來，什麼都看不見了，只剩下一望無際的汪洋。孩子實在游不動了，在他的潛意識中認為自己要沉下去了。

算了吧，他對自己說。這時候；他的腦海中呈現出老船長那張慈祥的臉和友善的眼神。不，船長知道我掉進海裡後，一定會來救我的！想到這裡，他又鼓足勇氣用生命中最後的力量向前游去……

船長終於發現那黑人孩子失蹤了，當場斷定孩子掉進海裡，於是下令返航回去找。這時，有人規勸道：「這麼長時間了，就是沒有被淹死，也讓鯊魚吃了……」船長猶豫了一下，還是決定回去找。又有人說：「為一個黑人孩子，這樣做值得嗎？」

船長大喝一聲：「閉嘴！」

就這樣，他們返航了，在孩子生命的最後一刻他得救了。

當孩子甦醒過來，跪在地上感謝船長的救命之恩時，船長扶起孩子問：「孩子，你怎麼能堅持這麼長時間？」

孩子用微弱的聲音答道：「我知道您會來救我的，一定會的！」

「你怎麼知道我一定會來救你？」

「因為我知道您是那樣的人！」

聽到這裡，白髮蒼蒼的船長淚流滿面，撲通一聲跪在黑人孩子面前：「孩子，不是我救了你，而是你救了我啊！我為我在那一刻的猶豫而感到恥辱……」

心靈物語

> 人生最美麗的補償之一，就是人們在真誠地幫助別人的同時，也幫助了自己。拯救別人是一種幸福。他人眼中的信任，更是可以救贖我們的靈魂。

● 骨氣是筆大財富

喬的父親羅曼，是一名證券交易所的普通職員，薪資不多，一半用於生活費，一半用來接濟比他們還窮的親戚，日子過得拮据。

可能在這座小城裡，唯一沒有汽車的，就是他們家了。

但母親常常安慰家裡人說：「做人要有骨氣。一個人有了骨氣，就有了一筆珍貴的財富。懷著希望生活，這就等於有了一大筆精神財富。」

在城市的市節那天，一輛嶄新的別克牌汽車吸引了全城人的目光。這輛車作為獎品，在大街上那家最大的百貨商店櫥窗裡展出，定在當晚以抽獎的方式饋贈給得獎者。

即便他們那麼想擁有一輛汽車，也沒有想到幸運女神會突然眷顧他們。所以，當高音喇叭宣布父親為這輛汽車得主時，喬簡直不敢相信自己的耳朵。

父親開車緩緩地駛過人群。好幾次，喬很想上車同父親分享幸福的時刻，都被父親趕開了。最後，父親竟然吼道：「滾一邊去，讓我清靜一下！」

喬感到委屈極了，而且對父親獲獎後的反應不理解。他為什麼會那麼煩躁呢？得到了期待已久的汽車是一件多麼讓人興奮的事情啊。喬向母親訴說了自己的苦惱。母親對父親十分了解，她溫柔地說：「你誤會你父親了，他正在考慮一個道德問題，我想他很快會找到適當的答案的。」

「為什麼？我們中獎得到汽車，難道不道德嗎？」喬疑惑地問。

「這就是問題的關鍵：我們根本就不應該得到汽車。」母親說。

「不可能！」喬不敢相信自己的耳朵，失態地大叫起來，「爸爸中獎明明是大喇叭裡宣布的。」

「來，看看這個。」母親指了指桌上檯燈下放著的兩張彩券存根。喬看到，存根的號碼分別是「348」，「349」，中獎號碼是「348」。

「你看看，這兩張彩券有什麼不同？」母親說。

喬反覆看了幾遍，終於發現，一張彩券的角落上有用鉛筆寫得不太明顯的「K」字。

母親解釋說，這 K 字代表一個名字 —— 凱茲克。

「基米·凱茲克？」喬知道凱茲克是爸爸交易所的老闆。

「對。」母親肯定地說。

原來，當初買彩券時，父親對凱茲克說，他可以幫凱茲克代買一張。

「當然好啊！」凱茲克隨口應道。老闆說完就出去了，也許他再也沒

有想過這事。「348」那張正是幫凱茲克買的。

「可是凱茲克是一個千萬富翁，他根本就不缺汽車。再說，那兩張彩券是同時買的，誰能知道哪一張是凱茲克的呢？」喬仍希望爸爸能留下這輛別克車。

「讓你爸爸決定吧，」母親平靜地說，「他知道該怎麼做的。」

這時，父親進門逕直去了房間，喬和母親知道他一定是在打電話給凱茲克。翌日下午，凱茲克的兩個司機上門，送給父親一盒雪茄，然後開走了別克車。

喬一直到成年才擁有了一輛屬於自己的汽車，而父親終究沒能等到坐上自家汽車的那一天。但喬逐漸對母親的那句「人有了骨氣，就是有了一大筆財富」的格言有了深刻的理解。回首往昔時，喬才悟出，父親打電話給凱茲克的時候，才是他們家最富有的時刻。

心靈物語

不屬於自己的東西不要挽留。對做人來說，骨氣本身就是一筆難以估算的巨大財富。

● 嚴守做人這把鎖

從前，在一個小城裡有一位老鎖匠，他修了一輩子鎖，技術精湛，人們都十分敬重他。更主要的是老鎖匠為人正直，每修一把鎖他都告訴別人他的姓名和地址，說：「如果你家發生了盜竊，只要是用鑰匙打開的家門，你就來找我！」

老鎖匠歲數大了，為了不讓他的技藝失傳，老鎖匠收了兩位徒弟。這

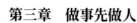

兩個人都很聰明好學，老人準備將一身技藝傳給他們。

　　一段時間以後，兩個年輕人都學會了不少東西。但兩個人中只有一個能得到真傳，而這個人一定要具有良好的品德，老鎖匠決定對他們進行一次考試。

　　老鎖匠準備了兩個保險櫃，分別放在兩個房間，讓兩個徒弟去打開，以決定誰能繼承自己的技藝。結果大徒弟很快就打開了保險櫃，大概只用了 10 分鐘，而二徒弟卻用了半個小時才打開，看來結果已經沒有懸念了。老鎖匠問大徒弟：「保險櫃裡有什麼？」大徒弟眼中放出了光亮：「師傅，裡面有很多錢，全是百元大鈔。」問二徒弟同樣的問題，二徒弟支吾了半天說：「師傅，您只是讓我打開鎖，並沒有讓我看裡面有什麼，我就沒看，所以，我……我不知道裡面有什麼。」話說到最後，他的聲音越來越小。

　　老鎖匠笑著點了點頭，鄭重宣布二徒弟為他的正式接班人。大徒弟不服，眾人不解，為什麼二徒弟用的時間長卻被選中呢？

　　老鎖匠微微一笑，說：「不管幹什麼行業都要講一個『信』字，尤其是我們這一行，要有更高的職業道德。我收徒弟是要把他培養成一個高超的鎖匠，他必須做到只看得到鎖而看不到錢財。否則，稍有貪心，登門入室或打開保險櫃易如反掌，最終只能害人害己。不只是我們修鎖的人，每個人心上都要有一把不能打開的鎖啊。」人們聽了，無不贊同地點了點頭。

心靈物語

> 每個人心頭都有一把鎖，這把鎖的名字就叫誠信。做人就要死死地守住這把鎖。這把鎖一旦被破壞，最終只會使自己無路可退。

● 可以貧窮，但不能失去自尊

拉哈布·薩卡爾，是一個高傲而又善良的人。在處世中，他盡力給予對方最大的尊重。但在華爾街上遇到的那件事使他開始重新審視自己。

那天的太陽像是要把地面烤化一樣，空氣中瀰漫著一股股熱氣。拉哈布正走著，一個瘦得皮包骨的人力車夫來到他身邊。車夫搖著鈴鐺，問道：「先生，您要坐車嗎？」拉哈布轉過頭去，發現那個人的日光裡似乎包含著期待的神情。

拉哈布一直認為以人力車代步是一種犯罪，只有沒人性的人才會那麼做。他用那粗布縫製的甘地服袖子擦了擦額頭上的汗珠，連聲說道：「不，不，我不要。」一面繼續走自己的路。

車夫卻沒有放棄的意思，拉著車子跟在他後面，一路不停地搖鈴。突然間，拉哈布的腦子裡閃出一個念頭：也許拉車是這個窮人唯一的謀生手段。拉哈布同情窮苦人，他願意為他們盡微薄之力。他又一次回頭看了看那車夫 —— 天哪，他是那樣面黃肌瘦！拉哈布心裡頓時對他生出了憐憫之情，他決定幫助這個車夫。

他問車夫：「去希布塔拉。你要多少錢？」

「6便士。」

「好吧，你跟我來！」拉哈布繼續步行。

「請上車，先生。」

「跟我走吧！」拉哈布加快了腳步，拉車的人跟在他後面小跑。時不時地，拉哈布回頭對車夫說：「跟著我！」

到了希布塔拉，拉哈布·薩卡爾從衣兜裡掏出6便士遞給車夫，說：「拿去吧！」

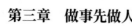

「可是您根本沒坐車呀。」

「我從不坐車。我認為這是一種犯罪。」

「啊？您一開始就該告訴我！」車夫的臉上露出一種不滿的神情。他擦了擦臉上的汗，拉著車子走開了。

「把這錢拿去吧，它是你應得的！」

「我不是乞丐！」車夫一字一頓地說完，拉著車，消失在街道的轉彎處。

心靈物語

尊嚴是人最珍貴、最高尚的東西，是神聖不可侵犯的。一個人可以沒有金錢，但精神上卻不可以貧窮，更不可以失去做人的尊嚴。

● 成熟的麥穗懂得彎腰

有位剛剛退休的資深醫生，醫術非常高明，許多年輕的醫生都前來求教，並渴望投身於他的門下。

資深醫生選中了其中一位年輕的醫生，幫忙看診，兩人以師徒相稱。看診時，年輕醫生成為得力的助手，資深醫生理所當然是年輕醫生的導師。

由於兩人合作無間，診所的病患者與日俱增，診所聲名遠播。為了分擔門診時越來越多的工作量，避免患者等得太久，師徒決定分開看診。

病情比較輕微的患者，由年輕醫生診斷；病情較嚴重的，由師父出馬。實行一段時間之後，指明掛號讓年輕醫生看診的病患者比例明顯增加。起初，資深醫生不以為意，心中也高興：「小病都醫好了，當然不會

拖延成為大病，病患減少了，我也樂得輕鬆。」

直到有一天，資深醫生發現，有幾位病人的病情很嚴重，但在掛號時仍堅持要讓年輕醫生看診，對此現象他百思不得其解。

還好，師徒兩人彼此信賴，相處時沒有心結，收入的分配也有一套雙方都能接受的標準制度，所以資深醫生並沒有往壞處想，也就不至於懷疑年輕醫生從中搞鬼、故意搶病人的地步。

「可是，為什麼呢？」他問自己，「為什麼大家不找我看病？難道他們以為我的醫術不高明嗎？我剛剛才得到一項由醫學會頒發的『傑出成就獎』，登在新聞報紙上的版面也很大，很多人都看得到啊！」

為了解開他心中的疑團，一個朋友來到他的診所深入觀察。本來這個朋友想佯裝成患者，後來因為感冒，也就順理成章地到他的診所就醫，順便看看問題出在哪裡。

初診掛號時，負責掛號的小姐很客氣，並沒有刻意暗示病人要掛哪一位醫生的號。

複診掛號時，就有點學問了，發現很多病人都從師父那邊轉到年輕醫生的診室。問題就出在所謂的「口碑效果」，年輕醫生的門診掛號人數偏多，等候診斷的時間也較長，有些病人在等候區聊天，交換彼此的看診經驗，呈現出「門庭若市」的場面。

更有趣的發現是，年輕醫生的經驗雖然不夠豐富，但就是因為他有自知之明，所以問診時非常仔細，慢慢研究推敲，與病人的溝通較多、也較深入，而且很親切、客氣，也常給病人加油打氣：「不用擔心啦！回去多喝開水，睡眠要充足，很快就會好起來的。」類似的心靈鼓勵，讓他開出的藥方更有加倍的效果。

回過來看看資深醫生這邊，情況正好相反。經驗豐富的他，看診速度

很快，往往病患者無須開口多說，他就知道問題在哪裡，資深加上專業，使得他的表情顯得冷酷，彷彿對病人的苦病已然麻痺，缺少同情心。

　　整個看診的過程，明明是很專業、很認真的，卻容易使病患者產生「漫不經心、草草了事」的誤會。當朋友向資深醫生提出這些淺見時，他驚訝地張大了嘴巴：「我自己怎麼就沒有發現！」

　　這就是麥穗彎腰的哲學，其實，很多具有專業素養的人士，都很容易遇到類似的問題。

　　他們並不是故意要擺出盛氣凌人的高姿態，但卻因為地位高高在上，令人仰之彌高，從而產生了遙不可及的距離感。

　　別忘了，越成熟的麥穗，越懂得彎腰。

　　或者，我們也可以來個逆向思考，越懂得彎腰，才會越成熟。

心靈物語

　　人，有時就像麥穗，越懂得彎腰，才說明他越成熟。

● 勇敢源於信任

　　在火車上，一位孕婦臨盆，列車員廣播通知，緊急尋找婦產科醫生。這時，一個女孩子猶猶豫豫地站出來，說她是婦產科的，女列車長趕緊將她帶進用床單隔開的「病房」。毛巾、熱水、剪刀、鉗子，什麼都到位了，只等最關鍵時刻的到來。

　　產婦由於難產而非常痛苦地尖叫著。婦產科的女孩子非常著急，卻遲疑著不肯動手。列車長搞不清女孩在顧慮什麼，趕緊問她遇到了什麼困難，如果需要準備什麼，她馬上吩咐別人去辦。

女孩子臉上已滲出了汗水，她將列車長拉到「產房」外，說明產婦的情況緊急，並告訴列車長自己沒有行醫資格，而且她只是一個不合格的婦產科護士，已經在一次醫療事故之後被醫院開除了。她實在沒有掌握，建議立即送往醫院搶救。

可列車距最近的一站還要行駛1個多小時。列車長鄭重地對她說：「無論你以前發生過什麼，但在這趟列車上，你就是醫生，你就是專家，我們相信你。」

車長的話感動了護士，她準備了一下，走進產房前又問：「如果萬不得已，是保小孩還是保大人？」

「我們相信你的判斷。」

護士明白了。她點了點頭堅定地走進「產房」。列車長輕輕地安慰產婦，說現在正有一名婦產科專家準備給她做手術，請產婦安靜下來好好配合。出人意料，那名護士竟獨自完成了這次手術，嬰兒的啼哭聲宣告了母子平安。

那對母子是幸福的，因為遇到了熱心人；但那位護士更是幸福的，她不僅挽救了兩個生命，而且找回了自信與尊嚴。職業的責任感使她勇敢地承擔起重擔，大家的信任使她由一個不合格的護士變成了一名優秀的醫生。

心靈物語

他人一個信任的眼神、一句鼓勵的話語都可以令我們勇氣十足、信心百倍，並向著心中的目標奮勇前行。

● 崇高與卑劣

有這樣一個真實的故事。

加拿大科學家斯羅達博士正與同事們研究和試驗兩塊被放在軌道上的濃縮鈾對合的臨界質量。就在這時，他撥動鈾塊的螺絲刀突然滑掉了，鈾塊失去了控制，以很快地速度接近著，已經發出了可怕的光。斯羅達博士深知，如果不採取措施，兩個鈾塊相碰，便會爆發出超級的能量而引發可怕的核爆炸。

就在這千鈞一髮之際，斯羅達博士，果斷地用雙手掰開了馬上就要滑到一起的鈾塊，從而避免了這場即將到來的災難，而他自己卻因此受到高劑量的核輻射，最終獻出了寶貴的生命。加拿大政府為了表彰他對人類做出的貢獻，把他譽為「用雙手掰開原子彈的人」。

心靈物語

我們常說「危難之時顯真情」，災難時刻最可以體現出一個人崇高或卑劣的本性。而最終永不更改的是：崇高的靈魂人們會永遠紀念，而卑劣的行徑只會遭到人們的唾棄。

● 守時是最大的禮貌

西元 1779 年，德國哲學家康德計劃到一個名叫珀芬的小鎮，去拜訪老朋友威廉·彼特斯。康德動身前曾寫信給彼特斯，說自己將於 3 月 2 日上午 11 點之前到達。

康德 3 月 1 日就趕到了珀芬小鎮，第 2 天早上租了一輛馬車前往彼特斯的家。彼特斯的家與小鎮相距 19 公里，且中間隔了一條河。當馬車來到

河邊時，細心的車夫說：「先生，橋壞了，很危險，不能再往前走了。」

康德下了馬車，看到橋，中間的確已經斷裂了，這樣貿然過去是很危險的。河面雖然不寬，但水很深。

「附近還有別的橋嗎？」康德焦急地問。

車夫說：「在上游 6 公里處還有一座橋，但從那裡走要花費較多的時間，大概要 12 點半才能到達農場。」

康德又問：「如果我們經過面前這座橋，以最快速度什麼時間能到達？」

車夫回答說：「最快也得用 30 分鐘。」

康德跑到河邊一座很破舊的農舍裡，客氣地向主人打聽道：「請問你的這間房子要賣的話打算要多少錢？」

農婦大吃一驚：「我的房子這麼破舊，您買它幹什麼呢？」

「你不要問我做什麼，您願意還是不願意？」

「那就給 200 馬克吧！」

康德付了錢，說：「如果您能馬上從破房上拆下幾根長木頭，20 分鐘內把橋修好，我將把房子還給您。」

農婦從沒遇到過如此慷慨的人，她對康德千恩萬謝，並馬上把兩個兒子叫來，讓他們按時修好了橋。

馬車平安地過了橋，10 點 50 分康德趕到了老朋友的家。

在門口迎候的彼特斯高興地說：「親愛的朋友，您可真守時啊！」

康德卻沒有提起為了準時趕到而買房修橋的事。

後來，彼特斯在無意中聽那個農婦講了此事，便深有感觸地寫了一封信給康德。信中說道：「您太客氣了，還是一如既往地守時。其實，老朋友之間的約會，遲一些是可以原諒的，何況您還遇到了意外。」

一向一絲不苟的康德，在給老朋友的回信中寫了這樣的一句話：「在我看來，無論是對老朋友，還是對陌生人，守時就是最大的禮貌。」

心靈物語

有句美國諺語說：「失約就像向別人借錢不還一樣。」誠實守信是待人接物方面一個重要的行為準則，在任何情況下都要努力按時踐約。

● 失誤，不應該成為虛偽的藉口

一位記者在訪問英國諾丁漢大學校長楊福家院士時，楊福家院士講了這樣一個故事。美國波士頓大學曾聘請了一位十分著名的教授為傳播系主任。這個教授在一次講課時，講了一段十分精彩的話，而這段話是他從其他地方看到的，本來他是要交代這段話的出處的，但教授剛講完那段話，下課鈴就響了，教授便下課了。

在西方的許多著名大學，要求學校的每個老師和學生不能以任何形式剽竊別人的成果，即使是老師在上課時所講的內容，如果引用了別人的話，都必須明確指出，如果不指出，便認為是一種不誠實，是一種剽竊行為。

所以，當這個教授下課後，有一個學生便向校長反映，說那個教授在上課時引用了某個雜誌上的話，但卻沒有交代出處。校長便找到這個教授核對，那個教授承認了自己的失誤，便立即提出辭職。由於其他教師的挽留，最後學校決定撤銷他的主任職務。第 2 天，這個教授上課時，第一件事就是向學生道歉。

在我們看來，這也許是小題大做。何況那個教授並不是存心不想說那

段話的出處，是因為下課了他沒有來得及說；再說，就是這個教授說了那段話不是自己的，也不會對他有什麼影響，他為什麼要故意不說呢？再退一步說，即使不說出出處，那又有什麼關係呢？

但是，學生反映了這個很小的問題，校長還是十分重視，即使知道了這個教授不是故意不交代，校長還是撤了他的主任職務。而這個教授呢？他在校長找他的那一刻，便已經認識到自己的疏忽犯了大錯，他在那一瞬間便覺得自己不配在這裡為人師了，所以他立即提出了辭職。

最後因為同事們的挽留，他雖然留了下來，仍覺得錯在自己，所以在第二天上課時，第一件事情就是向他的學生真誠地道歉。因為他明白：失誤，不能成為原諒自己的藉口。

在整件事中，無論是那個學生，還是校長，抑或那個失誤的教授，都表現出了一種對虛偽的厭惡，對誠實的追求。那個學生並不因為教授有名氣便原諒他的不誠實，哪怕他並不是故意的；校長也並不因為這個教授有名氣，便原諒他的失誤；教授也不因為失誤，便找種種藉口原諒自己。

其實，學生、校長和教授，所不能容忍的不是這件小事，而是不能容忍哪怕是半點的虛偽，無論這種虛偽是有意還是無意。因為他們認為，如果容忍了虛偽，便是對真誠的一種褻瀆。

在我們的生活中，有很多虛偽的東西存在。時常會有揭發著名教授抄襲別人成果的新聞。但是，有些抄襲者非但不承認錯誤，反而多方辯解，甚至對指出他剽竊別人成果的人進行人身攻擊，這是多麼可悲的現象啊！

做人，無論在怎樣的情況下，都應該真誠，不應虛偽，這是每個人都明白的道理。可是在我們的生活中卻有很多不盡人意的現象存在，這也許正是我們長時間不能有大進步的原因所在。

我們只有不斷地清理自己的心靈，讓自己的內心深處多一些真誠，少

一些虛偽，才能成為一個真正誠實的人。我們應該向那個指出教授不誠實的學生致以敬意，我們應該對那個校長給予讚揚，當然，我們更應該向那個不因為失誤而寬容虛偽的教授致以崇高的敬意。

失誤，不應該成為虛偽的藉口。

心靈物語

> 無論什麼時候，誠信都是不允許打折扣的。失誤不能成為原諒自己過錯的原因，更不應該成為虛偽的藉口。

● 原則不容更改

耶路撒冷有一家名為「芬克斯」的酒吧，酒吧的面積不大，但它卻聲名遠揚。

有一天，酒吧老闆接到一個電話，那人很客氣地跟他商量說：「我將帶 10 個隨從前往你的酒吧。為了方便，希望你能謝絕其他顧客，可以嗎？」

老闆羅斯恰爾斯毫不猶豫地說：「我歡迎你們來，但要謝絕其他顧客，這不可能。」

其實，這個老闆不知道，打電話的人是美國前國務卿基辛格博士。他是在訪問中東的議程即將結束時，在別人的推薦下，才打算到「芬克斯」酒吧的。

基辛格最後坦言：「我是出訪中東的美國國務卿，我希望你能考慮一下我的要求。」羅斯恰爾斯禮貌地對他說：「國務卿先生，您願意光臨本店我深感榮幸。但是，因您的緣故而將其他人拒之門外，這是我無法辦到的。」

基辛格博士聽後，掛掉了電話。

第二天傍晚，羅斯恰爾斯又接到了基辛格的電話。他首先對自己昨天的失禮表示歉意，說明天只打算帶 3 個人來，只訂 1 桌，並且不必謝絕其他客人。

羅斯恰爾斯說：「非常感謝您，但我還是無法滿足您的要求。」

基辛格很意外，問：「這次又是為什麼？」

「對不起，先生，明天是星期六，對我們猶太人來說，禮拜六是一個神聖的日子，本店休息。」

「可是，後天我就要回美國了，您能否破例一次呢？」

羅斯恰爾斯很誠懇地說：「不行，您該知道，如果我們違背了神意經營的話，那是對神的玷汙。」

基辛格無言以對，他只好無奈又遺憾地離開了耶路撒冷，而沒能在中東享受到這家小酒吧的服務。

這是一個真實的故事。這家小酒吧連續多年被美國《新聞週刊》列入世界最佳酒吧前 15 名。一個只有 30 平方公尺的小酒吧，竟能享有如此之高的美譽，與這家酒吧老闆的作風有著千絲萬縷的關聯。

心靈物語

凡事都有一定的目的與意義，只要確認我們的方向正確無誤，便要堅持自己的原則；即使此刻還在迷宮中跌跌撞撞，我們也不再迷失，反而會比別人更早一步走出迷宮。

● 良心的懲罰

盧梭生於窮苦的人家，為求生計，在很小的時候他就到一個伯爵家去當小傭人。有一段時間，他對伯爵家一個侍女戴的一條小絲帶相當痴迷，他很想拿在手裡摸一摸、看一看。一天，機會終於來了，盧梭趁沒人的時候，從侍女床頭拿走小絲帶，跑到院子裡賞玩起來。

正在這時候，從他身後經過的一個僕人發現了盧梭手中的小絲帶，並立刻報告了伯爵。伯爵大為惱火，就把盧梭叫到身旁，厲聲追問小絲帶的來歷。盧梭緊張極了，如果承認絲帶是自己拿的，那他一定會被辭退。而找一份工作是多麼困難啊。

他結巴了一會兒，最後竟撒了個謊，說絲帶是小廚娘瑪麗偷給他的。伯爵半信半疑，就讓瑪麗過來對質。善良、老實的小瑪麗一聽這事，又害怕又委屈，一邊流淚，一邊說：「不是我，絕不是我！」可盧梭呢？卻死死咬住了瑪麗，並把事情的「經過」編造得有理有據。

這下子，伯爵更惱火了，他不想去分辨哪一個是清白的，索性將盧梭和瑪麗同時辭退了。當兩人離開伯爵家時，一位長者意味深長地說：「你們之中必有一個是無辜的，而另一個人一定會受到良心的懲罰！」

果然，這件事給盧梭帶來了終身的痛苦。40 年後，他在自傳《懺悔錄》中坦白說：「這種沉重的負擔一直壓在我的良心上……促使我決心撰寫這部懺悔錄。」「這種殘酷的回憶，常常使我苦惱，在我苦惱得睡不著的時候，便看到那個可憐的女孩前來譴責我的罪行……」

心靈物語

犯錯之後主動承認能得到他人的原諒並獲得精神的解脫，而不敢面對錯誤，甚至撒謊來傷害別人，最終只會受到良心的懲罰。

● 挺起你的胸膛

多年前，一位年輕的挪威男子漂洋過海來到法國，他要報考著名的巴黎音樂學院。考試的時候，儘管他竭力將自己的水準發揮到最佳狀態，但主考官還是沒能看中他。

身無分文的年輕男子來到學院外不遠處一條繁華的街上，在一棵榕樹下拉起了手中的琴。他拉了一曲又一曲，吸引了無數的人駐足聆聽。飢餓的男子最終棒起自己的琴盒，圍觀的人們紛紛掏錢放入琴盒。

一個無賴鄙夷地將錢扔在男子的腳下。男子看了看無賴，最終彎下腰拾起地上的錢遞給無賴說：「先生，您的錢丟在了地上。」

無賴接過錢，重新扔在男子的腳下，再次傲慢地說：「這錢已經是你的了，你應該收下！」

年輕男子再次看了看無賴，深深地對他鞠了個躬說：「先生，謝謝您的資助！剛才您掉了錢，我彎腰為您撿起。現在我的錢掉在了地上，麻煩您也為我撿起來！」

無賴被男子出乎意料的舉動震撼了，最終撿起地上的錢放入琴盒，然後灰溜溜地走了。

圍觀者中有雙眼睛一直默默關注著青年男子，他就是剛才的那位主考官。他將青年男子帶回學院，最終錄取了他。這位年輕男子叫比爾‧撒丁，後來成為挪威著名的音樂家，他的代表作名叫《挺起你的胸膛》。

心靈物語

無論自己陷入怎樣的不利境地，無論招致了怎樣的侮辱與誣衊，我們都要理智地去應對，挺起自己的胸膛去維護我們的尊嚴。

● 沒有任何藉口

不為失敗找藉口。一個人做任何事，如果失敗了，只要他願意找藉口，總能找到完美的藉口，但藉口和成功不在同一屋簷下。

美國西點軍校有一個悠久的傳統，遇到學長或軍官問話，新生只能有4種回答：

「報告長官，是！」

「報告長官，不是！」

「報告長官，沒有任何藉口。」

「報告長官，不知道。」

除此之外，不能多說一個字。比如學長問：「你認為你的皮鞋這樣就算擦亮了嗎？」你的第一個反應肯定是為自己辯解：「報告學長，剛才排隊時有人不小心踩到了我。」但是不行，這不在那4個「標準答案」裡，所以你只能回答：「報告學長，不是。」

學長要問為什麼，你最後只能答：「報告學長，沒有任何藉口。」再比如軍官派一個新生去完成一項任務，而且限定在一定時間內完成。這項任務可能會有種種原因而不能按時完成，但軍官只要結果，根本不會聽你長篇大論地解釋為何沒完成任務。

「沒有任何藉口」迫使這位新生只有掌握每一分每一秒去爭取完成任務，根本無暇為完成不了任務找藉口。

學校之所以這樣規定，就是要讓新生學會忍受壓力，學會恪盡職責，明白表現達到十全十美是「沒有任何藉口」的。

心靈物語

秉持「沒有任何藉口」這樣的信念，儘管看似對自己冷酷無情，但卻猶如破釜沉舟，可以激起一個人的鬥志，促使其全力以赴，埋頭苦幹，盡善盡美地完成每一件事情。

● 弱者同樣需要尊重

火車站外，一位學者和朋友在送人。送走人之後，學者剛走出火車站口不遠，就看到一個瘋瘋癲癲的人迎了上來，攔住了他們的去路。他衣衫襤褸，頭髮亂蓬蓬的。誰都以為他是一個討錢的，於是學者的朋友就掏出一元來遞給他。

他瞪了瞪他，沒有接，然後將目光移向了學者，小心翼翼地說：「這位老先生，我看得出來你是個有學問的人，能不能講講三國歷史給我聽？」

朋友想推開他，學者卻阻止了他，領著那個瘋子到了一個樓角。他從呂蒙設計，講到關羽敗走麥城，最後遇害，大約用了十幾分鐘時間。學者講得繪聲繪色，那瘋子也聽得津津有味。臨走的時候，瘋子抓住學者的手，眼睛中泛動著晶瑩的淚花：「謝謝你，我求了好多人，只有您才肯講給我聽！」學者的手也用力搖動了幾下。

回去的路上，學者的朋友問：「他是一個瘋子吧？」學者沉默了一會兒才說：「也許是，但他首先是一個人，只要是人，都是值得尊重的。因為在尊重別人的時候，更重要的還是在尊重自己！」

的確，尊重不只是一個得到或者給予的問題，其實在給人尊重的同時，也會得到別人的尊重；當你踐踏別人的尊嚴的時候，你自己的尊嚴也正在自己的腳下痛苦地呻吟著！

心靈物語

一定要學會尊重弱者，他們也有人格。正所謂「我敬人一尺，人敬我一丈」。

● 君子當以謙遜為本

蘇東坡在湖州做了 3 年官，任滿回京。想當年因得罪王安石，落得被貶的結局，這次回來應投門拜見才是。於是，他便往宰相府去。

此時，王安石正在午睡，書童便將蘇東坡迎入東書房等候。

蘇東坡閒坐無事，見硯下有一方素箋，原來是王安石兩句未完詩稿，題是詠菊。蘇東坡不由笑道：

「想當年我在京為官時，此老下筆千言，不假思索。3 年後，真是江郎才盡，起了兩句頭便續不下去了。」

他把這兩句唸了一遍，不由叫道：

「呀，原來連這兩句詩都是不通的。」

詩是這樣寫的：

「西風昨夜過園林，吹落黃花滿地金。」

在蘇東坡看來，西風盛行於秋，而菊花在深秋盛開，最能耐久，隨你焦乾枯爛，卻不會落瓣。一念及此，蘇東坡按捺不住，依韻添了兩句：

「秋花不比春花落，說與詩人仔細吟。」

待寫下之後，又想如此搶白宰相，只怕又會惹來麻煩，若把詩稿撕了，更不成體統，左思右想，都覺不妥，便將詩稿放回原處，告辭回去了。

第2天，皇上降詔，貶蘇東坡為黃州團練副使。

蘇東坡在黃州任職將近一年，轉眼便已深秋，這幾日忽然起了大風。風息之後，後園菊花棚下，滿地鋪金，枝上全無一朵。蘇東坡一時目瞪口呆，半晌無語。此時方知菊花果然落瓣！不由對友人道：

「小弟被貶，只以為宰相是公報私仇，誰知是我錯了。切記啊，不可輕易譏笑人，正所謂經一事長一智呀。」

蘇東坡心中含愧，便想找個機會向王安石賠罪。想起臨出京時，王安石曾託自己取三峽中峽之水用來沖陽羨茶，由於心中一直不服氣，早把取水一事拋在腦後。現在便想趁冬至送賀表到京的機會，帶著中峽水給宰相賠罪。

此時已近冬至，蘇東坡告了假，帶著因病返鄉的夫人經四川進發了。在夔州與夫人分手後，蘇東坡獨自順江而下，不想因連日鞍馬勞頓，竟睡著了，及至醒來，已是下峽，再回船取中峽水又怕誤了上京時辰，聽當地老人道：「三峽相連，並無阻隔。一般江水，難分好歹。」便裝可一瓷壇下峽水，帶著上京去了。

上京來先到相府拜見宰相。

王安石命門官帶蘇東坡到東書房。蘇東坡想到去年在此改詩，心下愧疚。又見柱上所貼詩稿，更是羞慚，倒頭便跪下謝罪。

王安石原諒了蘇東坡以前沒見過菊花落瓣。待蘇東坡獻上瓷壇，書童取水煮了陽羨茶。

王安石問水從何來，蘇東坡道：「巫峽。」

王安石笑道：「又來欺瞞我了，此水明明是下峽之水，怎麼冒充中峽。」

蘇東坡大驚，急忙辯解道誤聽當地人言，三峽相連，一般江水，但不知宰相何以能辨別？

王安石語重心長地說道：

「讀書人不可輕舉妄動，定要細心察理，我若不是到過黃州，親見菊花落瓣，怎敢在詩中亂道？三峽水性之說，出於《水經補注》，上峽水太急，下峽水太緩，唯中峽緩急相伴，如果用來沖陽羨茶，則上峽味濃，下峽味淡，中峽濃淡之間，今見茶色，故知是下峽。」

蘇東坡敬服。

王安石又把書櫥盡數打開，對蘇東坡言道：

「你只管從這二十四櫥中取書一冊，念上文一句，我答不上下句，就算我是無學之輩。」

蘇東坡專揀那些積灰較多，顯然久不觀看的書來考王安石，誰知王安石竟對答如流。

蘇東坡不禁折服：

「老太師學問淵深，非我晚輩淺學可及！」

蘇東坡乃一代文豪，詩詞歌賦，都有佳作傳世，只因恃才傲物，口出妄言，竟三次被王安石所屈，他從此再也不敢輕易譏笑他人。

心靈物語

大智若愚是才智技藝達到精湛圓熟的最高境界。一個人才智越高，越有學問，見聞越廣博，越應該謙虛謹慎，處處收斂鋒芒，不炫耀自己。我們都應該記住這樣一個道理：學無止境，君子當以謙遜為本。

第四章　完美人生操之在我

　　同樣的起點，卻是不同的經歷，不同的人生路。此時此刻，有些人是幸福的代表，而有些人則是失落的代言人，是誰決定了我們的人生？其實，我們的人生由我們自己決定。沒有像別人那樣有好的命運，就怨天尤人，其實這些只是藉口而已。你會有什麼樣的人生，要看你自己的決定。

● 生命完全屬於你自己

年輕的亞瑟國王被鄰國的伏兵抓獲。鄰國的君主並沒有殺他，而是向他提出了一個非常難的問題，並承諾只要亞瑟回答得上來，他就可以給亞瑟自由。亞瑟有一年的時間來思考這個問題，如果一年期滿還不能給他答案，亞瑟就會被處死。

這個問題是：女人真正想要的是什麼？

這個問題令許多有學識的人困惑不解，何況年輕的亞瑟。但求生的欲望使亞瑟接受了國王的命題 —— 在一年的最後一天給他答案。

亞瑟回到自己的國家，開始向每個人徵求答案：公主、妓女、牧師、智者、宮廷小丑。他問了幾乎所有的人，答案五花八門，有的回答是男人，有的說是孩子，有的說是金錢，還有的說是地位，但沒有一個答案可以令他滿意。

最後，人們建議亞瑟去請教一個女巫，也許她能夠知道答案。但是他們警告他，女巫會提出一些稀奇古怪的條件，這些條件往往使人們不敢向她求助。

一年的最後一天到了，亞瑟別無選擇，只好去找女巫試試看。女巫答應回答他的問題，但他必須首先接受她的交換條件：讓她和加溫結婚。而加溫是最高貴的圓桌武士之一，是亞瑟最親密的朋友。

亞瑟驚駭極了，看看女巫：駝背，醜陋不堪，只有一顆牙齒，身上發出臭水溝般難聞的氣味，而且經常製造出猥褻的聲音。他從沒有見過如此醜陋不堪的怪物。他拒絕了，他不能讓他的朋友為了救他而犧牲自己的幸福。

加溫知道這個消息後，對亞瑟說：「我同意和女巫結婚。對我來說，沒有比拯救你的生命更重要的了。」亞瑟感動極了，深情地擁抱著他的朋

友。於是亞瑟宣布了婚禮的日期，女巫也回答了亞瑟的問題：女人真正想要的是 —— 可以主宰自己的命運。

人們都明白了女巫說出的是真理，於是鄰國的君主如約給了亞瑟永遠的自由。

加溫的婚禮如約舉行，而亞瑟也陷入了深深的痛苦之中。這是怎樣的婚禮呀 —— 加溫一如既往地溫文爾雅，而女巫卻在婚禮上表現出最醜陋的行為：蓬頭垢面，用嘶啞的喉嚨大聲講話，還用手抓東西吃。她的言行舉止讓所有的賓客都感到噁心，大家也都深切地同情加溫從此失去了幸福。

新婚之夜對於所有的人都是美妙的，但對加溫卻是異常可怕的，但它終究還是到了。然而，加溫走進新房，卻被眼前的景象驚呆了：一個他從沒見過的美麗少女斜倚在婚床上！加溫忽然如入夢境，不知這到底是怎麼回事。

少女回答說：「我也曾被別人施以魔咒，我自己在一天的時間裡一半是醜陋的，另一半是美麗的。你願意怎樣分配這醜陋與美麗呢？」

多麼殘忍的問題呀！加溫開始面對他的兩難選擇：是在白天向朋友們展示自己的美麗妻子，而在夜晚自己的屋子裡，面對一個如幽靈般又老又醜的女巫？還是在白天擁有一個醜陋的女巫妻子，但在晚上與一個美麗的女人共度親密時光呢？出乎意料的是，加溫沒有做任何選擇，只是對他的妻子說：「既然女人最想要的是主宰自己的命運，那麼就由你自己決定吧！」

少女眼中閃著淚光，動情地說：「謝謝你替我解除了詛咒，當有一個男人願意讓我主宰自己命運的時候，詛咒就會自動失效了。那麼，我要告訴你，我會選擇白天和夜晚都是美麗的女人，因為我愛你。」

你的命運由你自己主宰。命運就在你自己的手中，就看你自己如何去掌握。

● 人生的 5 枚金幣

不久前，陳家村有 3 位漁民因為木船機器出了故障，在海上漂了 7 天 6 夜。3 位漁民臉曬得黑紅，坐在我們面前，講述著曾經發生的故事，他們面帶笑容，語氣平淡，好像這些事不是他們自己親歷而是發生在別人身上似的。

「你們開始的時候想到會漂 7 天嗎？」

一位年紀較大的漁民說：「沒有，我們想再堅持一天，明天就會有人來救我們。如果一開始就知道要等 7 天，受這麼多罪，我們可能會受不了。」他是這艘船的主人。

「第 6 天下午，我覺得自己堅持不住了，喝進去的海水在胃裡翻騰，難受死了。就在這時候我們聽見了馬達聲，看見有一條船朝我們開來，我們 3 人趴在船上喊救命，可是當船駛近的時候，船上的人卻對我們說：你們慢慢漂吧。我絕望地趴在船舷上想跳海自殺，是他救了我。」年紀較小的幫工感激地指著船主說。

船主不好意思地摸摸後腦勺：「其實也沒什麼，我只是告訴他們一個 5 枚金幣的故事。」

「小時候，我生活在內蒙古草原。有一次，我和爸爸在草原上迷了路，我又累又怕，到最後都快走不動了。爸爸並沒有哄我，他從兜裡掏出 5 枚硬幣，把一枚硬幣埋在草地裡，把其餘的 4 枚放在我的手上，說：『人

生有 5 枚金幣，童年、少年、青年、中年、老年各有一枚，你現在才用了 1 枚，就是埋在草原上的那一枚。你不能把 5 枚都扔在草原，你要一點點地用，每一次都用出不同來，這樣才不枉人生一世。今天我們一定要走出草原。你將來也一定要走出草原。世界很大，人活著，就要多走些地方，多看看，不要讓你的金幣還沒用就被扔掉。』」

「我們走了一天一夜，終於走出了草原。我一直記得父親說過的話，也一直保存著那 4 枚硬幣。25 歲的時候，我從電視上看到大海，我把第 2 枚硬幣埋在草原，帶著其餘的 3 枚硬幣一個人乘車來到大連旅遊，當了一名水手。今年是我來海上的第 9 個年頭了，我剛剛用攢下的錢買下這條 12 馬力的新木船，我一生的夢想，是能有一條可以遠洋的 100 馬力以上的鐵船。我們還年輕，還有人生的 3 枚金幣，不能就這麼把它們都扔到大海裡。我們一定要活著回去。從我講這個故事到被救，才十幾個小時。我們真的活著回來了！」

海上漂泊 7 天 6 夜，他們喝海水，吃魚餌，忍受著肉體和精神上雙重的痛苦，直到現在，他們還因為海水中毒而全身水腫、胃出血、腳潰爛，但他們坐在我們面前，面帶笑容，語氣平淡，對他們來說，所有的災難都已成為過去，重要的是他們還活著，還擁有人生的 3 枚金幣，這比什麼都重要。

心靈物語

在苦難降臨時，還有什麼比擁有活下去的信念更重要的呢？我們還年輕，還擁有人生最大的資本，如果我們對待生活、工作能有同樣的信念，那麼世界上就沒有什麼挫折可以擊倒我們。

● 自己就是上帝

一個窮人來找神父求助，原來，他為農場主運送東西的時候，失手打碎了一個貴重的花瓶，農場主要他賠。

神父說：「聽說有一種能將破碎的瓶子黏起來的技術，你不如去學這種技術，將農場主的花瓶黏得完好如初，再還給他不就可以了。」

窮人聽了直搖頭：「哪裡會有這種神奇的技術？將一個破花瓶黏得完好如初，這不太可能吧？」

神父說：「這樣吧，教堂後面有個石壁，上帝就在那裡，只要你對石壁大聲說話，上帝就會回應你。」

於是，窮人來到石壁前，對石壁說：「上帝請您幫助我，只要您願意幫助我，我就能將花瓶黏好。」話音剛落，上帝就回答了他：「能將花瓶黏好。」於是窮人信心百倍，去學黏花瓶的技術了。

一年後，窮人透過認真學習和不懈的努力，終於掌握了將破花瓶黏得天衣無縫的本領。那個破花瓶被他黏得和原來完好時一樣，然後他將它還給了農場主。

他又一次來到教堂感謝上帝能夠幫助他，神父將他領到了那座石壁前，笑著說：「你最應該感謝的是你自己啊。其實這裡根本沒有上帝，這塊石壁不過是塊回音壁而已，你所聽到的上帝的聲音，其實就是你自己的聲音。」

哦，原來自己就是上帝。

心靈物語

抱有堅定不移的信念，並為之付出不懈的努力，就能夠把夢想變成現實。相信自己的能力和潛力，因為自己就是上帝。

● 掌握自己的人生

詩人亨利（Willaim Henley）寫下了富有哲理意味的詩句「我是我命運的主宰；我是我靈魂的船長。」

很多情況下，人們的命運都是由別人和外物所控制，要主宰自己，需要莫大的勇氣。特別是對於一個失敗者，當挫折困擾著他時，要及時調整自己、戰勝自己，樹立起主宰自己的信心，更不是一件容易的事。

華明的公司宣告破產了，資不抵債，他成了一個名副其實的窮光蛋。

華明無法面對殘酷的現實，他沮喪極了，甚至想到了自殺。

他流著淚去見父親，希望能夠得到父親的安慰和指點，讓他東山再起！

父親看到華明的樣子，心都快碎了，可他卻沒有能力幫助兒子。

華明唯一的希望破滅了，他喃喃自語道：「難道我真的沒有出路了嗎？」

父親像想到了什麼一樣，突然說：「雖然我沒辦法幫助你，但我可以介紹你去見一個人，相信他可以協助你東山再起。」

華明的心中又燃起了一點希望之火，他迫不及待地要見到這個「能令他東山再起」的人。父親帶著華明來到一面大鏡子前，手指著鏡子裡的華明說：「我介紹的這個人就是他，在這個世界上，只有他才能夠使你東山再起，只有他才能夠主宰你的命運。」

華明怔怔地望著鏡子裡的自己，用手摸著長滿鬍鬚的臉孔，望著自己頹廢的神色和迷離無助的雙眸，他明白了父親的用意，不由自主地抽噎起來。第 2 天早晨，父親見到的華明從頭到腳幾乎是換了一個人，步伐輕快有力，雙目堅定有神。

他說：「爸爸，我終於知道我應該怎麼做了，謝謝你，是你讓我重新認識了自己，把真正的我指給我看。我會努力地去找工作，我堅信，這是我成功的又一個起點。」

果然，幾年後，華明東山再起，事業比當初還要興旺。

心靈物語

> 只有我們是自己命運的主人，因為我們有能力控制自己的思想；也只有我們自己才能掌握我們的人生，只有自己才能描繪出美麗的人生畫卷。

● 別把命運交給別人

敬明小學 6 年級的時候，考試得了第 1 名，老師獎勵給他一本世界地圖。

敬明很高興，跑回家就開始看這本世界地圖。那天正好輪到他為家人燒洗澡水。敬明就一邊燒水，一邊在灶邊看地圖，看到一張埃及地圖，他想：「長大以後如果有機會我一定要去埃及。去看神祕的金字塔，還有尼羅河，還有許許多多美妙的東西。」

敬明正看得入神的時候，爸爸怒氣衝衝地從浴室衝出來，用很大的聲音對他說：「你在幹什麼？」

敬明趕緊說：「我在看地圖。」

爸爸大吼著說：「火都熄了，看什麼地圖？」

敬明說：「我在看埃及的地圖。」

爸爸就跑過來「啪、啪」給他兩個耳光，然後說：「趕快生火！看什麼埃及地圖？」打完後，又踢了敬明屁股一腳，用很嚴肅的表情跟他講：

「我給你保證！你這輩子不可能到那麼遙遠的地方！趕快生火！」

當時敬明看著爸爸，呆住了，心想：「爸爸怎麼給我這麼奇怪的保證？難道我真的不會到埃及嗎？」

20 年後，敬明第一次出國就去埃及，他的朋友都問他：「到埃及幹什麼？」

敬明說：「為了使我的命運不被爸爸保證。」

敬明一到埃及，做的第 1 件事便是寫信給爸爸。坐在金字塔前面的臺階上，他寫道：「爸爸：我現在在埃及的金字塔前面寫信給你。記得小時候，你打我兩個耳光，踢我一腳，保證我不能到這麼遠的地方來，現在我就坐在這裡給你寫信。」寫的時候，敬明感觸非常深……

心靈物語

只要不把你的命運交給別人，只要你的生命不被保證，你就能夠演繹出令自己滿意的人生。

● 走自己的路

有兩位法國詩人是無話不談的忘年交，一位是年紀較大的馬萊伯（François de Malherbe），一位是年輕的拉岡。

有一天，拉岡跑來請教馬萊伯：「我想請您指點一下，您人生閱歷豐富，一定對人生有著獨到的見解。現在，我正面臨一個需要選擇的難題，我苦苦思考卻無法決定，依您看，我應該何去何從呢？您對我的家世、門第、財產以及能力都很清楚，那我是否應該結婚並到外省去？或者投身軍隊還是去政界供職？」

117

聽了拉岡的一番話，馬萊伯並沒有直接回答：「你要讓所有人都對你感到滿意確實很不容易，在我回答你以前，先聽我講一個故事吧。」

「從前，有位磨坊主和他十幾歲的兒子，打算去集市賣掉自家的驢子。為了讓驢子保存體力，能賣個好價錢，爺倆就把驢腿紮上，一前一後抬著驢走。一個路人看到後大笑起來，『大家快看這一對傻瓜，竟然抬著驢走，驢子不就是讓人騎的嗎？』聽到路人的話，磨坊主也覺得有道理，趕緊把驢子放下，讓兒子騎驢，自己跟在後面走。」

「走了沒多遠，迎面走來 3 個商人，年紀較大的那位沖著男孩喊道，『年輕人，你怎麼好意思自己騎著驢呢，你的父親是多麼辛苦啊，快點下來，應該讓長輩騎著驢！』聽了他的話，磨坊主便讓兒子下來，自己騎到了驢背上。」

「又走了一段路，走來了 3 位女孩，其中一個指責老人說，『你這老頭真是過分啊！讓一個孩子那麼辛苦地走路，自己卻騎在驢子上悠然自得。』磨坊主沒想到自己這麼一大把年紀還會被一個女孩指責，於是他趕緊讓驢放慢了腳步，讓兒子一起騎到了驢背上。他想：這下大家該沒什麼可說的了吧？」

「可剛走了十幾步，又來了一群人，有個人說，『這兩個人真夠狠的！這頭可憐的驢走到市場，估計他們就只能出售驢皮了。』磨坊主感到無所適從了，他一時想不到更好的辦法，最後決定兩人誰都不騎驢了，而是讓驢子走在他們的前面。」

「又有個人對他們說：『你們傻不傻，有驢子還不騎，而且讓驢走在你們的前面，還真有意思。』磨坊主沒有理睬他，因為他已經決定不再被別人的話所擺布。就這樣，他讓驢子走在自己的前面一直到集市。自那以後，磨坊主做事情有了主見，再也不聽從別人的擺布。至於你，我的朋

友，究竟是參軍，還是為政界服務，還是結婚，不論你做出什麼選擇，都請記住 —— 按照自己的想法，走自己的路，任憑他人說去吧。」

心靈物語

但丁說：「走自己的路，讓別人說去吧。」只要你認為是正確的道路，就要堅持自己的選擇，而不應被他人的評論所左右。

● 打好自己手中的牌

艾森豪年輕時經常和家人一起玩紙牌遊戲。母親總告誡他要「打好自己手中的牌」，他對這句話總是不甚理解。

一次晚飯後，他像往常一樣和家人打牌。這一次，他的運氣簡直差到了極點，每次抓到的都是很差的牌。他開始抱怨，最後，竟發起了少爺脾氣。

一旁的母親看到他這個樣子，正色道：「既然要打牌，你就必須用自己手中的牌打下去，不管牌是好是壞。誰也不可能永遠都有好運氣！」

艾森豪對媽媽的這種理論已經厭倦了，剛要爭辯，卻聽到母親接著說：「我們的人生又何嘗不像這打牌一樣啊！發牌的是上帝。不管你手中的牌是好是壞，你都必須拿著，你都必須面對。你能做的，就是讓浮躁的心情平靜下來，然後認真對待，把自己的牌打好，力爭達到最好的效果。這樣打牌，這樣對待人生才有意義啊！」

艾森豪此後一直牢記母親的話，無論遇到什麼情況，都會盡全力打好自己手中的牌。就這樣，他一步一個腳印地向前邁進，成為中校、盟軍統帥，最後登上了美國總統之位。

心靈物語

也許我們無法決定自己手中能夠抓到什麼樣的牌，但卻可以決定用怎樣的態度去打這把牌。困難面前，怨天尤人是無濟於事的，只有勇敢地迎接挑戰，才是最明智的選擇。

● 不過一念間

兩個年輕人曾一起拜一位老師傅學習手藝。學成之後，兩人又同時應聘到一家公司工作，但因兩人學歷低，在公司總受別人的欺負，不被上級重視，他們感到很痛苦，但又不知該怎麼做，便一起來找師父，希望師父能夠給他們指示。

師父閉著眼睛，隔了半天，吐出 5 個字：「不過一碗飯。」就揮揮手，示意年輕人回去了。

才回到公司，一個人就遞上辭呈，回家種田，另一個卻安然不動。

日子真快，轉眼 10 年過去了。回家種田的以科學方法種植，以現代方法經營，居然成了農業專家。另一個留在公司的也不差，他忍著氣，努力學習，漸漸受到器重，成了經理。

有一天兩個。人遇到了。

「奇怪，師父給我們同樣『不過一碗飯』這 5 個字，我一聽就懂了。不過一碗飯嘛，何必硬待在公司？所以我立刻選擇了辭職！」農業專家問另一個人：「你當時為何沒聽師父的話呢？」

「我聽了啊，」那經理笑道，「師父說『不過一碗飯』，意思是出來就是為了混碗飯吃，平時多受點氣，多受點累，多做一點，少賭氣，少計較，就成功了。」

兩人對師父當年那句話的含義爭執不下，最後決定找師父問個究竟。

兩個人再次來到師父的住處，師父已經很老了，仍然閉著眼睛，隔了半天，回答了 5 個字：「不過一念間。」然後揮揮手……

心靈物語

對同一句話、同一件事，懷有不同的心態，便會有不同的理解。人生悲喜一念之間，人生苦樂一念之間，人生成敗亦在於一念之間。

● 好好活著

不知為什麼，洛希近日情緒很低落，生活、工作總給她帶來許多的不順心，而她的情緒又直接地影響著她的生活與工作，以致於她幾乎喪失了活下去的願望。

有一天，洛希在路上又碰到了朋友。朋友見她神情格外沮喪，多次詢問緣故，才知道她因工作失誤而被老闆狠狠地批評了一頓。

「唉！生活真的一點意思都沒有。再見了……」洛希幽怨地嘆息著，她已不再想對朋友傾訴自己的煩惱了。從她的話語中，朋友猜想她這次一定是做了某種可怕的決定。

朋友感到一種莫名的不安，一時竟然不知道怎樣去安慰她。過了一會兒，她才急匆匆地追上了洛希，問：「洛希，如果你真的選擇自殺的話，我不攔你。不過，我有一個小小請求，請你答應我等到一個月後再自殺。」

洛希感到很奇怪：「為什麼要等這麼久……哦，我明白了 —— 你這是『緩兵之計』，是想讓我降下火氣，等到心平氣和時就會打消自殺的念頭。可是，我確實已經受夠了，你就不要再勸我了！」

「不，你說錯了。」朋友說，「我不是這個意思。這一個月時間不是留給你的，而是留給我的。我需要用一個月時間給你準備後事！既然你想死，如果能給孩子及親人留點什麼，不是更好嗎？我想，從現在開始，我就要四處打聽幫你找買家了。」朋友很認真地說。

洛希更加疑惑了：「『買家』？什麼『買家』？你在說什麼啊？」

朋友說：「一定有買家的！你的視力一向很好，可以把眼角膜移植給失明的人；你的皮膚十分細膩，可以賣給那些需要植皮的人；你的身體非常健康，內臟器官都可以賣給那些需要它們的人。既然你一定要尋死，你身上的東西就不要浪費，這些對你來說沒用的東西，對別人來說可是難得的無價之寶！把它們賣給別人，至少能夠得到數百萬元，就當是給親人們造福吧，這樣你也可以去得無牽無掛了。」

洛希對朋友的這番話聞所未聞，竟然呆住了。良久，她才恍然大悟，繼而痛哭流涕：「是啊！我有這麼健康的身體，為什麼不好好珍惜呢？謝謝你讓我明白這一切。以後的生活不管怎樣，我都會好好地活著的！」

心靈物語

人像一塊礦石，它在自己手裡時常顯得暗淡無光，只有從一定的角度才能看見它那深沉美麗的光芒。認清自己的價值吧，無論生活給予我們什麼，我們都應該好好地活著。

● 世界的顏色由你自己決定

記得小時候，敏不知道從哪兒得到了一堆各種顏色的鏡片，她總是喜歡用這些有顏色的鏡片遮擋眼睛，站在窗臺上看窗外的風景。用粉紅色的

鏡片，面前世界便是一片粉紅色；用藍色的鏡片，眼前就是一片藍色；當用黃色的鏡片的時候，世界也變成黃色的啦！

雖然，用不同的鏡片去看眼前的世界，世界便會給她不同的顏色。然而，敏心裡明白，世界本來的顏色，並不會因為她用不同顏色的鏡片而改變，它仍然是原來就有的顏色……。

這只是小時候所發生的一件事情。當敏漸漸長大，每當不高興的時候，她總是會自然地想起這件事情。敏總是對自己說：「世界並沒什麼不同，它展現在我面前的和展現在他人面前的是一樣的，只不過我不小心拿錯了一塊帶著悲傷和失意顏色的鏡片，擋在了自己的眼前而已！」

那麼，你呢？你看到的世界是什麼顏色呢？

心靈物語

世界的變化完全由自己的感覺決定。拿出帶著快樂顏色的鏡片去看世界吧！

● 自己是面鏡子

從前有一位智慧的老人，每天坐在小鎮街頭的椅子上，向開車經過鎮上的人打招呼。

這天，他的孫女在他身旁，陪他坐在椅子上。他們坐在那裡看著人們經過，一位身材很高、看來像個遊客的男人到處打聽，想要找地方住下來。

陌生人走過來說：「這是個怎樣的城鎮？」

老人慢慢抬起頭來反問道：「你來的地方又是怎樣的城鎮呢？」

遊客說：「在我原來住的地方，人人都很喜歡批評別人，鄰居之間常說別人的閒話，總之那地方很不好。我真高興能夠離開，那不是個令人愉快的地方。」搖椅上的老人對陌生人說：「那我得告訴你，其實這裡也差不多。」

　　過了幾個小時，一輛載著一家人的大卡車在這裡停下來，顯然他們是要搬到這裡。

　　這家人的父親下了車，恭敬地問老人：「老先生，這個鎮子怎麼樣？」坐在椅子上的老人反問道：「你原來住的地方怎樣？」

　　父親說：「我原來住的城鎮每個人都很親切，人人都願幫助鄰居。無論去哪裡，總會有人跟你打招呼，我真捨不得離開。」老先生轉過來看著父親，臉上露出和藹的微笑：「其實這裡也差不多。」父親說了謝謝，揮手再見，驅車離開了。

　　等到那家人走遠，孫女兒抬頭問爺爺：「爺爺，為什麼你告訴第 1 個人這裡很可怕，卻告訴第 2 個人這裡很好呢？」

　　祖父慈祥地看著孫女兒美麗湛藍的雙眼說：「人自己就是一面鏡子，他的言行能夠反映出他對待他人、對待生活的態度，那個地方可怕與可愛，其實全在於他自己呀！」

　　不管你搬到哪裡，你都會帶著自己的態度；那地方可怕或可愛，全在於你自己。你尋找什麼，你就會找到什麼。

心靈物語

> 人自己就是一面鏡子，你以什麼樣的態度對待世界，世界就會呈現給你什麼樣的景象。

● 無法改變別人就改變自己

一個小男孩在他父親的葡萄酒廠看守橡木桶。

每天早上，他都用抹布將一個個木桶擦拭乾淨，然後一排排整齊地擺放好。

令他生氣的是：一夜之間，風就把他排列整齊的木桶吹得東倒西歪。

男孩很委屈地哭了。父親撫摸著男孩的頭說：「孩子，別傷心，我們可以想辦法征服風。」

於是，小男孩擦乾了眼淚，坐在木桶旁邊想啊想啊，想了半天，他終於想出了一個辦法，他去井裡挑來一桶一桶的清水，把它們倒進空空的橡木桶裡，然後他就忐忑不安地回家睡覺了。

第二天天剛亮，小男孩就匆匆爬了起來，他跑到放桶的地方一看，那些木桶一個一個排放得整整齊齊，沒有一個被風吹倒的，也沒有一個被吹歪的。

小男孩高興地笑了，他對父親說：「要想水桶不被風吹倒，就要加重木桶自己的重量。」男孩的父親讚許地笑了。

心靈物語

> 我們控制不了這個世界的許多東西，但是我們可以改變自己，改變我們自身的能力和思維。提升自我能力，這是人不被打倒的唯一方法。

● 生命之旅由自己駕馭

一位優秀的母親，曾寫了這封直抵心靈的信給她的孩子：

我能給予你生命，但不能替你生活。

我能教你許多東西，但不能強迫你學習。

我能指導你如何做人，但不能為你所有的行為負責。

我能告訴你怎樣分辨是非，但不能替你做出選擇。

我能為你奉獻濃濃的愛心，但不能強迫你照單全收。

我能教你與親友有難同當，但不能強迫你這樣做。

我能教你如何尊重他人，但不能保證你受人尊重。

我能告訴你真摯的友誼是什麼，但不能替你選擇朋友。

我能對你進行性教育，但不能保證你保持純潔。

我能對你談人生的真諦，但不能替你贏得聲譽。

我能提醒你酒精是危險的，但不能代替你對它說「不」。

我能告訴你毒品的危害，但不能保證你遠離它。

我能告訴你必須為人生確立崇高的目標，但不能替你實現。

我能教給你做人的優良品德，但不能確保你成為善良的人。

我能責備你的過失，但不能保證你因此而成為有道德的人。

我能告訴你如何生活得更有意義，但不能給你永恆的生命。

我能肯定我將盡最大努力給予你最美好的東西，但不能給你前程和事業。

孩子，我能為你做很多，因為我愛你；但是，你要明白，即使我願意永遠和你在一起，也還是要由你自己做出那些重要決定。為此，我只求燦爛陽光永遠照亮你的人生之路，使你總能做出正確的決定。

每一位讀懂此信的人都會明白這樣一個哲理：人生之路，無論坎坷還是幸福，都只能由自己全程駕馭。

心靈物語

別人能夠告訴你的很多很多，但是任何一個人都不能替你做出決定。
無論人生之旅平坦或坎坷，幸福的人生祕訣都只在於自己的掌握。

● 生命的選取在自己

有一個關於生命有趣的故事。

第一天，神創造了一頭牛。

神對牛說：「你要整天在田裡替農夫耕田，供應牛奶給人類飲用。你要工作直至日落，而你只能吃草。我給你 50 年的壽命。」

牛不滿：「我這麼辛苦，還只能吃草，我只要 20 年壽命，餘下的還給你。」

神答應了。

第二天，神創造了猴子。

神跟猴子說：「你要娛樂人類，令他們歡笑。你要表演翻筋斗，而你只能吃香蕉。我給你 20 年的壽命。」

猴子不滿：「要引人發笑，表演雜技，還要翻筋斗，這麼辛苦，我活 10 年好了。」

神答應了。

第三天，神創造了狗。

神對狗說：「你要站在門口對陌生人狂吠，還要吃主人吃剩的東西。我給你 20 年的壽命。」

狗不滿：「整天坐在門口吠，我要 10 年好了，餘下的還給你。」

神答應了。

第四天，神創造了人。

神對人說：「你只需要睡覺，吃東西和玩耍，不用做任何事情，只需要盡情享受生命。我給你 20 年的壽命。」

人抗議：「這麼好的生活只有 20 年？」

神沒說話。

人對神說：「這樣吧。牛還了 30 年給你，猴子還了 10 年，狗也還了 10 年，這些都給我好了，那我就能活到 70 歲。」

神答應了。

所以，我們的頭 20 年，只需吃飯、睡覺和玩耍。

之後的 30 年，我們整天工作養家。

接著的 10 年，我們退休了，得表演雜耍來娛樂自己的孫子。

最後的 10 年，整天留在家裡，坐在門口旁邊「吠」陌生人……

對於你，生命將是怎樣的呢？有人活著，分分秒秒都是煎熬；有人活著，感覺時間不夠用；有人活著，稀裡糊塗；有人活著，認認真真；有人活著，只為自己；有人活著，為了所有人……

心靈物語

生命的形狀、色彩只在於我們的選取，多一分幸福，少一分痛悔，才是智者的生活哲學。

第五章　走出心靈的圍牆

　　生活本是一條充滿荊棘的曲折長路，每個人在這條路上或多或少可能遭遇失業、婚變、生病等痛苦，這些事情都會造成我們心靈上的負擔和肉體上的痛苦。當我們遇到重大挫折時，選擇情緒上的發洩，慟哭一場，將自己的心靈沖刷一番，讓自己的心靈之窗更加明亮，這是必要的。

　　理智而豁達的人，應走出心靈的圍牆，跨越挫折與磨難，卸下心靈負擔，重拾信心，朝新的道路出發。走出心靈的囚室，敞開胸懷，放飛心情，你會發現，身邊的一切會變得那麼美好。

● 自我解脫

禪宗二祖慧可為了表示自己求佛的誠心，揮刀斷臂，拜達摩為師。

有一次，他對達摩祖師說道：「請師父為我安心。」

達摩當即說：「把你的心拿來給我。」

慧可不得不說：「弟子無法辦到。」

達摩開導他說：「如能辦到，那就不是你的心了！我已經幫你安好心了！你看到了嗎？」

慧可恍然大悟。

幾十年以後，僧璨前去拜謁二祖慧可，他對二祖說：「請求師父為弟子懺悔罪過。」

二祖慧可想起了當初達摩啟發自己的情景，微笑著對僧璨說：「把你的罪過拿來給我！」

僧璨說道：「我找不到罪過。」

慧可便點化他說：「現在我已經為你懺悔了！你看到了嗎？」

僧璨恍然大悟。

又過了許多年，一個小和尚向三祖僧璨求教：「如何才能解除束縛？」

僧璨當即反問：「究竟是誰在捆綁你呢？」

小和尚脫口而出：「沒有誰捆綁我呀！」

僧璨微微一笑，說道：「那你何必又再求解脫呢？」

小和尚頓悟。他就是後來中國禪宗第四祖 —— 道信。

醉心於功利，便被「名韁利鎖」縛住；斤斤計較於褒貶毀譽，必會患得患失。野心勃勃、貪欲無厭、爭權奪利、勾心鬥角，哪一個不是伴隨著煩惱焦慮、憂愁驚恐、嫉妒猜疑？重要的是自我解脫，而不是求人解脫。

並沒有誰來束縛你，真正束縛住你的是自己的欲望和貪念。拋卻了這些，你便可以得到自我解脫，何必要求別人為你解脫呢？

● 心隨境轉

心理學家帶領他的學生來到一間黑暗的屋子。在他的指引下，他的學生們輕鬆地穿過了這間伸手不見五指的神祕房間。

接著，心理學家打開房間裡的一盞燈，在這昏黃如豆的燈光下，學生們才看清楚房間的布置，不禁嚇出了一身冷汗。原來，這間房子的地面就是一個很深很大的水池，池子裡有幾條張著血盆大口的鱷魚在向上張望。就在這池子的上方，搭著一座很窄的木橋，他們剛才就是從這座木橋上走過來的。

心理學家看著他們，問：「現在你們還願意再次走過這座橋嗎？」大家你看看我、我看看你，一時間冷了場。誰也不願意拿自己的性命開玩笑。

這時，心理學家又打開了房內另外幾盞燈，燈光又亮了許多。學生們揉揉眼睛再仔細看，才發現小木橋的下方裝著一道安全網，只是因為網線的顏色極暗，他們剛才都沒有看出來。心理學家大聲地問：「你們當中還有誰願意現在就透過這座小橋？」

過了片刻，有3個學生猶猶豫豫地站了出來。其中一個學生一上去，就異常小心地挪動著雙腳，速度比第一次慢了好多；另一個學生戰戰兢兢地踩在小木橋上，身體不由自主地顫抖著，才走到一半，就堅持不住了；第3個學生乾脆彎下身來，慢慢地趴在小橋上爬了過去。

心理學家問他的學生們：「有了安全網的保護，你們怎麼還會這麼害怕呢？」學生們心有餘悸地反問：「這張安全網的品質可靠嗎？」

　　心理學家把所有的燈都打了開了，強烈的燈光一下把整個房間照耀得如同白晝。學生們這才看清，原來池中的鱷魚是逼真的橡膠模型，而非真正的鱷魚，他們的臉上重新露出了輕鬆的笑容。心理學家又問：「這次誰敢走過這座橋？」這一次，所有的人都將手舉了起來，無一例外。

心靈物語

> 人生的路並不難走，只是環境的干擾使我們失去了平靜的心態，使我們亂了方寸、慌了手腳，失去了前進的勇氣。

● 想開一點

　　有一個年輕美麗的少婦，在發現丈夫有了外遇後痛苦地與他離了婚，之後兒子又夭折了，她頓時感到天塌了一般的悲慘，看不到生活的樂趣，決定投河自盡，但被正在河中划船的老船夫救上了岸。

　　船夫問：「你年紀輕輕的，為何尋短見？」

　　少婦哭訴道：「我結婚兩年，丈夫就遺棄了我，接著孩子又不幸病死。你說，我活著還有什麼樂趣？」

　　船夫又問：「兩年前的你又是怎樣的狀況呢？」

　　少婦說：「那時候我自由自在、無憂無慮。」

　　「那時你有丈夫和孩子嗎？」

　　「沒有。」

　　「那麼，你不過是被命運之船送回了兩年前，現在你又可以自由自

在、無憂無慮了。」

少婦聽了船夫的話，心裡頓時敞亮了，告別船夫後，又開始了正常的生活。

心靈物語

人生路上難免遇到悲傷與坎坷，心放寬一點，想開一點，痛苦也就會減少許多。

● 善待自己

娜娜剛滿 22 歲，本該無憂無慮，可在她的臉上卻沒有一絲笑意。她做什麼事情都打不起精神，認定幸福不會眷顧自己。雖然看到周圍的年輕人成雙成對，也很羨慕，卻又認為自己永遠不會得到真正的愛情。

一個雨天的下午，不幸的娜娜去找一位有名的牧師，因為據說他能解除所有人的痛苦。牧師握住她的手的時候，她冰涼的手讓牧師的心都顫抖了。他打量著這個可憐的女孩，她的眼神沒有任何光彩，透露出絕望，聲音彷彿來自墓地。她的整個身心都好像在對牧師哭泣著：「上帝為什麼對我如此不公？我是世界上最不幸的女人！」

牧師請娜娜坐下，跟她談話，漸漸找到了娜娜問題的根源。最後他對娜娜說：「娜娜，只要按我說的去做，你就會有辦法的。」他要娜娜去買一套新衣服，再去修整一下自己的頭髮，他要娜娜打扮得漂漂亮亮的，告訴她星期二他的朋友有個晚會，他要請她來參加。

娜娜還是一臉愁容，對牧師說：「我想這是沒有用的。沒有人需要我，在晚會中我並不能做什麼，我還會像原來一樣不快樂。」牧師告訴

她：「你要做的事很簡單，你的任務就是幫助我的朋友照料客人，我會向我的朋友打招呼的，他們也會很高興的。」

星期二這天，娜娜衣衫得體、髮式入時地來到了晚會上。她按照牧師朋友的吩咐盡職盡責，一會兒和客人打招呼，一會兒幫客人端飲料，她在客人間穿梭不息、來回奔走，始終在幫助別人，完全忘記了自己。她眼神活潑，笑容可掬，成了晚會上的一道彩虹，晚會結束時，同時有 3 位男士自告奮勇要送她回家。

在隨後的日子裡，這 3 位男士熱烈地追求著娜娜，娜娜終於選中了其中的一位，讓他幫自己戴上了訂婚戒指。不久，在婚禮上，有人對這位牧師說：「你創造了奇蹟。」

「不，」牧師說，「是她自己為自己創造了奇蹟。任何人都不能隨隨便便地自暴自棄、自怨自艾，而應該善待自己，敞開自己的心扉，去接納別人，去體恤別人，在與別人的交往中得到快樂。娜娜懂得了這個道理，所以創造了奇蹟。所有的女人都能擁有這個奇蹟，只要你想，你就能讓自己變得美麗。」

心靈物語

解放自己吧！你會覺得陽光、鮮花、美景總是離你很近。讓心植於正向的樂土吧！

● 跳出心中的高度

根據科學測試，跳蚤跳的高度一般可達牠身體的 400 倍，號稱動物界的跳高冠軍。

於是，有人用跳蚤做了這樣一個實驗，實驗者把跳蚤放進杯子裡，不過放進後立即在杯子上加一個透明的玻璃蓋。

「嘣」的一聲，跳蚤跳起來後重重地撞在玻璃蓋上，但牠並沒有停下來，因為跳蚤的生活方式就是「跳」。一次次跳起，一次次被撞，跳蚤好像開始變得聰明起來了，顯然它有很強的適應能力，牠開始根據蓋子的高度來調整自己所跳的高度。後來，這只跳蚤再也沒有撞擊到這個蓋子，而是在蓋子下面自由地跳動。

一天後，實驗者把蓋子輕輕拿掉，跳蚤不知道蓋子已經被拿掉了，牠還在原來的這個高度繼續地跳。

三天以後，這隻跳蚤還在那裡跳。

一週以後，這隻可憐的跳蚤還在玻璃杯裡不停地跳著 —— 這時牠已經無法跳出這個玻璃杯了。

心靈物語

> 我們常常不敢去追求自己想要的。其實它並非難以得到，而是我們的心中已經設定了一個「高度」，認為超過這個高度自己就難以達到了。

● 點亮心中的蠟燭

程韻終於決定搬家了。搬家的念頭從一年前就一直困擾著程韻，同時困擾著他的還有工作的不順和生活的挫折。身為工程師的程韻已人過中年，事業卻毫無起色，仍是一個「高級」的工讀生；與妻子結婚 8 年，經歷了一個「持久戰」，原來的甜美與溫馨已被生活的瑣事和平淡衝擊得蕩

然無存。程韻最近常常無端地發脾氣，抱怨別人見利忘義。終於，又經歷了一個失眠之夜後，他們搬家了。

程韻和妻子來到了另外一個城市，搬進了新居。這是一幢普通的公寓樓。程韻依然忙於工作，早出晚歸對身邊的一切都未曾在意。

一個週末的晚上，程韻和妻子正在整理房間，突然，停電了，屋子裡一片漆黑。他們在房間裡翻來翻去也沒有找到蠟燭，只好無奈地坐在地板上抱怨起來。

這時，門口突然傳來輕輕的、斷斷續續的敲門聲，打破了黑夜的寂靜。

「誰呀？」程韻並不知道是誰會在這時拜訪，因為他在這個城市並沒有熟人，也不願意在週末被人打擾。他感到莫名的煩躁，費力地摸到門口，極不耐煩地開了門。

門口站著一個小男孩，他怯生生地對程韻說：「叔叔，我是您樓上的鄰居。請問您有蠟燭嗎？」

「沒有！」程韻氣不打一處來，「嘭」的一聲把門關上了。

「真是麻煩！」程韻對妻子抱怨道，「現在都是些什麼人，我們剛剛搬來就來借東西，這麼下去怎麼得了！」

就在他滿腹牢騷的時候，門口又傳來了敲門聲。

打開門，門口站著的依然是那個小男孩，手裡拿著兩根蠟燭，紅彤彤的，在這個黑暗的夜裡，格外顯眼。「媽媽說，樓下新來了鄰居，可能沒有帶蠟燭來，要我拿兩根給你們。」

程韻頓時愣住了，他被眼前發生的一幕驚呆了，好不容易才緩過神來。「謝謝你，孩子，也謝謝你的媽媽！」

在那一瞬間，程韻猛然意識到了很多，他明白了自己失敗的根源就在

於對別人的冷漠與刻薄。

程韻和妻子一起點燃了這兩根蠟燭，看著跳動的火苗，他們感到心中明亮了許多。

心靈物語

> 冷漠、刻薄只會使自己與別人離得越來越遠。點亮心中的蠟燭，在溫暖自己的同時照亮別人，才能體會到人與人之間真摯的情感。

● 遠離囚禁你的塔

從前，有一個公主，被巫婆施以魔咒囚禁在一座古堡的塔裡。老巫婆天天對公主說公主長得多麼醜陋，以致於公主也認為自己醜陋不堪，陷入深深的自卑中，極少露面見人。

直到有一天，一位年輕英俊的王子從塔下經過，透過古堡的門看到了公主的容貌。那刻，他便對自己說：這是我未來的妻子。因為，公主美極了。從這以後，他天天都要到這裡來。公主看到了王子，傾聽了王子的心聲，卻不相信王子說的「自己很美」。

一天，公主從巫婆遺落下的一面鏡子中看到了自己的真實容貌，她自己都驚呆了。她的皮膚白皙嫩滑，藍色的眼睛很漂亮，卻總露出些許的憂鬱。公主最美麗的是她的一頭長髮，金黃金黃的，在陽光下越發光亮耀眼。公主發現了自己的美，同時也發現了自己的自由和未來。有一天，她終於放下頭上長長的金髮，讓王子攀著長髮爬上塔頂，把她從塔裡解救出來。

其實，囚禁公主的不是別人，正是她自己。那個老巫婆就像她心裡的魔鬼，她聽信了魔鬼的話，以為自己長得很醜，不願見人，就把自己囚禁

在塔里。

人心很容易被種種煩惱和物欲所捆綁，而那都是自己把自己關進去的，就像那原本美麗的公主。

仔細想想，在人生的海洋中，我們猶如一條條游動的魚，本來可以自由自在地尋找食物，欣賞海底世界的景色，享受生命的豐富情趣。但突然有一天，我們遇到了海螺殼，便鑽進去，不願再動彈，並且吶喊著說自己陷入了絕境。這不可笑嗎？千萬不要自己給自己的心靈營造囚禁的塔，然後鑽進去，坐以待斃。

心靈物語

人的一生的確充滿了坎坷、愧疚、迷惘、無奈，稍不留神，我們就會被自己營造的囚禁塔所監禁。

● 要生活得愜意

跳舞的時候便跳舞，睡覺的時候就睡覺。即使一個人在幽美的花園中散步，倘若思緒一時轉到與散步無關的事物上去，也要很快將思緒收回，想想花園，尋找獨處的愉悅，思量一下自己。

天性促使我們為保證自身需要而進行活動，這種活動也就帶給我們愉快。慈母般的天性是顧及這一點的，它推動我們去滿足理性與欲望的需求，打破它的規矩就違背了情理。

我們知道凱撒與亞歷山大就是在最繁忙的時候，仍然充分享受自然的，也就是必需的、正當的生活樂趣。這不是要使精神鬆懈，而是使之增強，因為要讓激烈的活動、艱苦的思索服從於日常生活習慣，是需要有極

大的勇氣的。

　　他們認為，享受生活樂趣是自己正常的活動，而戰事才是非常的活動。他們持這種看法是明智的，而我們倒是些愚蠢的人。我們說：「他一輩子一事無成。」或者說：「我今天什麼事也沒有做……」怎麼，你不是生活過來了嗎？這不僅是最基本的活動，而且也是我們諸種活動中最有光彩的。

　　「如果我能夠處理重大的事情，我本可以表現出我的才能。」你懂得考慮自己的生活，懂得去安排它吧？那你就做了最重要的事情了。天性的表露與發揮作用，無需異常的境遇，它在各個方面乃至在暗中也都會表現出來，無異於在不設幕的舞臺上一樣。

　　我們的責任是調整我們的生活習慣，而不是盲從；是使我們的舉止溫文爾雅，而不是去打仗，去擴張領地。我們最輝煌、最光榮的事業乃是生活得愜意，一切其他事情，執政、致富、建造產業，充其量也只不過是這一事業的點綴和從屬品。

心靈物語

愜意的生活需要我們放下一切欲望與煩惱，在平凡的生活中尋求自己的樂趣。也許過了許多年以後，我們才會明白，生活得愜意才是生活的真諦。

● 打破心靈的圍牆

　　有一位著名的建築設計師，平生設計出了無數傑作。在 66 歲壽誕之日，他突然宣稱：下一個設計便是自己的封筆之作。

驚聞此言，眾多房地產商均來拜訪大師，希望與其合作。

大師自有大師的想法，他一生學富五車，閱歷無數，深為現代建築格局擔憂。現在的房屋建築把城市空間分割得支離破碎，樓房之間的絕對獨立加速了都市人情的隔閡與冷漠。他要創建一種新的設計格局，力求在住戶之間開闢一條交流和交往的通道，使人們相互之間不再隔離，而充滿大家庭般的歡樂與溫馨。

他的觀點和理念深得一位頗具膽識和超前意識的房地產商的讚賞，出鉅資請他設計。經過數月挑燈夜戰，圖紙出來了，不但業內人士一致叫好，媒體與學術界也讚不絕口，房地產商更是信心十足，立刻投資施工。令人驚訝的是，大師的全新設計叫好不叫座，樓盤成交額始終處於低迷狀態。

房地產商急了，趕快派遣公司資訊部門去做市場調查。調查結果出來了，原來人們不肯掏錢不是設計的原因，是人們有許多的顧慮。雖然這樣的設計令人耳目一新，活動空間也大了，但這樣鄰里之間會不會有更多的矛盾？孩子會不會更加難以看管？人員複雜，會不會有更多的入室搶劫、盜竊事件發生？

設計大師聽到這個回答，心中充滿了酸澀與無奈，他退還了所有的設計費，辦理了退休手續，與老伴回鄉下隱居去了。臨行前，他對眾人感慨道：「我一生設計無數，這是我一生最大的敗筆，因為我只識圖紙不識人啊！我們可以拆除隔斷空間的磚牆，而人心之間那堵堅厚的牆又有誰能拆得掉呢？」

心靈物語

拆除磚牆容易，拆除心牆難。心牆不除，人們的生活空間只會越變越小。

● 拋棄冷漠

一輛公車在林肯公園裡行駛了幾公里，可是誰都沒有朝窗外看。

乘客們穿著厚重的衣服擠在一起，全都被單調的引擎聲和車廂裡悶熱的空氣弄得昏昏欲睡。

誰都沒出聲。這是在倫敦搭車上班的不成文規矩之一。雖然約克每天碰到的大都是這些人，但大家都寧願躲在自己的報紙後面。此舉包含的意義非常明顯：彼此在利用幾張薄薄的報紙來保持距離。

公車駛近一排閃閃發光的摩天大廈時，一個聲音突然響起：「注意！注意！」報紙沙沙作響，人人都伸長了脖頸。

「我是你們的司機。」

車廂內鴉雀無聲，人人都瞧著那司機的後腦勺，他的聲音很威嚴。

「你們全都把報紙放下。」

報紙慢慢地被放了下來。司機在等著。乘客們把報紙折好，放在大腿上。

「現在，轉過頭面向坐在你旁邊的那個人。轉啊！」

使人驚奇的是，乘客們全都這樣做了。但是，仍然沒有一個人露出笑容。他們只是盲目地服從。

約克面對著一個年齡較大的婦人。她的頭被紅圍巾包得緊緊的，他幾乎每天都看見她。他們四目相接，目不轉睛地等候司機的下一個命令。

「現在跟著我說……」那是一道用軍隊教官的語氣喊出的命令，「早安，朋友！」

他們的聲音很輕，很不自然。對其中很多人來說，這是今天第一次開口說話。可是，他們像小學生那樣，齊聲向身旁的陌生人說了這四個字。

約克情不自禁地微微一笑，完全不由自主。他們鬆了一口氣，知道不是被綁架或搶劫。而且，他們還隱約地意識到，以往他們怕難為情，連普通的問候也不講，現在這靦腆之情卻一掃而空。他們把要說的話說了，彼此間的界限消除了。

　　「早安，朋友。」說起來一點也不困難。有些人隨著又說了一遍，也有些人握手為禮，許多人都大笑起來。

　　司機沒有再說什麼，他已經無需多說。沒有一個人再拿起報紙，車廂裡一片談話聲，你一言，我一語，熱鬧得很。一開始大家都對這位古怪司機搖搖頭，等話說開了，就互相講述別人搭車上班的趣事。大家都聽到了歡笑聲，一種以前在公車上從未聽到過的熱情洋溢的聲音。

心靈物語

冷漠會使我們失去很多朋友，拋棄那句「不要和陌生人說話」的教導吧！多一句問候就多一份友情，多一句交談就多一份交流。世間本有很多溫情，何必將自己囚禁在一個封閉的角落？

● 按自己的曲子跳舞

　　一個物質生活頗為優越的商人，處處與別人比較，他不允許自己得到的東西比別人差。他做到了，他成了交際圈中的佼佼者。可是，他的內心卻沒有絲毫快樂可言。他為了找到自己的快樂，決定出門旅行。

　　有一天，他來到了一個很偏僻的村落，這裡相對封閉，人們的生活很儉樸。可是，他發現村民們活得非常快樂。一到晚上，人們吃完晚飯，就在一片空地上點起篝火，樂師們彈起他們心愛的樂器，男女老少一起載歌

載舞，將歡聲笑語灑在村落的每一個角落。

　　從他們的神態中，除了快樂看不到一絲一毫的憂愁。他們有什麼值得快活的資本呢？商人百思不得其解。

　　一個晚上，在村民們跳舞的間隙。商人與一位年長的樂師攀談，他問樂師：「為什麼你們總是那麼快樂？」老樂師聽了他的話並沒有馬上回答，而是拿起樂器，彈起了一首曲子，老樂師對他說：「年輕人，你跳起來吧，按照你自己心中的那首曲子跳舞，而不要受我的影響。我相信你會找到答案的。」

　　就這樣，他真的跳了起來，而且沒有受樂曲的一點影響。雖然，他跳得很累，但是不知怎麼回事，一場舞跳下來，他卻很輕鬆、很愜意，那是一種他從來也沒有感受過的快樂。而就在他靜下來的一剎那，心中突然一亮，他真正地明白了，原來，獲得快樂的祕訣，就是按自己的曲子跳舞。

心靈物語

> 按自己的曲子跳舞，按自己的節奏生活，向著自己的目標前進，不被別人的行動所左右，尋找到真實的自我，也就找到了真正的快樂。

● 灑脫一點過得好

　　「生活是沉重的」，他一直這樣認為。有一天他覺得被壓得有些喘不過氣來了。便向一位禪師求助，尋求解脫之法。

　　禪師聽明他的來意，遞給他一個竹簍背在肩上，笑著說：「我正要去南山取些彩石，你與我同行吧。見到美麗的石頭便撿到竹簍中吧。」他同意了。

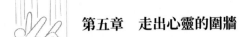

　　路上，每走兩步就能見到一塊美麗的石頭，他把它們都裝在了竹簍裡。過了一會兒，禪師問他有什麼感覺。他說：「覺得越來越沉重。」禪師說：「這也就是你為什麼感覺生活越來越沉重的道理。當我們來到這個世界上時，我們每人都背著一個空簍子，然而我們每走一步，都要從這世界撿一樣東西放進去，所以才有了越走越累的感覺。」

　　他問：「有什麼辦法可以減輕這沉重呢？」

　　禪師問：「那麼你願意把工作、愛情、家庭、友誼哪一樣拿出來呢？」

　　那人不語。

　　禪師說：「我們每個人的簍子裡裝的不僅僅是精心從這個世界上尋找來的東西，還有責任，當你感到沉重時，也許你應該慶幸自己不是國王，因為他的簍子比你的大多了，也沉多了。」

　　算起來，人最輕鬆的時候，一是出生時，一是死亡時。出生時赤裸裸而來，背的是空簍子；死亡時，則要把簍子裡的東西倒得乾乾淨淨，又是赤裸裸而去。除此之外，一個人的一生，就是不斷地往自己的簍子裡放東西的過程。得了金錢，又要美女；得了豪宅，又要名車；得了地位，還要名聲。生怕自己簍子裡的東西比別人放得少，哪怕是如牛負重，心為形役。

　　這又豈能不累？要想真不累，其實也容易得很，只需要把背簍裡的東西扔出去幾樣。可每往簍子外扔一件東西，我們都會心疼得流血。那就乾脆換個想法，找到心理平衡。當你感到生活簍子裡的東西太重因而步履蹣跚的時候，你不妨看看左鄰右舍羨慕的眼光，看看他們同樣也在拚命地往簍子裡撿東西，你就會安慰自己，你裝的東西多，是你的本事大，別人想裝還裝不進來呢。

　　你還得明白，簍子裡的東西越多，你的責任就越大。譬如說，你打算娶一個美女為妻，也就是說往簍子裡放一件人人羨慕的寶貝，那麼你在獲得美女情愛的時候，責任也就來了：美女的花費肯定比一般女人要高，脾氣要更怪，被人覬覦、受人勾引的機率也更大，你可能要經常處在猜忌、恐慌、羞恥、憤慨的情緒中。但你與漂亮太太走在街頭換來的無數羨慕的眼光，或許就是對你的彌補。

　　生活就是這樣，你要想在簍子裡多裝東西，就得比別人更辛苦。既然樣樣都難以割捨，那就不要想背負的沉重，而去想擁有的快樂。

　　人要活出一點味道，活得有點境界，就得學會擺脫緊張。而擺脫緊張的最好辦法就是灑脫。灑脫既可以說是一種外在的行為方式，也可以被看作是一種內在的精神境界。一個人要想灑脫，首先就要調整好自己的心態，淡化功利意識，不要把自己的存在、自己的行為看得那麼重要。

　　不妨設想一下，不管是誰離開了這個世界，地球不都照樣轉動嗎？人的功利意識或者說使命意識太強，相對來說，精神負擔就大，壓力就大，也就必然活得比常人緊張。

　　但是，也有一種身負重任者往往忙中偷閒。有的人即使擔當天下大任，也能夠表現出一種閒態，比如在軍事活動頻繁之時，諸葛亮仍舊羽扇綸巾，這也是一種瀟灑。只有這種閒情逸致才能養成他們遇事不驚的本領。蘇東坡為官時不也有一番灑脫情致嗎？如果沒有這種灑脫，不是你辦事能力太低，就是你的私慾過重。

　　灑脫是一種境界。現代人很難做到灑脫，也未必會崇尚灑脫。灑脫不一定需要太多，只要有那麼一點，對於你的身心都會是有好處的。

心靈物語

> 灑脫是一種高層次的人生態度，是一種崇高的思想境界。拋卻功利意識的束縛，灑脫一點，你的生活會更美好。

● 生命的出口

高原坐在窗邊喝茶看報紙，讀到一則消息：一個女生為情跳樓自盡，第2天，她的男友從橋上跳入河中，也自殺了。

這時候，一隻小黃蜂從窗外飛了進來，在室內繞了兩圈，再回到原來的窗戶，竟然就飛不出去了。

可憐小黃蜂不知道世上有「玻璃」這種東西，明明看見窗外的山，卻飛不出去，在玻璃窗上撞得咚咚作響。

忙了一陣子，眼看無路可走了，牠停在玻璃上踱步，好像在思考一樣。想了半天，小黃蜂突然飛起來，繞了一圈，從牠闖進來的紗窗縫隙飛了出去，消失在空中。

小黃蜂的舉動使高原感到驚奇，原來黃蜂是會思考的，在無路可走之際，牠會往後迴旋，尋找出路。

相比之下，人的痴迷使高原感到迷茫。

在這樣的絕境，為什麼人不會像小黃蜂一樣退回原來的位置，繞室一圈，尋找生命的出口呢？

當我們還年輕、遭受情感挫折的時候，很多人會想到了結生命，以解脫一切的苦痛與糾葛。

但是回首來看，並沒有必死之理，因為情感的發展只是一個過程接一個過程，乃是姻緣的幻滅。如果情愛受挫就要自盡，這世上的人類恐怕早

就滅絕了。

何況，活著，或者死去，世界都不會有什麼改變，情感也不會變得更深刻，反而會失去再創造、再發展的生機，豈不可惜又可憐？

正如一隻山上飛來的黃蜂，如果剛剛撞到玻璃而死，山林又會有什麼改變呢？現在牠飛走了，整個山林都是牠的，牠可以飛或者不飛，牠可以跳舞或者不跳舞……牠可以有生命的許多選擇，牠的每一個選擇都會比死亡更生動有趣！

第一次情感失敗沒有死的人，可能找到更深刻的情感。

第二次情感受挫沒有死的人，可能找到更幸福的人生。

許多次在情感裡困苦受難的人，一定會更觸及靈性的深處。

高原這樣想著，但是，他並不譴責那些殉情的人，而是感到遺憾，他們自己斬斷了一切幸福的可能。

他的心裡有深深的祝福，祝福真有來生，可以了卻他們的愛戀痴心。可嘆的是，幸福的可能是今生隨時可以創造的，而來生，誰能知道呢？

心靈物語

給生命一個出口，給自己一個出口，幸福也就隨之而來了。

● 摘掉生活的面具

玲是一位中學女老師，她每天在講臺上竭力保持完美形象，但誰也不知道她心裡的痛苦。她開始對自己的臉孔越來越不滿意，覺得哪裡都看不順眼，她要改變現狀，她決定去整容。

醫師認為她長得並不難看便勸她不要做了。可是玲堅持認為自己的臉

有問題。

　　無奈之下，醫師動手術稍微改善了她的五官，但只是動了一些小手術，比她所要求的少了很多。

　　醫師對她說：「身為一名整型醫師，我只能替你動這些手術了。」

　　玲對手術的效果並不太滿意，她認為醫師在應付她：「你並沒有對我的臉做大的改變。」

　　醫師想了想說：「你的臉只需稍做改變，我都已經做了。現在你的臉一點毛病也沒有了，臉不是面具，你不能用它來遮掩你的感覺。」

　　「面具？」玲很傷心地低下頭說，「我也不想這樣子的。」

　　「我相信你，」醫師說，「請你告訴我，你是不是因為自己是一名教師，因此對自己壓抑得有點過分？」

　　玲沉默了一會兒，她說出了藏在自己心裡很久的話：「我很討厭當老師，無論何時何地，我都必須做學生最好的榜樣，不能有絲毫的差錯。每一天到學校之前，都要將所有生活中的不快隱藏起來，把自己的情緒隱藏起來，帶上笑容去面對學生。我教書已經 3 年了，但每次登上講臺之前都很緊張，這種感覺快讓我瘋掉了。」

　　「孩子都嘲笑我。我想，一定是我的臉出了什麼問題。」玲說完了自己的遭遇之後，忍不住放聲大哭。她哭著，隨後突然警覺地停住哭泣，擦擦鼻涕，坐直了身子望向醫師，彷彿她已經洩露了什麼重大祕密。

　　醫師臉上露出微笑：「這樣好多了，哭泣證明你有人情味。」

　　她慢慢放鬆自己，然後笑望著醫師。

　　「孩子們嘲笑你，」醫師說，「是因為他們已經看出你一直都在演戲。身為一名教師，控制自己的言行和情緒是無可厚非的，你需要表現得十分能幹而成熟，但是你不需要表現得十全十美。作為老師，偶爾也可以表現

得愚蠢一點，那樣會顯得更可愛，學生仍然會尊重你，學生將會因為你平易近人而更喜歡你。拿掉你的面具，你會更喜歡自己，甚至會變得很喜歡自己的工作。」

離開診所後，玲的心情好多了，幾個月後，她不再為自己的臉孔而焦慮。她寫信告訴醫師，她覺得比以前輕鬆多了。她自認為是一位更有人情味的老師了，她開始愛上了這份工作和那群可愛的孩子，深信不久之後，她會工作得更出色。

心靈物語

> 為了表現完美而戴上面具，只會使自己的身心更加疲憊。摘掉生活的面具，展示出最真實的自己，別人會因你的本色而喜歡你，自己也會受到莫大的鼓舞。

● 保護好你的潛能

在生活中，很多人都擁有優於其他人的潛能，但是，這些人卻不會保護自己的潛能，導致許多人終其一生都沒將潛能發揮出來，平庸度日。

要想成功，一個人必須注意不要讓別人拿走你的潛能。

在遙遠的國度裡，住著一窩奇特的螞蟻，牠們有預知風雨的能力。最近螞蟻們清楚地知道，有一場巨大的暴風雨正逐漸逼近，整窩螞蟻全部動員，往高處搬家。

這窩螞蟻之所以奇特，不在於牠們預知氣候的能力，許多其他動物也具備這樣的天賦。牠們的特別之處是整窩螞蟻都只有 5 隻腳，並不像一般螞蟻長有 6 隻腳。

由於牠們只有 5 隻腳，行動就沒有一般螞蟻快捷，整個搬家的隊伍緩慢前進。雖然面對暴風雨來襲的沉重壓力，每隻螞蟻心中都焦急不堪，但行動卻快不了。

　　在漫長的搬家隊伍中，有一隻螞蟻與眾不同，牠的行動快速，不停地往返於高地與蟻窩之間，來回一趟又一趟，彷彿不知勞累，辛苦地盡力搶搬蟻窩中的東西。

　　這隻勤快的螞蟻引起了五腳螞蟻群的注意，牠們仔細觀察牠的動作，終於找出這隻螞蟻動作如此敏捷的關鍵，牠有 6 隻腳。

　　五腳螞蟻的搬家隊伍全部暫停下來，牠們聚在一起，竊竊私語，討論這隻與牠們長得不同，行動卻快過牠們數倍的六腳螞蟻。

　　經過冗長的討論後，五腳螞蟻們終於達成共識。牠們撲上前去，抓住那隻六腳螞蟻，一陣撕咬過後，將牠那多出來的一隻腳撕扯了下來。

　　行動迅速的那隻螞蟻被撕扯掉一隻腳，也變成了平凡的五腳螞蟻，在搬家的隊伍中，遲緩地跟隨大家移動。

　　五腳螞蟻們很高興牠們能除去一個異類，增加一個同伴，這時暴風雨的雷聲，已在不遠處隆隆地響起。

　　常常在我們接觸到一個新的機會、有了一個好的創意，或是工作取得進步時，五腳螞蟻群出現了。他們會告訴你，你得到的機會是陷阱、你的好創意是行不通的，或是提醒你，工作勤奮不一定會有好的回報。而這些無非是想撕扯掉你突然間多出來的一隻腳。

　　尤其是當你正確地運用出你的潛能時，周圍類似五腳螞蟻般的負面意識更會增加，各式各樣不可能的思想蜂擁而至，企圖要你放棄他們所不懂的潛能，讓你成為平庸的人。在這個時候，你一定要掌握住自己，用你的獨立思想，來保護自己多出來的那隻「腳」。

堅持自己的想法，珍惜自己得到的機會，發揮自己獨特的創意，更加勤奮地工作，加倍地發揮你自己最大的潛能，這樣你才能在未來獲得成功。

● 你的空間無限

某公司辦公室的門口有一個大魚缸，缸裡養著十幾條產自熱帶的雜交魚，那種魚長約 10 公分，長得特別漂亮，惹得許多人駐足觀賞。

一轉眼兩年時間過去了，那十幾條魚在這兩年裡似乎沒什麼太大的變化，依然是 10 多公分長，自由自在地在魚缸裡遊玩，

忽一日，魚缸的缸底被主管那頑皮的小兒子砸了一個洞，待人們發現時缸裡的水已所剩無幾，十幾條熱帶魚可憐地苟延殘喘，人們急忙把牠們撈起來，四處張望，唯有外面的噴水池可以做牠們的容身之所，於是，人們把那十幾條魚放了進去。

兩個月後，一個新的魚缸被抬了回來。人們都跑到噴水池邊來撈魚，撈上一條，人們大吃一驚，又撈上一條，人們又大吃一驚，等十幾條魚都撈出來的時候，人們簡直有點手足無措了。2 個月，僅僅是 2 個月的時間，那些魚竟然都由 10 公分長到 30 公分長。

人們七嘴八舌，眾說紛紜，有人說可能是因為噴水池的水是活水，魚才長得這麼快；有人說噴水池裡可能含有某種礦物質；也有人說那些魚可能吃了某種特殊的食物；但無論如何，都有共同的前提，那就是噴水池要比魚缸大得多。

心靈物語

> 要想使自己長得更快，就不要拘泥於一個小小的空間，而應尋找更廣闊的發展領域。走得遠，世界將屬於你；走得近，世界將離你越來越遠。

● 堅持自己的選擇

湯姆成長於環境複雜的紐約市切爾西勞工區。時值嬉皮時代，湯姆身穿大喇叭褲，頭頂爆炸蓬蓬頭，臉上塗滿五顏六色的彩妝，為此，常被住家附近人士批評。

有一天晚上，湯姆跟鄰居友人約好一起去看電影。時間到了，湯姆身穿扯爛的吊帶褲，一件渲染襯衫，頭頂爆炸蓬蓬頭。當湯姆出現在朋友面前時，朋友看了湯姆一眼，然後說：「你應該換一套衣服。」

「為什麼？」湯姆很困惑。

「你扮成這個樣子，我才不要跟你出門。」

湯姆愣住了：「要換你換。」於是朋友走了。

當湯姆跟朋友說話時，母親正好站在一旁。這時，她走向湯姆：「你可以去換一套衣服，然後變得跟其他人一樣。但你如果不想這麼做，而且堅強到可以承受外界嘲笑，那就堅持你的想法。不過，你必須知道，你會因此引來批評，你的情況會很糟糕，因為與眾不同本來就不容易。」

湯姆受到極大的震撼。因為湯姆明白，當他探索另類存在的方式時，沒有人有必要鼓勵他，甚至支持他。當他的朋友說「你得去換一套衣服」時，他陷入兩難抉擇：倘若我今天為你換衣服，日後還得為多少人換多少次衣服？母親是看出了湯姆的決心，她看出他在向這類同化壓力說「不」，看出他不願為別人改變自己。

人們總喜歡評判一個人的外型，卻不重視其內在。要想成為一個獨立的個體，就要能承受這些批評。湯姆的母親告訴他，拒絕改變並沒有錯，但她也警告他，拒絕與大眾一致是一條漫長的路。

湯姆一生始終擺脫不了與大眾一致的議題。當湯姆成名後，他也總聽到人們說：「他在這些場合為什麼不穿皮鞋，反而要穿紅黃相間的快跑運動鞋？他為什麼不穿西裝？他為什麼跟我們不一樣？」而後來，人們受到他的吸引，學他的樣子，又恰恰因為他與眾不同。

心靈物語

每個人都有自己的個性，而且都有權利去保護自己的個性。與此同時，就要受到外界的批評甚至隔離，但是只要你堅持自己的選擇，你就是獨一無二的。

● 做好你自己

一位詩人說過：「不可能每個人都當船長，必須有人來當水手，問題不在於你做什麼，重要的是能夠做一個最好的你。」把身邊的工作做好，就是成功。

一大早，格爾開著小型貨運車來了，車後揚起一股塵土。

他卸下工具後就幹起活來。格爾會刷油漆，也會修修補補，能當木匠，也能當水電工，修理管道，整理花園；他會鋪路，還會修理電視機，他是個心靈手巧的人。

格爾已經上了年紀，走起路來步子緩慢、沉重，頭髮理得短短的，褲腿留得很長。

　　他的主人有幾間草舍，其中有一間，格爾在夏天租用。每年春天格爾把自來水打開，到了冬天再關上。他把洗碗機安置好，把床架安置好，還整修了路邊的牲口棚。

　　格爾擺弄起東西來就像雕刻家那樣有權威，那種用自己的雙手工作的人才有的權威。木料就是他的大理石，他的手指在上面摸來摸去，摸索什麼，別人不太清楚。一位朋友認為這是他自己的問候方式，接近木頭就像騎士接近馬一樣，安撫牠，使牠平靜下來。而且，他的手指能「看到」眼睛看不到的東西。

　　有一天，格爾為鄰居們蓋了一個小垃圾棚。垃圾棚被隔成 3 間，每間放一個垃圾桶。棚子可以從上面打開，把垃圾袋放進去，也可以從前面打開，把垃圾桶挪出來。小棚子的每個蓋子都很好開，門上的合葉也裝得嚴絲合縫。

　　格爾把垃圾棚漆成綠色，晾乾。一位鄰居走過去一看，不由得感到驚訝：這竟是一個人做的而不是買的。鄰居用手撫摸著光滑的油漆，心想，完工了。不料第 2 天，格爾帶著一臺機器回來了。他把油漆磨毛了，不時地用手摸一摸。他說，他要再塗一層油漆。

　　儘管照別人看來這已經夠好了，但這不是格爾幹活的方式。經他的手做出來的東西，都看上去不像是自己做的。

　　在格爾的天地中，沒有什麼神祕的東西，因為那都是他在某個時候製作的、修理的，或者拆卸過的。保險盒、牲口棚、村舍全出自格爾的手。

　　格爾的主人們從事著複雜的商業性工作。他們發行債券，簽訂合約。格爾不懂如何買賣證券，也不懂怎樣辦一家公司。但是當需要做這些事時，他們就去找格爾，或找像格爾這樣的人。他們明白格爾所做的是實實在在的、很有價值的工作。

當一天結束的時候，格爾收拾工具放進小卡車，然後把車開走了。他留下的是一股塵土，還有一個想不通的小孩子。這個人納悶，為什麼格爾做的這樣多，可得到的報酬卻這樣少。

然而，格爾又回來幹活了，默默無語，獨自一人，沒有會議，也沒有備忘錄，只有自己的想法。他認為該幹什麼活就幹什麼活，自己的活自己幹，也許這就是自由的一個很好的定義。

心靈物語

如果你能心無旁騖、專心致志地做好自己的事，做最好的自己，你就能在不知不覺中超越他人，跨越平庸的鴻溝，脫穎而出。

● 盲從的束縛

生活中，不少人將權威、專家、學者的所有作品、言行舉止，甚至某句話奉為終身的準則，任何時候都堅信不疑。其實，這極有可能讓自己陷入盲從。

一次，宋代大文豪蘇東坡去拜訪濟南監鎮宋保國。宋保國將王安石寫的《華嚴經注解》拿出來展示。

蘇東坡說：「《華嚴經》本來有 81 卷，現在卻只有 1 卷，這是怎麼回事呀？」宋保國說：「荊公注解的這一卷才是佛語，非常精妙，其他卷那是菩薩語！」

蘇東坡見他這麼推崇王安石，就說：「我從經書中，取出幾句佛語，夾雜在菩薩語中，再找出幾句菩薩語，夾雜到佛語中，你能分辨清楚嗎？」宋保國說：「不能。」

蘇東坡又說：「我以前曾住在岐下這個地方，聽說附近河陽縣的豬肉味道很好，就叫人去買。這人回來的路上喝醉了，於是豬夜間逃走了，他就另買了一頭普通的豬來頂替。客人們嘗了這豬肉後，都讚不絕口，連說好吃，認為非一般的豬肉可比。後來，這件用假豬頂替的事情敗露了，客人們知道後，都為自己當初的表態感到慚愧。今天荊公寫的假話就如同那頭假豬一樣，只是沒有敗露罷了。如果你用心去體會，就會發現牆壁瓦礫，都昭示著很精妙的佛法。至於說什麼佛語很精妙，不是菩薩語能比得上的，這難道不是夢話嗎？」

宋保國一臉慚愧，之後大悟。

心靈物語

盲從者是可笑、可悲的。盲從者的悲哀在於，前面即使是萬丈深淵，也會跟著別人一起掉下去。

● 不要畫地自限

一天，龍蝦與寄居蟹在深海中相遇，寄居蟹看見龍蝦正把自己的硬殼脫掉，露出嬌嫩的身軀。寄居蟹非常緊張地說：「龍蝦，你怎麼可以把唯一保護自己身軀的硬殼也放棄呢？難道你不怕有大魚一口把你吃掉嗎？以你現在的情況來看，連急流也會把你沖到岩石上去，到時你不死才怪呢！」

龍蝦一笑，平靜回答：「謝謝你的關心。但是你不了解，我們龍蝦每次成長，都必須先脫掉舊殼，才能生長出更堅固的外殼。現在的做法，只是為了將來發展得更好而做的準備。」

　　寄居蟹似有所悟，自己整天只顧著找可以避居的地方，而沒有想過如何令自己成長得更強壯；整天只活在別人的護蔭之下，不敢外出冒險，難怪永遠都無法有自己的發展。

　　人也如此。法國文學家雨果曾說：「所謂活著的人，就是不斷挑戰的人，不斷攀登命運險峰的人。」的確，整個生命就是一場冒險，走得最遠的人，常是願意去做，並願意去冒險的人。

心靈物語

　　生活中，每個人都有自己的安全區，如果你想跨越自己目前的成就，就不要畫地自限。勇敢接受挑戰和冒險來充實自我，你才會發展得比想像中更好。

● 不要把思維拴上彎頭

　　這是幾年前的一件事。爸爸告訴兒子，水的表面張力能將針浮在水面下，兒子那時才 10 歲。爸爸接著提出一個問題，要求他將一根很大的針投放到水面上，但不得沉下去。

　　他自己年輕時做過這個試驗，所以他提示兒子要利用一些方法，譬如採用小鉤子或者磁鐵等。兒子卻不假思索地說：「先把水凍成冰，把針放在冰面上，再把冰慢慢化開不就得了嗎？」

　　這個答案真是令人拍案叫絕。是否行得通倒無關緊要，關鍵一點是：爸爸即使絞盡腦汁苦思冥想上幾天，也不會想到這上面來。經驗把他限制住了，思維僵化了，這年輕人倒不落窠臼。

　　這位父親設計的「輕靈信天翁」號飛機首次以人力驅動飛越英吉利海

峽，並因此贏得了 214 萬美元的亨利‧克雷默大獎。但在投針一事之前，他並沒有真正明白他的小組何以能在這場歷時 18 年的競賽中獲勝。

要知道，其他小組無論從財力上還是從技術力量上來說，實力遠比他們雄厚。但到頭來，別人的進展甚微，他們卻獨占鰲頭。

投針的事情使他豁然醒悟。儘管每一個技師技術水準都很高，但他們的設計都是客觀的。而他的祕密武器是：雖然缺乏機翼結構的設計經驗，但他很熟悉懸掛式滑翔以及那些小巧玲瓏的飛機模型。他的「輕靈信天翁」號只有 32 公斤重，卻有 27 公尺寬的巨大機翼，用優質繩作為張索。他們的對手們當然也知道懸掛式滑翔，他們的失敗就在於懂得的標準技術太多了。

這個事例再一次提醒我們：阻礙我們成功的，不是我們未知的東西，而是我們已知的東西。我們的知識和經驗常成為囚禁我們思維的柵欄。

心靈物語

> 每個人都會有「自身攜帶的柵欄」，若能及時從中走出來，則實在是可貴的覺悟。在學習生涯中勇於獨立思考，在日常生活中擅於注入創意，在職業生涯中精於自主創新，正是能夠從自我囚禁的「柵欄」裡走出來的鮮明象徵。

● 不要為自己設限

不要再認為自己無法做某件事，不要再認為這件事「不切實際」，也不要以為事情永遠都無法十全十美，不要以為你什麼事都做不成。

如果只因為你從未站在反面看事情才讓你有這些想法的話，那麼，就反其道而行，看看事情沒發生，是否可能是因為你從不以為它會發生。

有一本書叫做《做得到的小引擎》，這本書告訴我們，你能做到你認為做得到的事。

在故事裡，沒有人相信小引擎可以拖著破舊的火車翻山越嶺，把食物與玩具帶給山谷那邊的小孩。但是，小引擎還是動身出發了，並且不斷念著「我想我做得到，我想我做得到，我想我做得到」。

最後，眼見事情就要成功了，小引擎當然更加賣力。當他到達山谷，接受英雄式的歡呼與喝彩時，他只回答說：「我當時想我做得到的，我當時想我做得到的，我當時想我做得到的。」

各種限制都起於心，並在心裡生根成長。它們很快就會成為你個人意識的一部分，而你也將依照這些限制行事。

這些心牆處處現形，讓你相信你無法遇到一個愛你的人，無法開創一個滿足自己金錢及感情需要的生活，無法與你的父親維持一個相互尊重的關係，也讓你相信你無法在網球場上打敗你的對手。如果你只能這樣想，事情當然就只有這樣了。

如果你懂得除去心牆，你馬上就可以改變自己的生命，並且真的開始活得紮實。如果你視自己為命運的主宰，如果你了解想法與具體事實之間的關聯，你就會知道，基本上你能得到任何你想要的，而且，你的任務就只是實實在在地想你要什麼。讓自己成為「做得到的小引擎」，開始說「我想我做得到，我想我做得到」。

心靈物語

各種限制都起於心，並在心裡生根成長。不為自己設限，相信自己能夠做得到，你會發現眼前將是另外一番天地。

第五章　走出心靈的圍牆

第六章　讓你的心靈洗個澡

在這匆忙的紅塵中，不管我們有多忙，我們都需要找時間來清洗自己的心靈，讓心靈好好洗個澡。當心靈中的迷茫、陰暗、罪惡等被清洗掉時，我們原本天真、純潔的心靈，才會變得更加明亮；而那原本孤寂、躊躇的人生，才會變得更加輝煌！

● 戰爭中的人性

這是發生在美國南北戰爭時期的故事。

北方軍上尉指揮官龍德在一次戰鬥中與兩名敵軍短兵相接，經過半小時的搏鬥，終於解決了對手。可就在他包紮好準備離開時，一個聲音卻從剛剛倒下的士兵那裡發出來。

「不要走……請等一下！」說話者嘴角仍在滴著血。

龍德猛轉過身，兩眼死盯著尚未死亡的士兵，一聲不響。

「你當然不知道被你殺死的兩人是兄弟了，他是我哥哥羅傑，我想他已不行了。」

他看了看另一個士兵，喘著氣又說：「本來我們無冤無仇！可戰爭……我不恨你，何況是二對一，不過送一對兄弟去地獄的確太早了一點。看在上帝的分上，幫幫我們！」

「你要我做什麼？」龍德問。

「我叫厄爾。薩莉·布羅克曼是羅傑的妻子。他們結婚快兩年了，不久前羅傑錯怪了薩莉，她一氣之下跑回了父親的農莊。對此，羅傑後悔不已，那次未得諒解，他心裡很難過，就在半小時前，我們還在談論她。羅傑剛為她雕了一個……一個小像……」

這個自稱厄爾的士兵還未說完便昏了過去。

「喂……」龍德上前扶起厄爾喊道。

厄爾吃力地抬起眼瞼說：「請告訴薩莉，羅傑愛她，我也愛……」

說著，厄爾又昏了過去。

龍德放下厄爾，迅速收拾了羅傑的遺物：一張兵卡，一塊金錶，上有一行小字：「ONLY MY LOVE！S.L.」

當後來厄爾見到薩莉時，兩人滿眼盈淚。

薩莉說：「羅傑犧牲了，你受傷被俘。當時我也不想活了，是龍德救了我。他好幾天都不離我左右，待我有點信心時，他留下這張字條：『上帝知道我是無罪的，但我決心死後接受煉獄的烈火。』便默默地走了。別太悲傷了，厄爾，上帝會原諒我們！」

後來厄爾和薩莉從沒放棄過打聽龍德的消息。

心靈物語

戰爭是殘酷的，但人性的光輝不會被戰爭所遮蔽，它總會露出些許的光芒照亮我們的心靈。

● 好人與壞人

有位商人和鄰居的一位老人聊天，商人對老人說：「假如有人願意出 10 萬美元買你的心臟，你賣不賣？」

老人毫不猶豫地回答：「不賣！」

商人又問：「如果有人出 100 萬美元呢？」

老人仍然說：「不賣。」

「要是 1,000 萬美元你賣不賣？」商人再問。

這時候，老人猶豫了一下，說：「也許我可以考慮一下」

商人笑著說：「沒有了心臟，你要 1,000 萬美元還有什麼用處呢？」

老人認真地說：「我的老伴和子女有了這筆錢，就可以從此過上比較富裕的生活了。」

「可是，你的老伴和子女即使得到了 1,000 萬美元卻失去了你，他們

會快樂嗎？」商人說。

老人笑了笑，說只有回去問問才能答覆這個問題。

第二天，二人再次相遇。老人十分不快地說：「無論誰願意出多少錢，我也不賣心臟了！」

商人肯定地說：「一定是因為你的老伴和子女都反對，所以你就不願意賣了。」

不料，老人的回答卻是：「我回家跟他們一說這件事，他們還以為是真的，並問我打算怎樣分配那一大筆錢。我想，要是我真的賣了心臟，他們也不會太傷心的。所以，我決定多少錢也不賣了！」

心靈物語

在利益面前，往往沒有絕對的好人與壞人之分。

● 心疼的底線

有一次，韓峰去國家圖書館，公車開到西單的時候，上來一個乞丐，一臉的疲憊與滄桑，背著又大又沉的背包。他只坐一站，售票員和司機呵斥他下去，而乞丐就是不下去 —— 他的眼裡流露出的是一種無奈的渴求。

就在售票員把他往下推的時候，全車人 —— 包括韓峰自己 —— 沒一個想幫他買一張票，儘管只需區區的 1 塊錢。最後，那個年老的乞丐還是被推下車了，司機像躲避瘟疫似的，迅速關上了車門。

不久前，幾個朋友開車到郊區，吃肥牛火鍋。遠遠地，只見一頭漂亮的小黃牛被拴在那家餐廳門口，常在這家吃的一個友人說，大家過來看

看，想吃哪一塊肉，儘管說。他把手指向這頭小黃牛。

韓峰知道，朋友的熱情是發自內心的，不然他就不會接著這樣說了：你們來一次不容易，今天我請你們吃頓活肉。韓峰問什麼叫活肉？他說就是這頭牛身上的任一塊肉，只要是看中，馬上就活割……太恐怖了，當時就想走，但又怕掃朋友的興，最後，還是坐進了包廂。

但當各式各樣的牛肉片一端上來，韓峰比誰都涮得歡。當韓峰打著嗝從餐廳出來時，他是這樣安慰自己的，這有什麼，不是還有吃活猴腦的嘛。

自有這種想法，韓峰就知道自己的心，不知何時已變硬了。以前他可是一個連青蛙都不敢捉的人。記得小時候，為了一隻小兔子不吃草他會心疼好幾天。而現在，他卻可以吃「活肉」了。更為可怕的是，心硬也就罷了，卻總要找冠冕堂皇的理由。

平時，在編雜誌的過程中，他也接到許多諸如妹妹賣腎為哥哥治病，幾歲小女孩為癱瘓的母親撐起一片亮麗晴空之類的稿子……但，看過了也就看過了，也許會有瞬間的感動，但卻不會為某一件具體的事而心疼不已。

現在，他不是怕流淚，而是怕自己流不出淚：他是寫詩的，他知道，如果雙眼成了斷流的乾河，那將是一件多麼可怕的事情。

除了辣椒水之外，以後還有什麼事、什麼人能讓他流淚？如果他的心，連疼的感覺都沒有，那不是死了嗎？也許，他的心還沒有死，既然如此，那麼讓他心疼的那根底線在哪裡？

在得出答案之前，他把自己的那顆心，想像成一只有刻度的量杯。進一步的比喻是這樣的，總有些事，會像最後中刺的運動員，撞了某條刻度線，使自己的心為之一顫兩顫三顫……

有時回來晚了，坐地鐵要一直坐到終點站。在穿過那段幽靜而晦暗的通道時，韓峰總是不由地想，如果這時候，前面有一個歹徒正在對一個弱者實施搶劫，他會偷偷地溜走還是衝上前去？如果他遇到有人不講道理地打人，他的心能否因那個被打的人而疼上一會兒，並且走上前去制止？

面對身外的事，假設我們都事不關己，高高掛起，都喪失了心疼的能力，那麼，最後的情況肯定是這樣的 —— 沒一個人能明哲保身。

朱學勤先生在美國做訪問學者時，對一個叫馬丁的神父所寫的一首懺悔詩深有感觸。那首詩是這樣的：起初他們追殺共產主義者，我不是共產主義者，我不說話；看著他們追殺猶太人，我不是猶太人，我不說話；後來他們追殺工會成員，我不是工會成員，我繼續不說話；再後來他們追殺天主教徒，我不是天主教徒，我還是不說話；最後，他們向我奔來，再也沒有人為我說話了。

心靈物語

> 面對社會上的不公與殘忍，我們漠視，我們已經不再有心疼的感覺。
> 而當不公落到自己頭上時，我們也沒有理由控訴別人的冷漠。

● 生命中不能承受之重

生活就是一杯水，杯子的華麗與否顯示不出一個人的貧與富。杯子裡的水，清澈透明，無色無味，對任何人都一樣。接下來你有權力加鹽、加糖，只要你喜歡。

生活當中，該有多少人為了讓自己的這杯水色香味俱佳而無謂地往裡面加著各式各樣的佐料，諸如愛情、友情、金錢、喜、怒、哀、樂，等

等，所以他們都感到活得非常「累」。

然而，卻有許多人在自願地承擔著這種重量，各式各樣的誘惑接踵而至，欲望的雪球越滾越大，最終這無法承受之重把每個人壓垮，使整個社會陷入混亂。

聽說過這樣一則寓言：

有一隻狐狸，看圍牆裡有一顆葡萄樹，枝上結滿了誘人的葡萄。狐狸垂涎欲滴，牠四處尋找入口，終於發現一個小洞，可是洞太小了，牠的身體無法進入。

於是，牠在圍牆外絕食6天，餓瘦了自己，終於穿過了小洞，幸福地吃上了葡萄。可是後來牠又發現，吃得飽飽的身體無法鑽到圍牆外，於是，又絕食六天，再次餓瘦了身體。結果，回到圍牆外的狐狸仍舊是原來那隻狐狸。

生活中，有多少人也像這隻鑽進鑽出的狐狸，為了自己心中的「葡萄」透支著自己的身體與精力，最後終於因這串葡萄而失去了人生的整片田野。

在人的一生中，有些重量是你心甘情願要承受的，比如愛情、親情；有些重量是你不得不承受的，比如責任、義務；而有些重量則是你無論如何都不能承受的，比如私慾。

人活著應該讓別人因為你活著而得到快樂，而不是只為了滿足自己的私慾。每當你往欲望的簍子裡多扔一塊小石子，你的脊背就不得不因此彎曲一次，最終欲望的重量讓你只能匍匐於地，過完庸俗甚至鄙陋的一生，此時私慾就成了你唯一能為自己寫下的墓誌銘。

● 嚴格要求自己

高爾基（Maxim Gorky）是蘇聯的大文學家。他處處嚴格要求自己，以人品和文品為世人做出表率，受到人們的尊敬。

有一年冬天，莫斯科遠郊的一個小鎮上，冰天雪地，寒氣逼人。一個陰冷的下午，小鎮上唯一的一家劇院門口排起了長長的隊伍。鎮民穿著厚厚的大衣、高高的皮靴，又長又寬的圍巾繞在頭頸上，連同嘴巴也一起裹住了。婦女頭上紮著羊毛頭巾，男人則戴著毛茸茸的皮帽。看不清每個人的五官，只看見一雙雙眼睛和一隻隻鼻子。

他們在排隊買票，城裡話劇院到鎮上演出的是高爾基的戲劇《底層》。恰巧，高爾基外出開文學藝術工作者代表大會，回來時遇冰雪封住了鐵路，火車停開，所以就在這個小鎮臨時住了下來。

這天他散步經過小鎮戲院門口時，發現鎮民正排隊購買《底層》的票，心想：不知道鎮民對《底層》反映如何？趁著回不了城，不如也坐進戲院，觀察觀察鎮民對該劇的褒貶意見。

心裡想著，腳就移向戲院門口的隊伍，高爾基也排隊買了票。他剛轉身走出沒多遠，只聽身後有追上來的腳步聲，回頭一看，是一位男子跑了過來。那男子跑到高爾基跟前，打量著，謹慎地問道：「您是阿列克謝·馬克西莫維奇·彼什科夫吧？」

「是，我就是。您——」高爾基好奇地問道。

「我是戲院售票組的組長。剛才您買票時，我正在售票房裡，我看著您面熟，但您戴著圍巾和帽子，我一下子不敢確認是您。您走路的背影，使我越來越覺得您可能就是高爾基，所以我跑過來問問您。」

「噢，」高爾基和藹地笑了。他握住售票組組長的手說：「現在，您認出我了。有什麼事要我幫忙嗎？」

「嗯，沒什麼。只是，這錢請您收回。」售票組長從衣兜裡掏出錢遞給高爾基。

「這是為什麼？」高爾基奇怪地問。

「實在對不起，售票員剛才沒看清是您，所以讓您花錢買了自己的票，現在我來退回給您。請您多包涵！」

「怎麼，我不能看這場戲？」高爾基越覺得奇怪了。

「不，不，不，不是這個意思。這個戲本來就是您寫的，您看就不用花錢買票了。」組長解釋道。

「噢，是這樣。」高爾基明白了。他想了想，問售票組長道：「那布是紡織工人織的，他們要穿衣服就可以不花錢，到服裝店去隨便拿嗎？麵包是麵粉廠工人把小麥加工製成麵粉後做成的，工人們要吃麵包就可以不花錢，到食品倉庫裡去隨便取嗎？我想您一定會說，這不行吧。那麼，我寫的劇本一旦上演，我就可以不論何時何地到處白看戲嗎？」

「這 —— 」售票組長一時無言以對。

「告訴您吧，我們寫戲的人，除上級規定的觀摩活動以外，自己看戲看電影，一律都要像普通人一樣地照規矩辦事。就像現在，我要看戲，就得買票。」說完，高爾基樂呵呵地笑了起來。

「您真是的，一點也沒有大文豪的架子。」售票組長也笑了起來。說著，他們愉快地道別了。

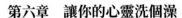

心靈物語

真正有內涵、有氣質的人都是不為名而驕、不為利而奢、不為榮而喜，懂得自制的人，正如高爾基，時刻提醒自己克制名利的侵擾，保持本色！

● 心靈的缺口

一個日本人在海上救起了一個溺水的人，記者聞訊後便去採訪這位捨己救人的英雄，不料英雄卻對著鏡頭無奈地搖頭。

記者讓他講出自己起初的想法，他說：「現在我想起來可真後怕呀！海水那麼深、那麼涼，那個人又那麼重，有一刻我以為自己是必死無疑了。我多麼不願意就這麼死了呀，所以，我想在這裡告訴你們，我再也不願意重複這樣的人生體驗了。從今以後，至少 10 年間，我絕不再下海營救溺水的人。」

日本教授金井肇先生是這樣評價這件事的：對生命的崇敬使這個人毅然去救助生命；對生命的崇敬又使這個人毅然決定不再去救助生命。這是兩種真實。

一個人的道德價值是不可能也不應該建成空中樓閣的，如果心靈有了缺口，那也不要怕，「美好」的種子常常會從「醜惡」的土壤中萌生胚芽。

心靈物語

最可愛的是真實，誰心裡沒有點「醜陋」的地方呢？那些把自己打扮得完美無缺的人你信嗎？

● 生命的征服

有一嫌犯在搶劫銀行時被員警包圍，無路可退。情急之下，嫌犯順手從人群中拉過一人當人質。他用槍頂著人質的頭部，威脅員警不要走近，並且喝令人質要聽從他的命令。

員警包圍四周，嫌犯挾持人質向外突圍。突然，人質大聲呻吟起來。嫌犯忙喝令人質閉嘴，但人質的呻吟聲越來越大，最後竟然成了痛苦的叫喊。

嫌犯慌亂之中才注意到人質原來是一個孕婦，她痛苦的聲音和表情證明她在極度驚嚇之下馬上要生產。鮮血已經染紅了孕婦的衣服，情況十分危急。

一邊是漫長無期的牢獄之災，一邊是一個即將出生的生命。嫌犯猶豫了，選擇一個就意味放棄另一個，而兩個選擇都是無比艱難的。四周的人們，包括員警在內都注視著嫌犯的一舉一動，因為嫌犯目前的選擇是一場良心、道德與金錢、罪惡的較量。

終於，他將槍扔在了地上，隨即舉起了雙手。員警一擁而上。圍觀者竟然響起了掌聲。

孕婦撐不住了，眾人要送她去醫院。已戴上手銬的嫌犯忽然說：「請等一等好嗎？我是醫生！」員警遲疑了一下，嫌犯繼續說：「孕婦已無法堅持到醫院，隨時會有生命危險，請相信我！」員警終於打開了嫌犯的手銬。

一聲洪亮的啼哭聲驚動了所有聽到的人，人們高呼萬歲，相互擁抱。嫌犯雙手沾滿鮮血 —— 是一個嶄新生命的鮮血，而不是罪惡的鮮血。他的臉上掛著滿足的微笑。人們向他致意，也忘了他是一個嫌犯。

員警將手銬戴在他手上，他說：「謝謝你們讓我盡了一個醫生的職責。這個小生命是我從醫以來第一個在我槍口下出生的嬰兒，他的勇敢征服了我。我現在希望自己不是嫌犯，而是一名救死扶傷的醫生！」

心靈物語

無論怎樣險惡的人，都有他善良的一面。一件小小的事情都能夠激發他的惻隱之心，更何況是一個即將誕生的生命呢？

● 自私會毀了幸福

一個年輕的美國戰士剛剛從越戰的戰場上回到了國內，從舊金山打了一個電話給父母。

「爸爸，媽媽，我要回家了！但我想請你們幫我一個忙，我要帶一位朋友回來。」

「當然可以。」父母回答道，「我們見到他會很高興的。」

「有些事必須告訴你們，」兒子繼續說，「他在戰鬥中受了重傷，他踩到一個地雷，失去了一隻手臂和一條腿。他無處可去，我希望他能來我們家和我們一起生活。」

「我們聽到這件事也感到很傷心，孩子，但也許我們可以幫他另找一個地方住下。」

「不，我希望他和我們住在一起。」兒子堅持。

「孩子，」父親說，「你不知道你在說些什麼，這樣一個身障人士將會給我們帶來沉重的負擔，我們不能讓這種事干擾我們的生活。我想你還是趕快回家來，忘掉這個人，他自己會找到活路的。」就在這個時候，兒

子掛上了電話。

父母再也沒有得到他們兒子的消息。幾天後，他們接到舊金山警察局打來的一個電活，被告知，他們的兒子從高樓上墜地而亡，警方認為是自殺。

悲痛欲絕的父母飛往舊金山。在停屍間裡，他們驚愕地發現，他們的兒子只有一隻手臂和一條腿。

心靈物語

自私是人類靈魂深處的陷阱，它不但會傷害到別人，也會讓自己在不經意間落入其中，難以自拔。

● 解除痛苦的緊箍咒

一個小鎮商人有一對雙胞胎兒子，當這對兄弟長大後，就留在父親經營的店裡幫忙，直到父親過世，兄弟倆接手共同經營這家商店。

一切都很順利，兄弟倆齊心協力把小店打理得井井有條。可是，有一天1美元丟失了，然後，一切都發生了變化。

哥哥將1美元放進收銀機後，就與顧客外出辦事。當他回到店裡時，突然發現收銀機裡面的錢不見了！

他問弟弟：「你有沒有看到收銀機裡面的錢？」弟弟回答：「我沒看到。」

哥哥卻咄咄逼人地追問：「錢不會長了腿跑掉的，我認為你一定看見過那1元。」語氣中隱約地帶有強烈的質疑意味。弟弟委屈萬分：「哥哥你怎麼那麼不信任我？」

怨恨油然而生，手足之情出現了裂隙，兄弟倆內心產生了嚴重的隔閡。

雙方都對此事耿耿於懷，開始不願再交談，後來決定再也不一起生活。他們在商店中間砌起了一道磚牆，從此分居而立。

20 年過去了，敵意與痛苦與日俱增，這樣的氣氛也感染了雙方的家庭與整個社區。一天，有位開著外地車牌汽車的男子在哥哥的店門口停下來。他走進店裡問道：「您在這個店裡工作多久了？」哥哥回答說他這輩子都在這店裡服務。

這位客人說：「我必須要告訴您一件往事。20 年前我還是個不務正業的流浪漢，一天流浪到你們這個鎮上，已經好幾天沒有進食了。我偷偷地從您這家店的後門溜進來，並且將收銀機裡面的 1 元取走。雖然時過境遷，但我對這件事情一直無法忘懷。1 元雖然是個小數目，但是我深受良心的譴責，必須回到這裡來請求您的原諒。」

說完原因後，這位訪客很驚訝地發現店主已經淚流滿面，從該店門前路過的弟弟也聽到了他們的對話。他流著淚，快步走進哥哥的商店，與同樣淚流滿面的哥哥抱在了一起。哥哥抽噎著說：「原諒我吧！對不起！我不該懷疑你！」弟弟含著淚長嘆道：「20 年啊，只為了 1 美元！」

心靈物語

> 親情，只因 1 美元而出現了 20 年的斷層。多些寬容，少些懷疑吧！痛苦的緊箍咒需要用相互的理解來解除。

● 零善良反應

　　報上忽然充斥著關於誠信危機的探討，從球場到商場，到考場、情場甚至講壇、法庭、手術臺……總之一切名利場，似乎都有誠信沙化的陰影。

　　人們總算開始明白，曾經被譏為「幾鈿一斤」的道德一旦沙化是可以真正「要我們的命」——首先是經濟秩序的「命」。

　　更要命的是，也許久處「鮑魚之肆」，也許是近朱近墨的緣故，我們對自己的人格沙化早已是渾然不覺，以致於突然換個環境後，才猛然發覺除了飲食不習慣之外，已經不習慣別人對自己的善舉了。

　　那是 9 月一個美好的夜晚，許程在下榻的酒店往樓下看，維也納有那麼多金碧輝煌的宮殿，但街上的行人卻是寥寥無幾。

　　許程走出飯店，按地圖所示，準備坐有軌電車去欣賞夜幕下的偉大的「聖・斯捷潘」大教堂。他上車發覺沒有售票員，也沒有投幣機，又不通奧地利語，而許程又是堅決不肯逃票的。正尷尬時，一位穿著非常大膽的少婦指著他拿錢的手，搖手示意。

　　難道是鼓勵他逃票嗎？或者認為他錢不夠？許程疑惑著。

　　少婦見狀，乾脆走上來，指著他的手要他把錢塞回上衣口袋裡去，又指指車，雙手抱胸，閉眼，仰頭，做若無其事狀。

　　啊，許程明白了，這環城的電車大概是免票的。

　　到站了，她又示意許程七彎八繞地跟她走，街上行人還是很少，許程腳步遲疑著，心裡又開始七上八下：她是幹什麼的？「維也納流鶯」嗎？看她那麼坦然又不像，否則那攬活的眼光也太不職業了。難道看不出像自己這樣坐電車的遊客身上只有 100 多先令嗎……不然，是個「買賣」？綁

了肉票，向代表團勒索贖金？

而且「聖·斯捷潘」大教堂真那麼遠嗎？安靜的巷子裡只有她很重的皮鞋聲，她比自己高出整整一顆頭，看上去像北歐種馬一樣壯實，結實的背闊肌將襯衣脹得像藕節或素雞一樣，真要動手，她的拳一定可以把自己的左腮打得像「湯婆子」一樣扁……。

正這麼全力將她妖魔化時，小巷一彎，立即一片流光溢彩，大教堂如同一座琉璃山聳立在廣場上，她回過頭來，對許程陽光一笑：拜拜！隨後迅速消失在夜幕裡，許程歉疚地看著她的背影，不禁又想起幾天前的「挪威雨傘」。

8月的卑爾根什麼都好，就是雨多不好。那天也是晚上，許程獨自在雨夜中行走，沒帶傘，十分狼狽。只聽到背後始終有人不緊不慢地跟著他，他走快，那人也走快，他走慢，那人也走慢，許程心裡發毛，頭髮根根豎起。

走到著名挪威音樂家葛利格（Edvard Grieg）銅像前，那人忽然「哈囉」一聲，緊上一步，把傘遞過來，而許程居然像被剝豬玀（上海話）一樣下意識地大吼一聲：「儂做啥！」

完全是「沙化」的下意識，本能的「零善良反應」。

那是一個高個的挪威老頭，路燈下歪著頭傻了半天，像看怪物似的看著許程，嘴裡挪威語嘰嘰呱呱幾句，指指對面的房子，把傘往許程手裡一塞，就奔進對街的門洞裡去了。

原來挪威老頭只是執意要把傘送給許程這個「鄉巴佬」罷了。

聖·斯捷潘教堂巨大的管風琴響了。許程胸中突然湧滿一種陌生的熱流 —— 自己本善良，為什麼如今卻處處懷疑善良……。

心靈物語

世事總是如此玄妙，自己本是善良之人卻處處懷疑別人的善良。多一些溝通，多一些理解，你會發現這個世界很美好。

● 尊重別人的回報

又是紅燈！已經是在這條街道遇到的第 3 個紅燈了。車流仍舊是那麼擁擠，他不禁有些不耐煩了。這時，一個衣衫襤褸的小男孩，敲著車窗問他要不要買花，只要 2 美元一束。

他看這個孩子可憐，便掏出 2 美元遞出去，綠燈已亮，而後面的人正猛按喇叭催著，他情急之下粗暴地對正問他要什麼花的男孩說：「什麼顏色都可以，你只要快一點就好。」

那男孩趕快遞給他一束紅色的花，並十分禮貌地說：「謝謝你，先生。」

開了一小段路後，他為自己粗暴無禮的態度而良心不安。他沒想到那個小男孩會如此有禮地回應。他把車停在路邊，回頭走向孩子表示歉意，並且又再給了 2 美元，告訴他：「你自己買一束花送給喜歡的人吧。」這個孩子笑了笑並道謝接受。

當他回去發動車子時，發現車子發生故障，動也動不了，在一陣忙亂後，他決定步行到距離 10 公尺遠的地方，找拖吊車幫忙。

他剛要下車，一輛拖吊車已經迎面駛來，他大為驚訝，司機笑著對他說：「有一個小孩給了我 2 美元，要我開過來幫你，並且還寫了一張紙條。」他打開一看，上面寫著：「這代表一束花」。

心靈物語

對別人粗暴的態度卻能換來對方善意的微笑，這一幕能否喚醒我們內心深處的一份良知，一份對他人的尊重和關愛？

● 良心是最後一面鏡子

有一個靈魂即將投胎轉世，但聽其他靈魂說，人世是一個苦海，那裡的情形好像煉獄。人自一生下來，就匆匆加入爭名逐利、爾虞我詐的行列，並且終生對此津津樂道，至死不悔。靈魂聽了感到十分恐懼，就暗暗地禱告，央求上帝不要讓他轉世做人，上帝聽到後，就派了一名天使來。

天使將靈魂帶到一間寬敞的屋子，屋裡擺著長長的一排鏡子。天使把靈魂推到一面鏡子跟前，靈魂朝鏡子裡一看，被嚇了一跳，幾乎想立刻逃走，但被天使拉住了，原來，鏡子裡不是他的影像，而是一隻極其醜陋的怪物。

靈魂很奇怪，他知道自己雖算不上英俊，但也絕不會醜到這種地步。他心中好奇，剛想問天使是怎麼回事，天使卻比手勢止住了他的發問，示意他看下一面鏡子。

於是，靈魂戰戰兢兢地來到下一面鏡子面前，果然不出其所料，裡面又是一隻醜陋的、令人噁心的怪物。靈魂接著照了幾十面鏡子，每次看到的，無一不是比地獄裡最醜陋的惡鬼還要醜陋的怪物。

等剩下最後一面鏡子時，天使忽然一拉住靈魂，然後指著剛才照過的鏡子說：「假設這間屋子是人間，那麼，你剛才照過的第 1 面鏡子就叫貪婪，第 2 面叫妒忌……」

天使依次說出了那些鏡子的名字，有的叫驕橫，有的叫自卑，有的叫

凶殘，甚至有的叫剛愎自用，等等，名字都十分奇怪。

天使的話說完後，靈魂深思了很久，天使又把他帶到最後一面鏡子前。

靈魂立在鏡子面前，怔住了，這次裡面再也沒有怪物，只是平常真實的自己。在目睹了那麼多的變形之後，此時此刻，才能夠面對真實的自己。雖然真實的自己極其平常，但卻感到了一種從來沒有過的親切和貼近，感到了一種從來沒有過的平靜和幸福。

這時天使的聲音從背後響起：「這只是一面平常的鏡子，它的名字叫良心。」

不久，靈魂轉世了，天使聞訊後嘆息道：「每一個轉世的靈魂都把全部鏡子帶走了，但轉世之後，所運用的又多是前面的鏡子，但願你是一個還記得有最後一面鏡子的靈魂。」

你還記得自己的最後一面鏡子嗎？別忘了，要常常擦拭它，否則它將蒙滿灰塵。

心靈物語

> 貪婪、自私、陰險、毒辣、卑鄙……這些東西都是令人厭惡的，其實，做一個好人很簡單，記住自己的最後一面鏡子，讓你的良心不要沾上灰塵。

● 淨化靈魂的汙點

在義大利瓦耶里市的一個居民區裡，35 歲的瑪爾達是個備受人們議論的女人。她和丈夫比特斯都是白皮膚，但她的兩個孩子中有一個卻是黑色的皮膚。這個奇怪的現象引起周圍鄰居的好奇和猜疑，瑪爾達總是微笑著

告訴他們，由於自己的祖母是黑人，祖父是白人，所以女兒莫妮卡出現了返祖現象。

西元 2002 年秋，黑皮膚的莫妮卡接連不斷地發高燒。後經安德列醫生診斷說莫妮卡患的是白血病，唯一的治療辦法是做骨髓移植手術。瑪爾達讓全家人都做了骨髓配型實驗，結果沒一個合適的。

醫生又告訴他們，像莫妮卡這種情況，尋找合適骨髓的機率是非常小的。還有一個行之有效的辦法，就是瑪爾達與丈夫再生一個孩子，把這個孩子的臍帶血輸給莫妮卡。

這個建議讓瑪爾達怔住了，她失聲說：「天哪，為什麼會這樣？」她望著丈夫，眼裡瀰漫著驚恐和絕望。比特斯也眉頭緊鎖。

第二天晚上，安德列醫生正在值班，突然值班室的門被推開了，是瑪爾達夫婦。他們神色肅穆地對醫生說：「我們有一件事要告訴您，但您必須保證為我們保密。」醫生鄭重地點點頭。

「西元 1992 午 5 月，我們的大女兒伊蓮娜已兩歲，瑪爾達在一家速食店裡上班，每晚 10 點才下班。那晚下著很大的雨，瑪爾達下班時街上已空無一人。經過一個廢棄的停車場時，瑪爾達聽到身後有腳步聲，驚恐地轉頭看，一個黑人男青年正站在她身後，手裡拿著一根木棒，將她打昏，並強暴了她。等到瑪爾達從昏迷中醒來，跟蹌地回到家時，已是一點多了。我當時發了瘋一樣衝出去，可罪犯早已沒影了。」說到這裡，比特斯的眼裡已經蓄滿了淚水。

他接著說：「不久後，瑪爾達發現自己懷孕了。我們感到非常的害怕，擔心這個孩子是那個黑人的。瑪爾達想打掉胎兒，但我還是心存僥倖，也許這孩子是我們的。我們惶恐地等待了幾個月。西元 1993 年 3 月，瑪爾達生下了一個女嬰，是黑色的皮膚。我們絕望了。曾經想過把孩子送

到孤兒院，可是一聽到她的哭聲，我們就捨不得了。畢竟瑪爾達孕育了她，她也是條生命啊。我和瑪爾達都是虔誠的基督徒，我們最後決定養育她，幫她取名莫妮卡。」

安德列醫生終於明白這對夫妻為什麼這麼懼怕再生個孩子。良久，他試探著說：「看來你們必須找到莫妮卡的親生父親，也許他的骨髓，或者他孩子的骨髓能適合莫妮卡。但是，你們願意讓他再出現在你們的生活中嗎？」瑪爾達說：「為了孩子，我願意寬恕他。如果他肯出來救孩子，我是不會起訴他的。」安德列醫生被這份深沉的母愛深深地震撼了。

人海茫茫，況且事隔多年，到哪裡去找這個強暴犯呢？瑪爾達和比特斯考慮再三，決定以匿名的形式，在報紙上刊登一則尋人啟事。西元 2002 年 11 月，在瓦耶里市的各家報紙上，都刊登著一則特殊的尋人啟事，懇求那位強暴犯能站出來，為那個可憐的白血病女孩子做最後的拯救。

啟事一經刊出，引起了社會的強烈反響。安德列醫生的信箱和電話都被打爆了，人們紛紛詢問這個女人是准，他們很想見見她，希望能幫助她。但瑪爾達拒絕了人們的關心，她不願意透露自己的姓名，更不願意讓別人知道莫妮卡就是那個強暴犯的女兒。

當地的監獄也積極幫助瑪爾達。但罪犯都不是當年強暴她的那個黑人。

這則特殊的尋人啟事出現在那不勒斯市的報紙上後，一個 30 多歲的酒店老闆的心裡起了波瀾。他是個黑人，叫阿里奇。由於父母早逝，沒有讀多少書的他很早就工作了。聰明能幹的他希望用自己的勤勞換取金錢以及別人的尊重，但他的老闆是個種族歧視者，不論他如何努力，總是對他非打即罵。

西元 1992 年 5 月 17 日，那天是阿里奇 20 歲生日，他打算早點下班慶賀生日，哪知忙亂中打碎了一個盤子，老闆居然按住他的頭逼他把盤子

碎片吞掉。阿里奇憤怒地揍了老闆一拳，衝出餐館。怒氣未消的他決定報復白人，雨夜的路上幾乎沒有行人，他在停車場裡遇到瑪爾達，出於對種族歧視的報復，他無情地強暴了那個無辜的女人。

當晚他用過生日的錢買了一張開往那不勒斯市的火車票，逃離了這座城市。在那不勒斯，阿里奇順利地在一個美國人開的餐館裡找到工作，那對夫婦很欣賞勤勞努力的他，還把女兒麗娜嫁給了他，甚至把整個餐館委託他經營。幾年下來，他不但把餐館發展成了一個生意興隆的大酒店，還有了 3 個可愛的孩子。

這些天，阿里奇幾次想撥通安德列醫生的電話，但每次電話號碼還未接通，他就掛斷了。

那天晚上吃飯的時候，全家人和往常一樣議論著報紙上的有關瑪爾達的新聞。妻子麗娜說：「我非常敬佩這個女人。如果換了我，是沒有勇氣將一個因被強暴而生下的女兒養大的。我更佩服她的丈夫，他真是個值得尊重的男人，竟然能夠接受一個這樣的孩子。」

阿里奇默默地聽著妻子的談論，突然問道：「那你怎麼看待那個強暴犯呢？」

「我絕不能寬恕他，當年他就已經做錯了，現在關鍵時刻他又縮著頭。他實在是太卑鄙，太自私了，太膽怯了！他是個膽小鬼！」妻子義憤填膺地說。

一夜未眠的阿里奇覺得自己彷彿在地獄裡煎熬，眼前，總是不斷地出現那個罪惡的雨夜和那個女人的影子。

幾天後，阿里奇無法沉默了，他用公共電話打給了安德列醫生。他極力讓自己的聲音顯得平靜：「我很想知道那個不幸女孩的病情。」安德列醫生告訴他，女孩病情嚴重，還不知道她能不能等到親生父親出現的那一天。

這話深深地觸動了阿里奇，一種父愛在靈魂深處甦醒了，他決定站出來拯救莫妮卡。那天晚上他鼓起勇氣，把一切都告訴了妻子。

麗娜聽完了這一切氣憤地說：「你這個騙子！」當她把阿里奇的一切都告訴父母時，這對老夫婦在盛怒之後，很快就平靜下來了。他們告訴女兒：「是的，我們應該對阿里奇過去的行為憤怒，但是你有沒有想過，他能夠挺身而出，需要多麼大的勇氣？這證明他的良心並未泯滅。你是希望要一個曾經犯過錯誤，但現在能改正的丈夫，還是要一個永遠把邪惡埋在內心的丈夫呢？」

西元 2003 年 2 月 3 日，阿里奇夫婦聯絡安德列醫生，2 月 8 日，阿里奇夫婦趕到伊莉莎白醫院，醫院為阿里奇做了 DNA 檢測，結果證明阿里奇的確就是莫妮卡的生父。當瑪爾達得知那個黑人強暴犯終於勇敢地站出來時，她熱淚橫流。她對阿里奇整整仇恨了 10 年，但這一刻她充滿了感動。

2 月 19 日，醫生為阿里奇做了骨髓配型實驗，幸運的是他的骨髓完全適合莫妮卡，醫生激動地說：「這真是奇蹟！」

西元 2003 年 2 月 22 日，阿里奇的骨髓植入了莫妮卡的身體，很快，莫妮卡就度過了危險期。一週後，莫妮卡就健康地出院了。

瑪爾達夫婦完全原諒了阿里奇，盛情邀請他與安德列醫生到家裡做客。但那一天阿里奇卻沒有來，他托安德列醫生帶來了一封信。在信中他愧疚萬分地說：「我不能再去打擾你們平靜的生活了。我只希望莫妮卡和你們幸福地生活在一起，如果你們有什麼困難，請告訴我，我會幫助你們！同時，我也非常感激莫妮卡，從某種意義上說，是她給了我一次贖罪的機會，是她讓我擁有了一個快樂的後半生，是她送給我一份最寶貴的禮物！」

心靈物語

> 在生命面前，一切罪惡都會被人性中的善良所取代，而它所發揮的作用，遠遠不止挽救一個生命那麼簡單，它能夠淨化一個原本存有汙點的靈魂。

● 嫉妒之火最終會灼傷你自己

從前，有兩位很要好的年輕人，他們結伴而行去尋找幸福。

兩位年輕人歷盡艱辛，餐風露宿，走了2個多月後，來到了一片森林，在林中遇到了一位白髮老人。

當老人知道他們的去向後，高興地說：「真是有緣啊，我與你們去的地方是同一個方向，路上我們可以為伴，旅途就不寂寞了，並且大家可以相互照應。」

一路上，兩位年輕人與白髮老人相處得很融洽。在走到一個十字路口時，白髮老人停下腳步說：「親愛的孩子們，我在這個十字路口就要和你們分開了。在分開前，我要送給你們一個禮物，就是你們當中一個人先許願，他的願望一定會馬上實現；而第2個人，就可以得到那願望的兩倍！」

此時，其中一位年輕人心裡一想：這太棒了，我已經知道我想要許什麼願了。但我不要先講，因為如果我先許願，我就吃虧了，他就可以有雙倍的禮物！不行！

而另外一位年輕人也自忖：我怎麼可以先講，讓我的朋友獲得加倍的禮物呢？於是，兩位年輕人就開始客氣起來：「你先講嘛！」「你比較年長，你先許願吧」「不，應該你先許願！」

　　兩位年輕人彼此推來推去，「客套地」推辭一番後，兩人就開始不耐煩起來，氣氛也變了：「你幹嘛！你先講啊！」「為什麼我先講？」

　　兩人互相推讓到最後，其中一人生氣了，大聲說道：「喂，你真是個不識相、不知好歹的人，你再不許願的話，看我怎麼收拾你。」

　　另外一人一聽，沒有想到他的朋友居然變臉，竟然來恐嚇自己，於是想：你這麼無情無義，我也不必對你太客氣。我沒辦法得到的東西，你也休想得到！於是，這一個年輕人乾脆把心一橫，狠心地說道：「好，我先許願！我希望我的一隻眼睛瞎掉！」

　　這位年輕人的一隻眼睛馬上瞎掉了，而與他同行的好朋友，兩隻眼睛也都失明了！

心靈物語

嫉妒是惡魔，它能使朋友間的「雙贏」變成「雙輸」。

第六章　讓你的心靈洗個澡

第七章　陽光總在風雨後

　　成功與失敗只有一步之遙，有時候轉換也只在瞬息。不經意間我們就會跨過這一步，而我們也常常站在這個邊緣上，自己卻渾然不覺。多少人只要他們再付出一點努力，再多點耐心，就會取得成功，而往往在這緊要關頭他們卻無可奈何地放棄了。

● 只有泥濘的道路才能留下腳印

　　沒有任何一條通往榮耀的道路是寬闊、平坦的。相反，它們往往充滿泥濘，遍布或深或淺的腳印，印證努力過的痕跡。

　　鑑真法師剛入空門時，住持要他從最辛苦的行腳僧開始磨練。

　　有一天，已經日上三竿了，鑑真和尚仍未起床，住持覺得納悶，便到鑑真和尚的寢室裡巡視。

　　當住持推開房門，只見床邊堆了一堆破破爛爛的草鞋，住持叫醒鑑真：「今天你不出外化緣嗎？床邊堆的這些破草鞋是用來做什麼的？」

　　鑑真打了個哈欠說：「這些是別人一年都穿不破的草鞋，如今我剃度一年多，卻穿破了這麼多鞋，今天我想為廟裡節省一些鞋。」

　　住持聽了之後，笑了笑對鑑真說：「昨夜外頭下了一場雨，你起來陪我到寺前走走吧！」

　　昨夜的一場雨，使寺前的黃土坡變得泥濘不堪。

　　忽然，住持拍了拍鑑真的肩膀說：「你是要當個只會敲鐘的和尚，還是想成為能發揚佛法普度眾生的名僧？」

　　鑑真說：「當然是發揚佛法的名僧啊！」

　　住持撚鬚一笑，接著說：「你昨天有沒有走過這條路？」

　　鑑真說：「當然有！」

　　住持又問：「那麼你現在找得到自己的腳印嗎？」

　　鑑真不解地說：「昨天這裡原本是平坦、堅硬的道路，今天變得如此泥濘，小僧如何能找到自己的腳印？」

　　住持接著又笑了笑，說道：「那我們今天在這條路上走一回，你能找到你的腳印嗎？」

鑑真自信地說：「當然能了！」

住持微笑著說：「是的，只有泥濘路才能留下腳印啊！只要經過艱苦的跋涉，終有一天會留下痕跡的，一如此刻，我們行走在這片泥地上，不管走得多遠，腳印都會深深地留在泥地裡，印證我們的存在。」

「羅馬不是一天建成的」，任何一個偉大事業完成的背後，總有不少感天動地的故事。而故事中的「英雄」、「偉人」、「名人」，卻是在不為人知的歲月裡，花了許多寶貴的時間，又流了許多辛勤的汗水！

心靈物語

我們不要只羨慕鮮花的芬芳，沒有泥土的滋養，它們也沒有綻放的機會。

一分耕耘，總有一分收穫，泥濘的道路上布滿勤奮的腳印，堅持不懈，風雨無阻，最終才能抵達成功。

● 路就在自己腳下

在人的一生中，每個人都不能保證一切順利，人們在面對失敗時大可不必灰心喪氣，用心發現，其實路就在你腳下。

達尼是一個很有事業心的人，他在一家銷售公司跟著老闆一做就是5年，從一個剛畢業的大學生一直做到了分公司的總經理職位。在這5年裡，公司逐漸成為同行業中的佼佼者，達尼也為公司付出了許多，他很希望透過自己的努力將企業帶入一個更加成功的境地。

然而就在他兢兢業業拚命工作的時候，達尼發現老闆變了，變得不思進取、目中無人，對自己漸漸地不信任，許多做法都讓人難以理解。而達

尼自己也找不到昔日幹事業的感覺。

　　同樣，老闆也看達尼不順眼，說達尼的舉動使公司的工作進展不順利，有點礙手礙腳。不久，老闆把達尼解僱了。

　　從公司出來後，達尼並沒有氣餒，他對自己的工作能力還是充滿了信心。不久，達尼發現有一家大型企業正在招聘一名業務經理，於是將自己的履歷寄給了這家企業，沒過幾天他就接到面試通知，然後便是和總經理面談，最終順利得到這份工作。

　　工作大約一個月時間，達尼覺得自己十分欣賞該公司總經理的氣魄和工作能力。同時，他也感到總經理同樣十分賞識他的才華與能力。在工作之餘，總經理經常約他一起去游泳、打保齡球或者參加一些商務酒會。

　　在工作中，達尼發現公司的企業圖示設計相當繁瑣，雖然有美感，但卻缺乏應有的視覺衝擊力，便大膽地向總經理提出更換圖示的建議。沒想到其實總經理也早有此意，總經理把這件事安排給他去完成。

　　為了把這項工作做好，達尼親自求助於圖示設計方面的專業人士，從他們設計的作品中選出了比較滿意的一件。當他把設計方案交給總經理的時候，總經理大力讚賞，立刻升達尼為公司副總，薪水增加一倍。

　　是的，被解僱並不是一件壞事，達尼面對無情的解僱，憑藉才能找到了更適合自己的工作，而且得到了一位真正「伯樂」的賞識。

　　其實路就在腳下，被解僱了，我們並不用去計較，走過去，前面也許有更光明的一片天空在等著我們。

　　美國著名作家海明威在《老人與海》中，闡述了一個關於尊嚴的道理——「人可以被消滅，但不能被打敗！」因此，我們才要不斷地自我激勵，不能因為一時的挫折就把自己的一生永遠困在困境的泥淖中。

　　人的可貴之處在於，無論我們跌倒多少次，都能從失敗的廢墟上站起

來！站立的人方顯得高大，人生也會因此而顯得絢麗多彩。作為一個現代人，應具有迎接挑戰的心理準備。世界充滿了機遇，也充滿了風險。要不斷提高自我應付挫折的能力，調整自己，增強社會適應力，堅信挫折中蘊含著機遇。

也許在人生低谷的你為失業了而煩惱不堪。其實這於事無補，相信上帝在關上一扇門的同時會打開另一扇窗戶，機遇的誕生可能就在這一切發生之時。

心靈物語

人必須要活在希望之中，而這種希望和光明是自己為自己設置的。如果心中有路，你腳下的路也會越走越寬。

● 失敗也是一次機會

我們誰都不願意失敗，因為失敗意味著以前的努力將付諸東流，意味著一次機會的喪失。不過，一生平順，沒遇到失敗的人，恐怕是少之又少。所有人都有談敗色變的心理，然而，若從不同的角度來看，失敗其實是一種必要的過程，而且也是一種必要的投資。

數學家習慣稱失敗為「機率」，科學家則稱之為「實驗」，如果沒有前面一次又一次的「失敗」，哪裡有後面所謂的「成功」？

被譽為全美最有革新精神的 3M 公司，非常贊成並鼓勵員工冒險，只要有任何新的創意都可以嘗試，即使在嘗試後是失敗的，每次失敗的發生率是預料中的 60%，3M 公司仍視此為員工不斷嘗試與學習的最佳機會。

3M 堅持的理由很簡單，失敗可以幫助人再思考、再判斷與重新修正

計畫，而且經驗顯示，通常重新檢討過的意見會比原來的更好。

美國人做過一個有趣的調查，發現在所有企業家中平均有三次破產的紀錄。即使是世界頂尖的一流選手，失敗的次數都毫不比成功的次數「遜色」。例如，著名的全壘打王貝比‧魯斯（Babe Ruth），同時也是被三振出局最多的紀錄保持人。

其實，失敗並不可恥，不失敗才是反常，重要的是面對失敗的態度，是能反敗為勝，還是就此一蹶不振？傑出的企業領導者，絕不會因為失敗而懷憂喪志，而是回過頭來分析、檢討、改正，並從中發掘重生的契機。

波特‧菲力說：「失敗，是走上更高地位的開始。」許多人之所以獲得最後的勝利，只是受惠於他們的屢戰屢敗。對於沒有遇見過大失敗的人，他有時反而不知道什麼是大勝利。其實，若能把失敗當成人生必修的功課，你會發現，大部分的失敗都會給你帶來一些意想不到的好處呢！

心靈物語

> 失敗給成功創造了機會，當你再度回到起點時，謹慎為之，並將注意力集中在過程上，利用這一方法，可使自己得到訓練，當你再次出發時，才能有足夠的進步。

● 給自己加油

每個人都希望，也都需要得到別人的鼓勵。日本有句格言：「如果給豬戴高帽，豬也會爬樹。」這句話聽起來似乎不太雅觀，但說明了這樣的一個道理：當一個人的才能得到他人的認可、讚揚和鼓勵的時候，他就會發揮更大才能和力量。

　　但是，光靠別人的讚揚還不夠 ── 因為生活不光是讚揚，你碰到更多的可能是責難、譏諷、嘲笑。在這時候，你一定要學會從自我激勵中激發自信心，學會自己給自己加油。

　　劉訊參加工作後，他愛上了「小發明」。一下班，常常鑽進自己的房間，觀察、書寫、試驗，連飯也忘了吃。為此，全家人都對他有意見。

　　媽媽整天絮絮叨叨罵他「是個油瓶倒了都不扶的懶鬼」、「將來連妻子都找不到」；他大哥就更過分了，一看到他寫寫畫畫，擺弄這擺弄那就生氣，甚至拍著胸膛發誓：「這輩子，你要能搞出一個發明來，我頭朝下走路……」

　　值得讚嘆的是，劉訊在這種難堪的境遇中，始終不洩氣、不自卑，而且經常自我鼓勵。報上每登出有關他的「革新成果」，哪怕只有一個「豆腐塊」、「火柴盒」那麼大，他都要高興地細細品味，然後把這些介紹精心地剪貼起來，一有空閒就翻出來自我欣賞一番。每當這時，他就特別有成就感，也就對自己更有信心。

　　在自己給自己的掌聲中，劉訊透過實驗搞成功的「小發明」慢慢多起來，「級別」也慢慢高起來了。幾年後，他的「小發明」竟然在世界上獲得了大獎。

　　給自己加油的做法，促成了劉訊的成功。

　　美國的一位心理學家說過：「不會讚美自己的成功，人就激發不起向上的願望。」

　　是的，別小看這種「自我讚美」，它往往能帶給你歡樂和信心；信心增強了，又會鼓勵你獲得更大的成功，自信心也就會再度增強。試想，當初劉訊要是不會「給自己鼓掌」，一聽到「你要是……我就……」之類的譏笑，就垂頭喪氣，就看不到燦爛的前景，哪裡還會有今天的成功呢？

唐代詩人李白在《將進酒》中寫道：「天生我材必有用，千金散盡還復來。」字字展示著無比的自信。堅信自己的價值，學會為自己加油，學會為自己喝彩，才會擁有一個精彩而有意義的人生。

心靈物語

> 能為自己加油的人一定是強者，因為他敢接受任何挑戰，自強不息。正是這種加油和喝彩帶給他們源源不斷的動力，使他無悔地追求自己的理想，最終實現自己的目標。

● 願望與現實之間

每個人都有一大堆的願望，但他們卻很難踏上實現的征程，影響他們作出選擇的因素有時候很簡單，那就是勇氣。他們因為恐懼而害怕選擇自己認為不可能的願望，因此也錯過了成功的機會。

西元 1865 年，美國南北戰爭結束了。一名記者去採訪林肯，他們有這麼一段對話：

記者：「據我所知，上兩屆總統都曾想過廢除農奴制，《解放黑奴宣言》也早在他們那個時期就已立草案，可是他們都沒拿起筆簽署它。請問總統先生，他們是不是想把這一偉業留下來，讓您去成就英名？」

林肯：「可能有這個意思吧。不過，如果他們知道拿起筆需要的僅是一點勇氣，我想他們一定非常懊喪。」

記者還沒來得及問下去，林肯的馬車就出發了，因此，他一直都沒明白林肯這句話到底是什麼意思。

直到西元 1914 年，林肯去世 50 年了，記者才在林肯寫給朋友的一封

信中找到答案。在信裡，林肯談到幼年的一段經歷：

「我父親在西雅圖有一處農場，農場裡有許多石頭。正因如此，父親才得以用較低價格買下它。有一天，母親建議把上面的石頭搬走。父親說，如果可以搬走的話，主人就不會賣給我們了，它們是一座座小山頭，都與大山連著。」

「有一年，父親去城裡買馬，母親帶我們到農場勞動。母親說，讓我們把這些礙事的東西搬走，好嗎？於是我們開始挖那一塊塊石頭。不長時間，就把它們弄走了，因為它們並不是父親想像的山頭，而是一塊塊孤零零的石塊，只要往下挖一英尺，就可以晃動它們。」

林肯在信的末尾說，有些事情人們之所以不去做，只是他們認為不可能。而許多不可能，只存在於人們的想像之中。

那些成功的人們，如果當初都在一個個「不可能」的面前因恐懼失敗而退卻，而放棄嘗試的機會，則成功不可能降臨，他們也將平凡。沒有勇敢的嘗試，就無從得知事物的深刻內涵，而勇敢做出決斷了，即使失敗，也由於對實際的痛苦親身經歷，而獲得寶貴的體驗，從而在命運的掙扎中，愈發堅強，愈發有力，愈接近成功。

心靈物語

或許有人會說，已經失敗了多次，所以再試也是徒勞無益。這種想法太自暴自棄了！其實，只要你在失意時，依然堅持「往下挖一英尺」，你就可以獲得成功了。

● 不拒絕命運的雕琢

自古英雄多磨難，不拒絕命運的雕琢，才能有所作為。

深山裡有兩塊石頭，第一塊石頭對第二塊石頭說：「去經歷路途的艱險坎坷和世事的磕磕碰碰吧，能夠搏一搏，也不枉來此世一遭。」

「不，何苦呢，」第二塊石頭嗤之以鼻，「安坐高處一覽眾山小，周圍花團錦簇，誰會那麼愚蠢地在享樂和磨難之間選擇後者，再說，那路途的艱險磨難會讓我粉身碎骨的！」

於是，第一塊石頭隨山溪滾湧而下，歷盡了風雨和大自然的磨難，它依然義無反顧、執著地在自己的路途上奔波。第二塊石頭譏諷地笑了，它在高山上享受著安逸和幸福，享受著周圍花草簇擁的暢意抒懷，享受著盤古開天闢地時留下的那些美好景觀。

在許多年以後，飽經風霜、歷盡塵世之千錘百煉的第一塊石頭和它的家族已經成了世間的珍品、石藝的奇葩，並且被千萬人讚美稱頌，享盡了人間的富貴榮華。

第二塊石頭知道後，有些後悔當初，現在它想投入到世間風塵的洗禮中，然後得到像第一塊石頭那樣擁有的成功和高貴，可是一想到要經歷那麼多的坎坷和磨難，甚至滿目瘡痍、傷痕累累，還有粉身碎骨的危險，便又退縮了。

一天，人們為了更好地保存那石藝的奇葩，準備為它修建一座精美別致、氣勢雄偉的博物館，建造材料全部用石頭。於是，他們來到高山上，把第二塊石頭粉身碎骨，幫第一塊石頭蓋起了房子。

第一塊石頭，選擇了艱難坎坷，懂得放棄享樂，所以它成了珍品，成了石藝的奇葩。只可惜第二塊石頭，不僅最後落得粉身碎骨的下場，而且成了廢物。

痛苦並非壞事，除非痛苦征服了我們。在困難面前，如果你放棄了，那你永遠也不會品嘗到成功的甘甜。

● 給自己一個懸崖

給自己一個懸崖，其實就是給自己一片蔚藍的天空。

有一個老人在山裡劈柴時，拾到一隻模樣怪怪的鳥，那隻怪鳥的體型和剛滿月的小雞一樣大，也許因為牠實在太小了，還不會飛，老人就把這隻怪鳥帶回家給小孫子玩耍。

老人的孫子很調皮，他將怪鳥放在小雞群裡，充當母雞的孩子，讓母雞養育。母雞沒有發現這個異類，全權負起一個母親的責任。

怪鳥一天天長大了，後來人們發現那隻怪鳥竟是一隻鷹，人們擔心鷹再長大一些會吃雞。為了保護雞，人們一致強烈要求：殺了那隻鷹，或是將牠放生，讓牠永遠也別回來。因為和鷹相處的時間長了，有了感情，這一家人自然捨不得殺牠，他們決定將鷹放生，讓牠回歸大自然。

然而他們用了許多辦法都無法讓鷹重返大自然。他們把鷹帶到很遠的地方放生，過不了幾天那隻鷹又回來了，他們驅趕牠，不讓牠進家門，他們甚至將牠打得遍體鱗傷……許多辦法試過了都不奏效。最後他們終於明白：原來鷹是眷戀牠從小長大的家園，捨不得那個溫暖舒適的窩。

後來村裡的一位老人說：「把鷹交給我吧，我會讓牠重返藍天，永遠不再回來。」老人將鷹帶到附近一個最陡峭的懸崖絕壁旁，然後將鷹狠狠向懸崖下的深淵扔去。那隻鷹開始也如石頭般向下墜去，然而快要到谷底時，牠終於展開雙翅，開始緩緩滑翔，然後輕輕拍了拍翅膀，飛向蔚藍的

天空，牠越飛越自由舒展，動作越飛越漂亮。

　牠越飛越高，越飛越遠，漸漸變成了一個小黑點，飛出了人們的視野，永遠地飛走了，再也沒有回來。

　其實我們每個人又何嘗不像那隻鷹一樣，總是對現有的東西不忍放棄，對舒適安穩的生活戀戀不捨。

　人在面對壓力時會激發出巨大的潛能，因此，我們不必懼怕逆境和挫折而去當溫室裡的花朵。溫室裡的花朵固然可以安全舒適地生活，但人生不可能一帆風順，一旦逆境來臨，首先被摧毀的就是失去意志力和行動能力的溫室花朵，經常接受磨練的人卻能創造出嶄新的天地，這就是所謂的「置之死地而後生」。

　一個人要想讓自己的人生有所轉機，就必須懂得在關鍵時刻把自己帶到人生的懸崖。給自己一個懸崖，其實就是給自己一片蔚藍的天空。

心靈物語

> 人要為夢想去奮鬥。你有信心獲得成功，你就能成功，因為，你體內有一股巨大的潛能。你勇敢，困難便退卻；你懦弱，困難就變本加厲地欺負你。你勇敢，就可能成功；你懦弱，則肯定會失敗。

● 希望之燈永不滅

　在人生的旅途中，我們常常會遭遇各種挫折和失敗，會身陷某些意想不到的困境。這時，不要輕易地說自己什麼都沒了，其實只要信念的聖火不熄滅，努力地去尋找，總會找到能度過難關的方法。

　一隊人馬在杳無人煙的沙漠中跋涉，他們已經在沙漠中走了好多天，

都渴望找到生命的綠色。

太陽熾熱，他們口乾舌燥。隨身帶的水已經不多了，他們隨時都會有生命危險。大家也都走不動了。

這時候，領隊的老人從背上解下一個水壺，對大家說：「現在只剩這一壺水了，我們要等到最後一刻再喝，不然我們都會沒命的。」

他們繼續艱難的行程，那壺水成了他們唯一的希望，看著沉甸甸的水壺，每個人心中都有了一種對生命的渴望。但天氣太炎熱了，有的人實在支撐不住了。

「老伯，讓我喝口水吧。」一個年輕人乞求著。「不行，這水要等到最艱難的時候才能喝，你現在還可以堅持一下。」老人生氣地說。

就這樣，他堅決地回絕著每個想喝水的人。

在一個大家再也難以支撐下去的黃昏，他們發現老人不見了，只有那個水壺孤零零地立在前面的沙漠裡，沙地上寫著一行字：我不行了，你們帶上這壺水走吧，要記住，在走出沙漠之前，誰也不能喝這壺水，這是我最後的命令。

老人為了大家的生存，把僅有的一壺水留了下來，每個人都壓抑著內心巨大的悲痛。他們繼續出發了，那個沉甸甸的水壺在他們每個人手裡依次傳遞著，但誰也捨不得打開喝一口，因為他們明白這是老人用自己的生命換來的。

終於，他們一步步掙脫了死亡線，頑強地穿越了茫茫沙漠。他們喜極而泣，這時他們想到了老人留下的那壺水。他們慌忙打開壺蓋，裡面慢慢流出的卻是一縷縷沙子。

同樣是一個穿行沙漠的故事：有兩個人結伴穿越沙漠。走到半途，水喝完了，其中一人也因中暑而不能行動。同伴把一支槍遞給中暑者，再三

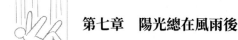

吩咐：「槍裡有 5 顆子彈，我走後，每隔兩小時你就對空中鳴放一槍，槍聲會指引我前來與你會合。」說完，同伴滿懷信心找水去了。

躺在沙漠裡的中暑者卻滿腹狐疑：同伴能找到水嗎？能聽到槍聲嗎？他會不會丟下自己這個「包袱」獨自離去？

暮色降臨的時候，槍裡只剩下一顆子彈，而同伴還沒有回來。中暑者確信同伴早已離去，自己只能等待死亡。想像中，沙漠裡的禿鷹飛來，狠狠地啄瞎他的眼睛，啄食他的身體……終於，中暑者徹底崩潰了，把最後一顆子彈送進了自己的太陽穴。

槍聲響過不久，同伴提著滿壺清水，領著一隊駱駝商旅趕來，找到了中暑者溫熱的屍體。

中暑者不是被沙漠的惡劣環境吞沒的，而是被自己的惡劣心境毀滅的。面對友情，他用猜疑代替了信任；身處困境，他用絕望驅散了希望。

所以，一個人無論面對怎樣的環境，面對再大的困難，都不能放棄自己的信念，放棄對生活的熱愛。因為很多時候，打敗自己的不是外部環境，而是你自己本身。生命能維持是信念和希望。因為很多時候，打敗自己的不是外部環境，而是你自己本身。只要一息尚存，就要追求，就要奮鬥。

心靈物語

朋友，在任何時候，無論處在什麼樣的境遇，請不要放棄希望和信念，如果你的心靈已太久不曾有過渴望的湧動，請你將它啟動，讓它煥發健康的光彩。

● 別讓心態老去

　　世間最可怕的衰老是心態的衰老，如果你有一個年輕的體魄，卻有一顆衰老的心，那會比你有一個衰老的身體還要可悲。沒有什麼可以擋得住你前進的腳步，擦亮你的眼睛，就會看到生活的希望，一切還皆有可能。時刻保持年輕的心態，你的生命也會常保綠色。

　　一天夜裡，一場雷電引發的山火燒毀了美麗的「萬木莊園」，這座莊園的主人邁克陷入了一籌莫展的境地。面對如此大的打擊，他痛苦萬分，閉門不出、茶飯不思、夜不能寐。

　　轉眼間，一個多月過去了，年已古稀的外祖母見他還陷入悲痛之中不能自拔，就意味深長地對他說：「孩子，莊園成了廢墟並不可怕，可怕的是，你的眼睛失去了光澤，一天一天地老去。一雙老去的眼睛，怎麼能看得見希望……」

　　邁克在外祖母的說服下，決定出去散步。他一個人走出莊園，漫無目的地閒逛。在一條街道的轉角處，他看到一家店鋪門前人潮湧動。原來是一些家庭主婦正在排隊購買木炭。那一塊塊躺在紙箱裡的木炭讓邁克的眼睛一亮，他看到了一線希望，急忙興沖沖地向家中走去。

　　在接下來的兩個星期裡，邁克僱了幾名燒炭工，將莊園裡燒焦的樹木加工成優質的木炭，然後送到集市上的木炭經銷店裡。

　　很快，木炭就被搶購一空，他因此得到了一筆不菲的收入。他用這筆收入購買了一大批新樹苗，一個新的莊園初見規模了。

　　幾年以後，「萬木莊園」再度綠意盎然。

　　莊園廢了並不可怕，可怕的是心靈成了廢墟，在困境來臨的時候，不被困境嚇倒，而是保持積極的心態，你就能擊倒困難。

心靈物語

很多時候，一個人的苦樂成敗，不在於外物的左右，而在於自己的心態和看待世界的角度，如果你用悲傷的眼光看待生活，那麼你的生活就會暗無天日；如果你用樂觀的眼光看待世界，那麼你就會發現，生活到處充滿成功的喜悅。

●「不可能」的成功

科爾剛到報社當廣告業務員時，經理對他說，你要在一個月內完成 20 個版面的銷售。

20 個版面，一個月內？科爾認為不可能完成。因為他了解到報社最好的業務員一個月最多才銷售 15 個版面。

但是，他不相信有什麼是「不可能」的。他列出一份名單，準備去拜訪別人以前招攬沒成功的客戶。去拜訪這些客戶前，科爾把自己關在屋裡，把名單上的客戶唸了 10 遍，然後對自己說：「在本月結束之前，你們將向我購買廣告版面。」

第一個星期，他一無所獲；第二個星期，他和這些「不可能的」客戶中的 5 個達成了交易；第三個星期他又成交了 10 筆交易；月底，他成功地完成了 20 個版面的銷售。

在月度的業務總結會上，經理讓科爾與大家分享經驗。科爾只說了一句：「不要恐懼被拒絕，尤其是不要恐懼被第一次、第十次、第一百次甚至上千次的拒絕。只有這樣，才能將不可能變成可能。」

報社同事給予他最熱烈的掌聲。

在生活中，我們時常碰到這樣的情況：當你準備做某項看起來很困

難的事情時，就會有人走過來告訴你，你不可能完成。其實，「不可能完成」只是別人下的結論，能否完成還要看你自己是否嘗試，是否盡力。

是否嘗試，需要你克服恐懼失敗的心理；是否盡力，需要你克服一切障礙，獲得力量。以「必須完成」或者「一定能做到」的心態去奮鬥，你一定會做出令人仰慕的成績的。

心靈物語

> 人最怕的就是胡思亂想、自我設置障礙，這不僅會讓你失去理智，還會誤入歧途。如果你常在心中對自己說：這樣做可能不對，萬一失敗了怎麼辦。結果還沒去做，就失去信心了，而結局肯定會比你想像的還要糟。

● 找到自己的優勢

布朗是美國一位最成功的電影製片人，然而在其職業生涯中先後被3家公司革職。他曾經是好萊塢20世紀福斯電影公司的第二號人物，建議攝製《埃及豔后》，不料該影片賣座情況奇慘。緊接著公司大裁員，他也被裁掉了。

在紐約，他在新阿美利堅文庫任副總裁，但是幾位股東又聘請了一位局外人，而他與此人意見不合，以致於被開除。

回到加州，他又進了20世紀福斯電影公司，在高層任職6年，由於董事局不喜歡他所建議拍攝的幾部影片，他又一次被革職。

布朗開始仔細檢討自己的工作方式。他在大公司做事一向敢言、肯冒險，喜歡憑直覺處事，這些都是老闆的作風。他痛恨以委員會的方式統籌管理。

分析了失敗的原因之後，布朗自立門戶，攝製《大白鯊》、《裁決》、《天繭》等影片，獲得了巨大的成功。布朗並不是一位失敗的公司行政人員，他天生是一名企業家，只不過是一時沒有發揮其巨大的潛力而已。

道不同不相為謀，「我之所以多年來沒有固定的工作，原因很簡單，那是因為我和那些能夠提供給我工作的紳士們的想法完全不同。」梵谷這樣說，也許你就是這樣的人。

一個人沒有認清自己的真面目、不能看清自己的優勢所在，就不能把命運掌握在自己手中，也就不可能取得成功。

我們首先要意識到，自己就是一個蘊含著無盡寶藏的世界，每個人都有自己的個性和長處，每個人都可以選擇自己的目標，並透過不懈的努力去爭取屬於自己的成功。

心靈物語

當我們面對困境時，不要小看自己的力量，調整好自己的心態，別悲觀。當前景不太光明的時候，試著向上看－陽光總是那麼燦爛，這樣你一定會獲得成功的。

● 永不放棄

在前進的道路上，如果我們因為一時的困難就將夢想擱淺，那只能收穫失敗的種子，我們將永遠不能品嚐到成功這杯芬芳美酒的味道。

「肯德基」創始人，美軍退役上校桑德斯（Colonel Sanders）的創業史是對永不放棄的最佳詮釋。桑德斯從軍隊退役時，妻子帶著幼小的女兒離他而去。家裡只剩他一個人，這使他時常覺得時間漫長與人生寂寞。

他總想做點事情。但戎馬生涯大半生，除了操槍弄炮，實在沒有什麼別的特長可供開發。

年過花甲的他想到了自己曾經試驗出的炸雞祕方，想到馬上去做，於是他便找了幾家餐館要求合作，但都遭到了拒絕。

於是，他開著自己那輛破舊的「老爺車」，從美國的東海岸到西海岸，歷時兩年多時間，推開過 1,008 家餐館的大門，都沒有成功。年老的桑德斯為此感到非常沮喪，也曾想到過放棄，但很快他就會說服自己再試一次，於是幸運之神開始注意到這個堅韌的老人。

當他試著推開第 1,009 家餐館的大門，這家老闆被他的精神打動，買下了炸雞的祕方。桑德斯以祕方作為投資，得到了這家餐館的股份。由於經營得法，從此，「肯德基」炸雞遍布美國，遍布世界。

成功的路上總是荊棘與鮮花交相輝映，我們在為理想奮鬥的時候難免會遇到一點阻礙、挫折，但我們不能因此就放棄奮鬥。如果是在這樣的困境中，我們或許可以學一下邱吉爾的人生祕訣。

邱吉爾下臺之後，有一回應邀在牛津大學的畢業典禮上演講。那天他坐在主席臺上，打扮一如平常，還是一頂高帽，手持雪茄。

經過主持人隆重冗長的介紹之後，邱吉爾走上講臺，他用那種特別的、邱吉爾式的眼神凝視著觀眾，足足有 30 秒之久。終於他開口說話了，他說的第一句話是：「永不放棄。」然後又凝視觀眾足足 30 秒。他說的第二句話是：「永遠，永遠，不要放棄！」接著又是長長的沉默。然後他說的第三句話是：「永遠，永遠，永遠，不要放棄！」他又注視觀眾片刻，然後迅速離開講臺。當臺下數千名觀眾明白過來的時候，立即響起了雷鳴般的掌聲。

心靈物語

> 人生始終在考驗我們戰勝困難的毅力，唯有那些能夠堅持不懈的人，才能得到最大的獎賞。毅力可以移山，也可以填海，更可以從芸芸眾生中篩出成功的人。

● 失敗時善於變通

猶太人說，這世界上賣豆子的人應該是最快樂的，因為他們永遠不必擔心豆子賣不完。

猶太人為什麼不怕豆子賣不完？

假如他們的豆子賣不完，可以拿回家去磨成豆漿，再拿出來賣給行人。如果豆漿賣不完，可以製成豆花，豆花賣不完，變硬了，就當作豆腐來賣。而豆腐賣不出去的話，就把這些豆腐醃起來，變成腐乳。

還有一種選擇是：賣豆人把賣不出去的豆子拿回家，加上水讓豆子發芽，幾天後就可改賣豆芽。豆芽如賣不出去，就讓它長大些，變成豆苗。如豆苗還是賣不完，再讓它長大些，移植到花盆裡，當作盆景來賣。如果盆景賣不出去，那麼再把它移植到泥土中去，讓它生長。幾個月後，它結出了許多新豆子。一顆豆子現在變成了上百顆豆子，想想那是多划算的事！

一顆豆子在遭遇冷落的時候，可以有無數種精彩的選擇，一個人更是如此。人生總免不了要遭遇這樣或者那樣的失敗。確切地說，我們每天都在經受和體驗各種失敗。

有時候，我們甚至會在毫不經意和不知不覺之間與失敗不期而遇。面對失敗，我們又往往會採取用習慣的方式來對待失敗 —— 或以緊急救火

的方式拯救失敗；或以補漏的辦法延緩失敗；或以收拾殘局的方法打掃失敗；或以引以為戒的思維總結失敗……。

　　雖然這些都是失敗之後十分需要、甚至必不可少的，若眼睜睜看著失敗發生而任憑失敗一路前行而無力改變，實在是更大的失敗和遺憾。

心靈物語

> 條條大路通羅馬。當我們失敗時，如果能夠靜下心來，坦然面對，換一個角度去思考，那麼在我們從另一個出口走出去時，就有可能看到另一番天地。

● 耐得住等待，苦盡甘來

　　從前，在一個小山村裡，傳說有兩兄弟在一次上山的途中，偶然與神仙邂逅，神仙傳授他們釀酒之法，叫他們把在端午那天收割的米，與冰雪初融時高山流泉的水來調和，注入千年紫砂土鑄成的陶甕中，再用初夏第一個看見朝陽的新荷覆緊，密封七七四十九天，直到雞叫三遍後方可啟封。

　　他們歷盡千辛萬苦，跋涉過千山萬水，終於找齊了所有的材料，一起調和密封，然後潛心等待那注定的時刻。多麼漫長的等待，第四十九天終於到了。兩人整夜都沒有睡，等著雞鳴的聲音。

　　遠遠地，傳來了第一遍雞鳴。過了很久很久，才響向起了第二遍。第三遍雞鳴到底什麼時候才會來呢？其中一個再也等不下去了，他迫不及待地打開陶甕品嘗，卻驚呆了 —— 裡面的水，像醋一樣酸，又像中藥一般苦，他把所有的後悔加起來也不可挽回。他失望地把它灑在了地上。

而另外一個，雖然欲望如同一把野火在他心裡燃燒，讓他按捺不住想要伸手，但他卻還是咬著牙，堅持到了三遍雞鳴響徹了天空。

　　「多麼甘甜清澈的酒啊！」他終於品嘗到了自己親自釀制的美酒。

心靈物語

> 追求理想，就像是做飯煲湯，火候到了，味道才會鮮美。耐得住性子，靜觀其變，就一定能等到一個很完美的質變。

● 相信自己的夢想

　　西元1863年冬天的一個上午，凡爾納剛吃過早飯，正準備到郵局去，突然聽到一陣敲門聲。凡爾納開門一看，原來是一個郵差。郵差把一包鼓囊囊的郵件：遞到了凡爾納的手裡。一看到這樣的郵件，凡爾納就預感到不妙。自從他幾個月前把他的第一部科幻小說《乘氣球5週記》寄到各出版社後，收到這樣的郵件已經是第14次了。

　　他懷著忐忑不安的心情拆開一看，上面寫道：「凡爾納先生：尊稿經我們審讀後，不擬刊用，特此奉還。某某出版社。」每次看到退稿信，凡爾納都是心裡一陣絞痛。這已經是第15次了，還是未被採用。

　　凡爾納此時已深知，那些出版社的「老爺」們是如何看不起無名作者。他憤怒地發誓，從此再也不寫了。他拿起手稿向壁爐走去，準備把這些稿子付之一炬。凡爾納的妻子趕過來，一把搶過手稿緊緊抱在胸前。此時的凡爾納餘怒末息，說什麼也要把稿子燒掉。

　　他妻子急中生智，以滿懷關切的口氣安慰丈夫：「親愛的，不要灰心，再試一次吧，也許這次能碰上好運的。」聽了這句話以後，凡爾納搶

奪手稿的手慢慢放下了。他沉默了好一會兒，然後接受了妻子的勸告，又抱起這一大包手稿到第 16 家出版社去碰運氣。

這一次沒有落空，讀完手稿後，這家出版社立即決定出版此書。並與凡爾納簽訂了 20 年的出書合約。

沒有他妻子的疏導，沒有為夢想持之以恆的勇氣，我們也許根本無法讀到凡爾納筆下那些膾炙人口的科幻故事，人類就會失去一筆極其珍貴的精神財富。

世界上的事情就是這樣，成功需要堅持夢想。有這種素養的人常常創造出人間奇蹟。佛洛伊德、拿破崙、貝多芬、梵谷，還有《金氏世界紀錄大全》 —— 書中所記載的諸多人物，不能不承認，是所有這些大大小小的人物使我們的這個世界變得有聲有色。

他們的性格中明顯有著共同的一點，「執著」。他們執著地將他們熱愛的某項事業推向極致，什麼也阻止不了他們 —— 除了自身的死亡。

心靈物語

通向成功的路絕不只一條，不同的人可以選擇不同的路，成功與否，往往不在於對道路的選擇，而在於一旦選定了自己的路，便不再彷徨，而是堅定地走下去。所以，能否到達心中的目標，首先取決於對腳下道路的信任。

● 失敗時不找任何藉口

一個人做錯了一件事，老老實實地認錯是最明智的做法，而不是找幾個理由為自己辯護。我們知道，藉口是我們做不成事、做錯事的擋箭牌；

是我們敷衍別人、原諒自己的護身符；是我們無處不在、如影隨形的掩飾弱點，逃避責任的百驗靈丹。

一個人，做不好一件事，完不成一項任務，若想找藉口，就可以有成千上萬條在那裡回應你、聲援你、支持你。結果呢？過失是掩蓋了，責任是推卸了，心理是暫時平衡了，但長此以往，便是大事做不了，小事做不好，最終一事無成。

日本最著名的首相伊藤博文的人生座右銘就是「永不向人講『因為』」。這是一種做人的美德，也是為人處世、辦事做事的最高深的學問。

藉口往往讓你不思進取、止步不前。只有打消你的藉口，你才能從失敗中吸取教訓，邁向成功。

心靈物語

秉持「沒有任何藉口」這樣的信念，儘管看似對自己冷酷無情，卻猶如破釜沉舟，可以激起一個人無比的毅力，促使其全力以赴，埋頭苦幹，盡善盡美地完成手頭的每件事情。

● 經驗幫你少走彎路

威廉‧賽姆兒是美國著名投資大師。他的事業如口中天，在全球金融領域裡，「威廉‧賽姆兒」這幾個字如雷貫耳。在一次十拿九穩的投資中，他由於分析錯誤而損失了一大筆資產。

朋友與家人都對他很不滿，可威廉‧賽姆兒卻異常沉著，將這次投資的整個分析過程一一回想，找到了其中產生錯誤的主要原因。緊接著，他

又有了一次投資機會，家人與朋友都非常擔心，害怕他不能從上一次的失敗中解脫出來。但是威廉·賽姆兒本人毫不動搖，堅持要投資，並獲得了成功。

在人漫長的一生中，誰也不能保證自己永遠不犯錯，但我們應該從錯誤中累積經驗教訓，而非永遠消沉。

有個漁夫有著一流的捕魚技術，被人們尊稱為「漁王」。然而「漁王」年老的時候非常苦惱，因為他的三個兒子的技術都很平庸。

他經常向人訴說心中的苦惱：「我真不明白，我捕魚的技術這麼好，兒子們的技術為什麼這麼差？我從他們懂事起就傳授捕魚技術給他們，從最基本的東西教起，告訴他們怎樣織網最容易捕捉到魚，怎樣划船最不會驚動魚，怎樣下網最容易請魚入甕。他們長大了，我又教他們怎樣識潮汐、辨汛期……凡是我長年辛辛苦苦總結出來的經驗，我都毫無保留地傳授給了他們，可他們的捕魚技術竟然趕不上技術比我差的漁民的兒子！」

一位路人聽了他的訴說後，問：「你一直手把手地教他們嗎？」

「是的，為了讓他們得到一流的捕魚技術，我教得很仔細、很耐心。」

「他們一直跟隨著你嗎？」

「是的，為了讓他們少走彎路，我一直讓他們跟著我學。」

路人說：「這樣說來，你的錯誤就很明顯了。你只傳授給了他們技術，卻沒傳授給他們教訓，對於才能來說，沒有教訓與沒有經驗一樣，都不能使人成大器。」

不經歷風雨怎能見彩虹？孩子是在摔倒了無數次之後才學會走路的，偉人的發明創造更是經歷了無數次失敗之後才成功的。可口可樂董事長羅伯特·高茲耶達說：「過去是邁向未來的踏腳石，若不知道踏腳石在何

處，必然會被絆倒。」教訓和失敗是人生歷練不可缺少的財富。

我們在學習、工作過程中，要及時總結經驗教訓，只有吸取了經驗教訓，才能避免在以後的人生中犯類似的錯誤。

心靈物語

> 學會及時總結得失，我們才會有個良好的心態，寵辱不驚，面對生活回饋給人們的一切。學會及時總結得失，我們自己才會不斷完善，一步一步邁向成功。

● 生命在，希望就在

人要主宰自己，做自己的主人。沮喪的面容、苦悶的表情、恐懼的思想和焦慮的態度是你缺乏自製力的表現，是你弱點的表現，是你不能控制環境的表現。它們是你的敵人，要把它們拋到九霄雲外。

有一個阿拉伯的富翁，在一次大生意中虧光了所有的錢，並且欠下了債，他賣掉房子、汽車，還清了債務。

此刻，他孤獨一人，無兒無女，窮困潦倒，唯有一條心愛的獵狗和一本書與他相依為命，相依相隨。在一個大雪紛飛的夜晚，他來到一座荒僻的村莊，找到一個避風的茅棚。他看到裡面有一盞油燈，於是用身上僅存的一根火柴點燃了油燈，拿出書來準備讀書。

但是一陣風忽然把燈吹滅了，四周立刻漆黑一片。這位孤獨的老人陷入了黑暗之中，對人生感到深徹的絕望，他甚至想到了結束自己的生命。但是，站在身邊的獵狗給了他一絲慰藉，他無奈地嘆了一口氣沉沉睡去。

第二天醒來，他忽然發現心愛的獵狗也被人殺死在門外。撫摸著這只

相依為命的獵狗，他突然決定要結束自己的生命，世間再沒有什麼值得留戀的了。他最後掃視了一眼周圍的一切。

這時，他不由發現整個村莊都陷入一片可怕的寂靜之中。他不由急步向前，啊，太可怕了，屍體，到處是屍體，一片狼藉。顯然，這個村莊昨夜遭到了匪徒的洗劫，連一個活口也沒留下來。

看到這可怕的場面，老人心念急轉，啊！我是這裡唯一倖存的人，我一定要堅強地活下去。此時，一輪紅日冉冉升起，照得四周一片光亮，老人欣慰地想，我是這個世界上唯一的倖存者，我沒有理由不珍惜自己。雖然我失去了心愛的獵狗，但是，我得到了生命，這才是人生最寶貴的。

老人懷著堅定的信念，迎著燦爛的太陽又出發。

人生總有得意和失意的時候，一時的得意並不代表永久的得意；然而，在一時失意的情況下，如果你不能把心態調整過來，就很難再有得意之時。

故事中的老人，在失意甚至絕望的狀態下，重新尋回了希望，趕走了悲傷。這可以說是他人生中的又一大轉折。

聯想到我們日常的生活和學習，如果遇到失意或悲傷的事情時，我們一樣要學會調整，自己的心態。

如果你的演講、你的考試和你的願望沒有獲得成功；如果你曾經尷尬；如果你曾經失足；如果你被訓斥和謾罵，請不要耿耿於懷。對這些事念念不忘，不但於事無補，還會占據你的快樂時光。拋棄它吧！走出陰影，沐浴在明媚的陽光中，把它們徹底趕出你的心靈。

如果你曾經因為魯莽而犯過錯誤；如果你被人咒罵；如果你的聲譽遭到了毀壞，不要以為你永遠得不到清白，勇敢地走出失敗的陰影吧！

讓那擔憂和焦慮、沉重和自私遠離你；更要避免與愚蠢、虛假、錯

誤、虛榮和膚淺為伍；還要勇敢地抵制使你失敗的惡習和使你墮落的念頭，你會驚奇地發現，你人生的旅途是多麼的輕鬆、自由，你是多麼自信！

心靈物語

> 不管過去的一切多麼痛苦，多麼頑固，把它們拋到九霄雲外。不要讓擔憂、恐懼、焦慮和遺憾消耗你的精力。把你的精力投入到未來的創造中去吧。
>
> 請記住：生命在，希望就在！

● 換個角度看人生

記得有位哲人曾說：「我們的痛苦不是問題的本身帶來的，而是我們對這些問題的看法而產生的。」

這句話很經典，它引導我們學會解脫，而解脫的最好方式是面對不同的情況，用不同的想法去多方面地分析問題。因為事物都是多面性的，視角不同，所得的結果就不同。

相信一句活：要解決一切困難是一個美麗的夢想，但任何困難都是可以解決的。一個問題就是一個矛盾的存在，而每一個矛盾只要找到合適的解點，都可以把矛盾的雙方統一。這個解點在不停地變幻，它總是在與那些處在痛苦中的人玩遊戲。

轉換看問題的視角，就是不能用一種方式去看所有的問題和問題所有方面。如果那樣，你肯定會鑽進一個死胡同，離解決問題越來越遠，處在混亂的矛盾中而不能自拔。

活著是需要睿智的。如果你不夠睿智，那至少可以豁達。以樂觀、豁

達、體諒的心態看問題，就會看出事物美好的一面；以悲觀、狹隘、苛刻的心態去看問題，你會覺得世界一片灰暗。

兩個被關在同一間牢房裡的人，透過鐵欄杆看外面的世界，一個看到的是美麗神祕的星空，一個看到的是地上的垃圾和爛泥，這就是區別。

換個視角看人生，你就會從容坦然地面對生活。當痛苦向你襲來的時候，不要悲觀氣餒，要尋找痛苦的原因、戰勝痛苦的方法，勇敢地面對這多舛的人生。

換個視角看人生，你就不會為戰場失敗、商場失利、情場失意而頹廢，也不會為名利加身、讚譽四起而得意忘形。

換個視角看人生，是一種突破、一種解脫、一種超越、一種高層次的淡泊寧靜，從而獲得自由自在的樂趣。轉一個視角看待世界，世界無限寬大；換一種立場對待人事，人事無不暢通。

心靈物語

活著需要睿智，需要灑脫，如果這些你做不到，至少還可以勇敢。生活也許到處都是障礙，同時也到處都是通途，只需大膽地向前走。

● 像鬥士一樣生活

岩石長年累月地經受風侵雨蝕，裂開了一道縫。

一粒草的種子落到岩縫裡來。

岩石說：「孩子，你怎麼到這裡來了？我們太貧瘠了，養不活你啊！」

種子說：「老婆婆，別擔心，我會長得很好的。」

經過陣陣春雨的滋潤，種子從岩縫裡冒出了嫩芽。

陽光愛撫地照耀著它，春風柔和地輕拂著它，雨露更不斷地給這不平凡的幼芽以最慈愛的關懷和哺育。

小草漸漸長大了，長得很健康、很結實。

岩石高興地說：「孩子，你真不錯！你是倔強的，是值得我們驕傲的！」它用自己風化了的塵泥，把小草的根擁抱得更緊。

一個詩人走過，看見了從岩縫裡長出來的小草，不禁欣喜地吟詠道：「啊！小草的生命多麼頑強，我要千百遍地讚美它。」

小草謙遜地說：「值得讚美的不是我，而是陽光和雨露，還有緊抱著我的根的岩石媽媽。」

小草生活在岩縫，生長很艱難，可是它卻沒有抱怨命運的不公，而是依靠自己的力量頑強地生長著，小草的這種精神值得我們學習。

我們的命運是不容談判、不可改變的，也是不會妥協的，它雖具有絕對的「特定性」，但同時我們具有反抗命運的絕對自由。這有如我們發紙牌。一旦我們得到了這手牌，我們就有隨意支配它們的自由。

為了支配自己的命運，我們就要做一個精神上的強者，一個堅忍不拔、威武不屈的人。人的精神力量是無窮無盡的。世間不存在人無法克服的艱難困苦。人對於這些艱難困苦不是默默地承受，而是去克服它們，使自己變得更加堅強。

當你感到困難無法克服，頭腦中出現退卻的念頭，想走捷徑的時候，你不要憐憫自己。憐憫自己是意志薄弱的表現，它能使強者變成弱者。而做一個弱者，其命運是不能令人羨慕的。

弱者的樂趣既渺小又貧乏，他不懂得生活的真正幸福，理想對於他來說是不可思議的，也是無法達到的，因為懦弱會發展成為自私和膽小。你越覺得自己是強人，你心中藏著「努力奮進」的動力就越強大。如果讓

身上那種憐憫感情滋長的話，那麼你心中渴望進取的動力就會永遠保持沉默。

　　對於無病呻吟和灰心喪氣，對於軟弱和絕望，你要毫不妥協，毫不留情。要記住：人有時會出現體力完全耗盡的情況，靠的是精神力量在他的身上激發新的體力，使得他繼續像鬥士一樣生活。

心靈物語

　　當你感覺生活太苦，遭遇太多曲折時，你不妨想想岩縫裡不屈不撓的小草。記住，命運掌握在自己手中，你能支配自己的命運。

● 成功的門是虛掩的

　　聽說英國皇家學院公開招榜為大名鼎鼎的教授大衛選拔科研助手，年輕的書籍裝訂工法拉第（Michael Faraday）激動不已，趕忙到選拔委員會報了名。但臨近選拔考試的前一天，法拉第被意外通知，取消他的考試資格，因為他是一個普通工人。

　　法拉第氣憤地趕到選拔委員會。但委員們傲慢地嘲笑說：「沒有辦法，一個普通的裝訂工人想到皇家學院來，除非你能得到大衛教授的同意！」

　　法拉第猶豫了。如果不能見到大衛教授，自己就沒有機會參加選拔考試。但一個普通的書籍裝訂工要想拜見大名鼎鼎的皇家學院教授，他會理睬嗎？

　　法拉第顧慮重重，但為了自己的人生夢想，他還是鼓足了勇氣站到了大衛教授的大門口。教授家的門緊閉著，法拉第在教授門前徘徊了很久。

最後，教授家的大門被一顆膽怯的心敲響了。

院裡沒有聲響，當法拉第準備第二次敲門的時候，門卻「吱呀」一聲開了。一位面色紅潤、鬚髮皆白、精神矍鑠的老人正注視著法拉第，「門沒有閂，請你進來。」老人微笑著對法拉第說。

「教授家的大門整天都不閂嗎？」法拉第疑惑地問。

「幹嘛要閂上呢？」老人笑著說，「當你把別人閂在門外的時候，也就把自己閂在了屋裡。我才不當這樣的傻瓜呢。」他就是大衛教授。

他將法拉第帶到屋裡坐下，聆聽了這個年輕人的敘述和要求後，寫了一張紙條遞給法拉第：「年輕人，你帶著這張紙條去，告知委員會的那幫人說大衛老頭同意了。」

經過嚴格而激烈的選拔考試，書籍裝訂工法拉第出人意料地成了大衛教授的科研助手，走進了英國皇家學院那高貴而華美的大門。

成功之門都是虛掩的，它總是留給那些有勇氣去強大自己的人。勇敢是成功者必備的素養。只有那些自信、做事不退縮、勇敢而富有冒險精神的人，才能成就偉大的事業。

而那些做事三心二意、缺乏勇氣、毫無決斷力的人則會永無出頭之日。

心靈物語

成功之門都是虛掩的，它總留給那些有勇氣去強大自己的人。我們知道，不恐懼不等於有勇氣；勇氣使你儘管害怕，儘管痛苦，但還是繼續向前走。在這個世界上，只要你真實地付出，就會發現許多門都是虛掩的！微小的勇氣，能夠完成無限的成就。

● 比別人更努力

美國《商業週刊》的記者採訪某名企業家：「你成功的首要祕訣是什麼？」

「比別人更努力！」

「其次呢？」

「比別人更努力！」

「最後呢？」

「比別人更努力！」

由此，你也得到成功的答案了吧 —— 比別人更努力！

努力是成功的捷徑之一，而且是成功必須付出的代價。你要想成功，要想做得更好、更出色，那麼你就必須比別人付出更多、更努力，否則，成功一定不屬於你。

有些人總是很羨慕他人突然像彗星一樣閃亮，卻忽視了他人在能夠發光之前所下的工夫，所忍受的寂寞，所挨過的苦難。這些人之所以能跑得快一些，是因為他們所付出的努力比別人更多。

心靈物語

成功的人永遠比他人做得更多，當一般人放棄的時候，他們還在努力；當別人享受休閒的樂趣時，他還在努力；當別人正躺在床上呼呼大睡時，他還在努力。

一個永遠值得我們記住的哲理是：成功永遠不在於一個人知道了多少，而在於他努力了多少。

● 再堅持一下就成功

　　旱季來了，河床就要乾涸了，曾經湍急的河流已經變成了一個個小水窪，烈日下，龜裂的河床在急速擴展，遠處，卻隱隱傳來了大江的浪濤聲，魚兒從一個水窪跳到另一個水窪，奔著浪濤聲而去。

　　「還有多遠呢？」一個不大的水窪裡，一條大魚喘著粗氣，問躺著休息的一尾小魚。

　　「遠著呢！別費力了，到不了大江的。」小魚悠然地在水窪裡遊了一圈說，「做什麼大江的夢啊，現實點，就在這裡待著吧！」

　　「可用不了多久，這水窪裡的水就會乾的。」

　　「那又怎樣？長路漫漫，你又能走多遠？離大江五十步和離大江一百步有什麼區別？結局都是一樣的，要看結局，懂嗎？」

　　「即便真的到不了大江，只要我已經盡力了，也不後悔。」

　　「你已經遍體鱗傷了，老兄！」小魚自如地扭動著自己保養得很好的身體，嘲弄著在小水窪裡已經轉不開身的大魚：「像你這樣笨重的身材，不老老實實在原處待著，還往大江奔去啊？你以為自己還年輕啊？就算真的有魚能到達大江，也輪不到你！」

　　小魚戳到了大魚的痛處，牠望著小魚說：「真的很羨慕你們有如此嬌小的身材，在越來越淺的水窪裡，只有你們才能自如地呼吸，可是，再苦再難，我們大魚也得朝前奔啊，我們也得掌握自己的命運。」

　　大魚說完，一個縱身，跳入了下一個水窪，牠聽見了小魚抑制不住的笑聲。牠知道，自己的動作很笨拙，牠看見自己的魚鱗又脫落了幾片，而肚皮已滲出斑斑血跡，但牠對自己說：「此時此刻，除了向前，已別無選擇。」

水窪的面積越來越小，大魚知道，前面的路將越發艱難，牠已很難再喝到水了，偶爾滋潤乾唇的是自己的淚。沿途，牠看見大片大片的魚變成了魚乾，其中，有許多比牠靈活的小魚。

每一個水窪裡都躺著懶得再動的夥伴，牠們大口大口地喘著粗氣，對大魚說：「別跳了，省點力氣吧！沒用的。」而大魚卻分明聽見了越來越近的浪濤聲。「堅持，」牠對自己說，「唯有堅持，才有希望。」

不知跳了多久，大魚終於看見了大江的波濤，可是，牠的體力已經在長途跋涉中消耗殆盡，通向大江的路上，最後的一個水窪也乾涸了，雖然，只有一步之遙，可大魚想，牠是到不了大江的。

就在這時，牠聽見了水聲，接著，便看見一股小小的水流緩緩流來，這是行將乾涸的河床在這個夏季最後的一股水流吧？！大魚抓住了這個機會，在水流的幫助下，一鼓作氣奔向大江。

而那些留在水窪裡的魚兒，卻只是讓這股水流稍稍往前帶出了一小步而已，大江離牠們依舊遙不可及。而乾旱卻以無法阻擋的步伐占領了這片土地。

在這個世界上，只有強者才能掌握自己的命運，就像故事中的大魚一樣，以一種永不屈服的鬥志、昂揚的精神和毅力，克服了種種困難，奔入大海，擁有自由，延展生命。

心靈物語

做一個強者，首先是做一個精神上的強者，一個堅忍不拔、威武不屈的人。世間不存在人無法克服的艱難和困苦，在你面臨絕境行將沒頂時，在你氣喘吁吁甚至筋疲力盡時，你只要再堅持一下、奮力一下，困難就會被你征服了，你就堅強了許多。

● 不懈追求才能羽化成蝶

有一條毛毛蟲，牠一縮一伸，一伸一縮，終於爬上了一片樹葉，從這裡牠能觀望四周昆蟲們的活動。牠好奇地看著牠們唱歌，跳舞，奔跑，飛翔，一個比一個活潑。在牠的身邊，一切生命都痛快地表現出牠們的活力。

可就只有牠，沒有脆亮的歌喉，天生不會跑、不會飛，牠只能蠕蠕爬動，連這樣一點點往前移動都深感不易。當毛毛蟲艱難地從一片葉子爬到另一片葉子上，牠覺得自己似乎是走完了漫漫征程，周遊了整個世界。

雖然牠過得如此艱難，可牠從來不抱怨自己命運不好，也從不嫉妒那些活蹦亂跳的昆蟲們。牠知道，昆蟲各有各的不同。牠呢，只是一條毛毛蟲，當務之急是學會吐出細細亮亮的柔絲，好用這些細絲編織起一顆結結實實的繭來。

毛毛蟲沒有時間胡思亂想，牠得努力編織，在有限的時間裡把自己從頭到腳嚴密地包裹在一個溫暖的繭裡。

「那麼接著我該做什麼呢？」牠在與世隔絕的全封閉的小繭屋裡自問道。

「該做的事會一件一件來的！」牠彷彿聽到有人在回答牠，「耐著點性子吧，馬上就會知道下一步該做什麼了！」

終於，牠熬到了清醒的時候，發現自己已經不再是從前那條行動笨拙的毛毛蟲。牠靈活地從小繭屋中爬出來，擺脫了那個狹小的天地，此時，牠驚喜地看到自己已經長出了一對輕盈的翅膀，五色斑斕，鮮麗可愛。

牠快樂地扇了扇，這身子簡直像羽毛一樣輕盈。於是翩翩地從這片葉子上飛起，在那片葉子上落下，飄逸的融入了蔚藍的霧靄之中。

在現實生活中，很多人企圖不勞而獲、坐享其成，結果都為此付出了慘重的代價，或越來越貧窮或走上了邪路。天上不會掉下餡餅，想要收獲，就必須付出自己的努力。天下沒有白吃的午餐，這是一個千古不變的真理。

當我們看到美麗的蝴蝶時，不要忘記這是可愛的毛毛蟲付出了努力的結果！

心靈物語

> 我們應當為毛毛蟲豎起大拇指！那種對生活的執著，對理想的追求以及對生命的熱愛，時時在激勵著我們的心靈。正因為具有這些美德，所以最後才能變成一隻美麗的蝴蝶！

● 最難戰勝的敵人是你自己

這個世上最大的敵人就是我們自己。我們往往不是被別人打敗，而是被自己打敗。

世界著名的游泳健將弗洛倫絲·查德威克，依次從卡特琳娜島游向加利福尼亞海灣，在海水中泡了 16 小時，只剩下一海里時，她看見前面大霧茫茫，潛意識發出了「何時才能遊到彼岸」的信號，她頓時渾身困乏，失去了信心。

於是她被拉上小艇休息，失去了一次創造紀錄的機會。事後，弗洛倫絲·查德威克才知道，她已經快要登上了成功的彼岸，阻礙她成功的不是大霧，而是她內心的疑惑。是她自己在大霧擋住視線之後，對創造新的紀錄失去了信心，然後才被大霧所俘虜。

過了兩個多月，弗洛倫絲·查德威克又一次重游加利福尼亞海灣，游到最後，她不停地對自己說：「離彼岸越來越近了！」潛意識發出了「我這次一定能打破紀錄」的信號，她頓時渾身來勁，最後弗洛倫絲·查德威克終於實現了目標。

心靈物語

> 人生最大的挑戰就是挑戰自己，因為其他敵人都容易戰勝，唯獨自己是最難戰勝的。正如一位作家說得好：「自己把自己說服了，是一種理智的勝利；自己被自己感動了，是一種心靈的昇華；自己把自己征服了，是一種人生的成熟。說服了、感動了、征服了自己的人，就有力量征服一切挫折、痛苦和不幸。」

● 堅持你的信念

邁克爾是一個喜歡拉琴的年輕人，可是他剛到美國時，卻必須到街頭拉小提琴賣藝來賺錢。

非常幸運，邁克爾和一位新認識的黑人琴手一起，搶到了一個最能賺錢的好地盤，即一家商業銀行的門口。

過了一段時間，邁克爾賺到了不少錢後，就和那位黑人琴手道別，因為他想進入大學進修，也想和琴藝高超的同學相互切磋。於是，邁克爾將全部的時間和精力投入到了提高音樂素養和琴藝中……

10 年後，邁克爾有一次路過那家商業銀行，發現昔日的老友 —— 那位黑人琴手，仍在那「最賺錢的地盤」拉琴。

當那個黑人琴手看見邁克爾出現的時候，很高興地問道：「兄弟啊，

你現在在哪裡拉琴啊？」

邁克爾回答了一個很有名的音樂廳的名字，但那個黑人琴手反問道：「那家音樂廳的門前也是個好地盤，也很賺錢嗎？」

他哪裡知道，10 年後的邁克爾，已經是一位國際知名的音樂家，他經常應邀在著名的音樂廳中登臺獻藝，而不是在門口拉琴賣藝。

一個人有無成就，決定於他青年時期有無志氣。志氣的來源並不一定看他年少時是否真的有成就事業的氣質，而在於他有沒有成就大事業的志向和一顆相信自己永不退縮的心。

尼采曾把他的哲學歸為一句至理名言：成為你自己。

的確，人生的成功與人生的期望密切相關。一個對生活、對自己失去期望的人，永遠不會成功。而一個懂得改變，順勢而為，笑對挫折的人，最終才會把成功擁在懷中。

心靈物語

心是承載夢想的地方，讓心靈最先到達你想去的地方。聽從心靈的召喚，讓它帶你走近成功。這正如爬山活動中，決定你能否到達山頂的不是你的體能，而是你的信念。如果你堅信自己能夠爬到頂峰，你就可以；如果你覺得自己不行，那你就很難到達最高處。把心作為起跳的動力，你才會跳得更高。

● 每個生命都從不卑微

造物主常把高貴的靈魂賦予卑賤的肉體。

著名企業家邁克爾出身貧寒，窮困潦倒。在從商以前，他曾是一家酒

店的服務生，幹的就是替客人搬行李、擦車的活。

有一天，一輛豪華的勞斯萊斯轎車停在酒店門口，車主吩咐一聲：「把車洗了。」邁克爾那時剛剛中學畢業，還沒有見過世面，從未見過這麼漂亮的車子，不免有幾分驚喜。他邊洗邊欣賞這輛車，擦完後，忍不住拉開車門，想上去享受一番。

這時，正巧領班走了出來，「你在幹什麼？窮光蛋！」領班訓斥道：「你不知道自己的身分和地位嗎？你這種人一輩子也不配坐勞斯萊斯！」

受辱的邁克爾從此發誓：「這一輩子我不但要坐上勞斯萊斯，還要擁有自己的勞斯萊斯！」他的決心是如此強烈，以致於這成了他人生的奮鬥目標。

許多年以後，當他事業有成時，果然買了一部勞斯萊斯轎車！如果邁克爾也像領班一樣認定自己的命運，那麼，也許今天他還在替人擦車、搬行李，最多做一個領班。

霍蘭德說：「在最黑的土地上生長著最嬌豔的花朵，那些最偉岸挺拔的樹木總是在最陡峭的岩石中扎根，昂首向天。」

而高普更是一語道破天機，他說：「並非每一次不幸都是災難，早年的逆境通常是一種幸運，與困難鬥爭不僅磨練了我們的人生，也為日後更為激烈的競爭準備了豐富的經驗。」

每個人都具有特殊才能，每個人應該盡量靈活運用自己的這項特殊才能。有很多人以為自己所具有的這項才能，只是一些不登大雅之堂的「小玩意」，根本不曾想過利用這項「小玩意」來提高身價。而傑出人士正是因為勤於思考，發掘利用自己的才能，才獲得了很大的成功。

心靈物語

現實生活中，常看到這樣的人：他們因自己角色卑微而否定自己的智慧，因自己地位低下而放棄自己的夢想，有時甚至因被人歧視而消沉，因不被人賞識而苦惱。這是一個多麼大的錯誤啊！

● 苦難與天才

上帝像精明的生意人，給你一分天才，就多餘別人幾倍的苦難。

小提琴家帕格尼尼就是一位同時接受兩種饋贈又善於用苦難的琴弦把音樂演奏到極致的人。

他是一位苦難者。4 歲時一場麻疹和強直性昏厥症，險些使他白布裹屍裝入棺材。7 歲險死於猩紅熱，13 歲患上嚴重肺炎，不得不大量放血治療。

40 歲牙床突然長滿膿瘡，只好拔掉大部分的牙齒。牙病剛癒，又染上了可怕的眼疾，幼小的兒子成了手中柺杖。

50 歲後，關節炎、腸道炎、喉結核等多種疾病吞噬著他的肌體。後來聲帶也壞了，靠兒子按口型翻譯他的思想。他活到 58 歲時因肺結核口吐鮮血而亡。死後屍體也備受磨難，先後搬遷了 8 次。

但帕格尼尼似乎覺得這還不夠深重，又給生活設置了各種障礙和漩渦。他長期把自己囚禁起來，每天練琴 10～12 個小時，忘記飢餓和死亡。13 歲起，他就周遊各地，過著流浪生活。

他一生和 5 個女人發生過感情糾葛，其中有拿破崙的遺孀和兩個妹妹。姑嫂間為他展開激烈爭奪。但他不齒於上流社會生活，認定人該受苦受難。在他眼中這也不是愛情，而只是他練琴的教場和獲得唯一一個兒子

的公平交易。除了兒子和小提琴,他幾乎沒有一個家和其他親人。

他也是一位天才。3 歲學琴,12 歲就舉辦首場音樂會,並一舉成功,轟動世界。之後他的琴聲遍及法、義、奧、德、英、捷等國。他的演奏使帕爾瑪首席提琴家羅拉驚異得從病榻上跳下來,木然而立,無顏收他為徒。

他的琴聲使盧卡觀眾欣喜若狂,宣布他為共和國首席小提琴家。在義大利的巡迴演出產生神奇效果,人們到處傳說他的琴弦是用情婦的腸子製作的,魔鬼又暗授妖術,所以他的琴聲才魔力無窮。

歌德評價他「在琴弦上展現了火一樣的靈魂」。李斯特大喊:「天啊,在這四根琴弦中包含著多少苦難、痛苦和受到殘害的生靈啊!」

人們不禁問:「是苦難成就了天才,還是天才特別熱愛苦難?」幾乎所有的天才人物都曾遇到類似於帕格尼尼的磨難,雖然並不是完全相同的磨練,卻打造出相似的人生。

但米爾頓(John Milton)、貝多芬和帕格尼尼,西方文藝史上的三大怪傑,居然一個失明,一個失聰,一個成了啞巴!然而人生的苦難對於他們這樣的歷史人物,更多的是對心性的鍛造,而無法摧殘他們的意志與才華。小提琴大師帕格尼尼堅忍的一生告訴我們:任何苦難都是可以超越的。

心靈物語

真金不怕火煉,是寶石最終一定會發光。

正如華盛頓所言:「衡量一個人成功與否,不完全是以他在生活中所得到的地位為標準的,而是由他在努力通往成功的路上越過的障礙多少作為尺度的。」

● 轉移和排遣痛苦

一位鋼琴家在戰爭中被敵軍俘虜了,他被囚禁在剛好能棲身的籠子裡,一關就是 5 年。5 年過去了,他的身體已被折磨得不成人形,周圍的同伴也一個接著一個死亡。可是,他的心中仍充滿著一定要活下去的強烈欲望。

戰爭結束後,鋼琴家被遣返回國,開始他新的生活。人們驚奇地發現,他彈鋼琴的造詣和熟練程度不但沒有減退,反而比被俘虜之前還精湛。

原來在被俘虜的期間,為了克服極度的恐懼並且鼓勵自己繼續活下去,鋼琴家每天都在腦海中彈鋼琴:所有的動作都與真實的沒有兩樣,5 年下來,每一個細節他都記得一清二楚。人生總有低潮,心理不健康的人會因此而失去信念,把自己擊垮;而心理健康的人,則能夠轉移和排遣痛苦,等待光明的到來。

心靈物語

總有許多人不停地抱怨命運的不公,自己付出了辛勞的汗水,得到的卻是失敗和痛苦。究其原因,是因為他們不會調節自己的心態。如果你想獲得生活的幸福與美滿,或者事業的成功與輝煌,那麼你就要積極地面對生活。

● 89 歲高齡橫渡大西洋

如果一個人空有夢想,凡事只停留在思考階段,而不付諸行動,那麼他永遠只能一事無成。

海倫很小的時候就愛上了船，11 歲時她已經是一個划船高手，她非常迷戀駕著一葉孤舟縱橫水上的感覺。

海倫的父親拉罕姆是一個優秀的水手，他的人生夢想就是以最快的速度駕舟橫渡 1.28 萬公里的大西洋。在海倫 23 歲那年，拉罕姆決定實施偉大的橫渡計畫，但他拒絕帶著一心想與他同行的海倫上路，因為他擔心航途莫測的危險會傷害心愛的女兒。

就這樣，拉罕姆隻身登舟，不久，他就刷新金氏世界紀錄了。

海倫的心在那一片遼闊的大海上搖曳。當一個叫約翰的年輕人駕著一艘自己設計的帆船向她駛來的時候，她毅然嫁給了他。她開始寄望於自己的愛侶，希望能與他一道去享受那 1.28 萬公里的蔚藍。然而，水波不興的生活綁住兩個人的手腳，那條帆船在岸上做起了與水無關的夢……

拉罕姆走了，約翰走了，轉眼就有 11 個孩子追著海倫喊祖母了。

海倫重新走向那條閒置已久的帆船。她知道，如果再不行動，她的夢想就再也無法實現了。

西元 2000 年 8 月，一個陽光燦爛的日子，89 歲的海倫隻身離開英格蘭，開始了她夢想已久的大西洋之旅。

在那一片蔚藍中她夢見了離別已久的父親，沿著他當年的航道，追隨著他當年的足跡，她跟過來了。在死神飄忽的海上，她絲毫沒有恐懼的權利，畢竟，與那生長了差不多一輩子的夢想相比，風浪顯得太微不足道了。

海倫成功了。她以「最年邁的老人駕舟橫渡大西洋」刷新了世界紀錄，而讓她最高興的是終於圓了自己一生的夢。

海倫成功了，她在 89 歲時終於實現了她的夢想，她明白一味地等待只會一事無成，唯有從現在開始努力，抓緊時間才能實現自己的夢想。她的成功讓我們感動的同時也讓我們有所感悟，橫渡大西洋，對於一個 89

歲的老人來說，並非是一個可望而不可及的夢想，只要你能掌握當下，從現在做起。

心靈物語

> 成功不在難易，而在於「誰真正去做了」。一個人要想實現夢想，其實很簡單，只需要從現在開始著手，一點一滴地去做。

● 充滿希望地生活

在一個偏僻的山村，住著一位獨自生活的老奶奶。在她 26 歲的時候，丈夫外出做生意，卻一去不返。是死在了亂槍之下，還是病死在外，還是像有人傳說的那樣被帶去當養老女婿也不得而知。當時，她唯一的兒子只有 5 歲。

丈夫不見蹤影幾年以後，村裡人都勸她改嫁。沒有了男人，孩子又小，要守寡到什麼時候？然而，她沒有走。她說，丈夫生死不明，也許在很遠的地方做了大生意，搞不好哪一天就回來了。

她被這個念頭支撐著，帶著兒子頑強地生活著。她甚至把家裡整理得更加井井有條，她想，假如丈夫發了大財回來，不能讓他覺得家裡這麼凌亂。

就這樣過去了十幾年。在她兒子 17 歲的那一年，一支部隊從村裡經過，她的兒子跟部隊走了。兒子說，他順便去外面尋找父親。

不料兒子走後又是音信全無。有人告訴她說兒子在一次戰役中戰死了，她不信，一個大活人怎麼能說死就死呢？她甚至想，兒子不僅沒有死，還做了軍官，等打完仗，天下太平了，就會衣錦還鄉。她還想，也許兒子已經娶了老婆，生了孫子，一家三口會一起回來。

儘管兒子依然杳無音信，但這個想像給了她無窮的希望。她是一個裹小腳的女人，沒辦法下田種地，她就做繡花的小生意，勤奮地奔走四鄉，賺一點錢供自己的生活開銷。她告訴人們，她要賺些錢把房子整修，等丈夫和兒子回來住。

　　有一年她得了大病，醫生已經判了她死刑，但她最後竟奇蹟般地活了過來。她說，她不能死，她死了，兒子回來到哪裡找家呢？

　　這位老人一直在這個村裡健康地生活著，後來她活到了 100 歲，她還是做著她的繡花生意。她天天算著，她的兒子生了孫子，孫子也該生孩子了。這樣想著的時候，她那布滿皺褶的滄桑的臉，立刻會變成絢爛多彩的花朵。

心靈物語

不管生活給了我們多少挫折與變故，只要我們依舊保留著不滅的信念，充滿希望地生活，人生就總有意義，會成就美的風景。

● 做人生的強者

　　西元 1940 年 6 月 23 日，在美國一個貧困的鐵路工人家庭，一位黑人婦女生下了她一生中的第 20 個孩子，這是個女孩，取名威爾瑪‧魯道夫。眾多的孩子讓這個貧困的家庭更加捉襟見肘，連懷孕的母親也常常餓肚子，孕婦營養不良使得威爾瑪早產，這就注定了威爾瑪的先天性發育不良。

　　4 歲那年，威爾瑪不幸同時患上了雙側肺炎和猩紅熱。在那個年代，肺炎和猩紅熱都是致命的疾病。母親每天抱著小威爾瑪到處求醫，醫生們都搖頭說難治，她以為這個孩子保不住了。

　　然而，這個瘦小的孩子居然堅持了過來。威爾瑪勉強撿回來一條命，她的左腿卻因此不能活動了，因為猩紅熱引發了小兒麻痺。從此，幼小的威爾瑪不得不靠柺杖來行走。看到鄰居家的孩子追逐奔跑時，威爾瑪的心中蒙上了一團陰影，她沮喪極了。

　　在她生命中那段灰暗的日子裡，經歷了太多苦難的母親卻不斷地鼓勵她，希望她相信自己並能超越自己。雖然有一大堆孩子，母親還是把許多心血傾注在這個不幸的小女兒身上。

　　母親的鼓勵給了威爾瑪希望的陽光，威爾瑪曾經對母親說：「我的心中有個夢，不知道能不能實現。」母親問威爾瑪的夢想是什麼。威爾瑪堅定地說：「我想比鄰居家的孩子跑得還快！」母親雖然一直不斷地鼓勵她，可此時還是忍不住哭了，她知道孩子的這個夢想將永遠難以實現，除非奇蹟出現。

　　在威爾瑪 5 歲那年，母親聽說城裡有位善良的醫生免費為窮人家的孩子治病。母親便把女兒抱進手推車，推著她走了 3 天，來到城裡的那家醫院。母親滿懷希望地懇求醫生幫助自己的孩子。

　　醫生仔細地為威爾瑪做了檢查，然後進到內室。醫生出來的時候拿了一副柺杖。母親對醫生說：「我們已經有柺杖了。我希望她能靠自己的腿走路，不是借助柺杖。」

　　醫生又說：「你的孩子患的是嚴重的小兒麻痺，只有借助柺杖才能行走。」

　　堅強的母親沒有放棄希望，她從朋友那裡打聽到一種治療小兒麻痺的簡易方法，那就是泡熱水和按摩。母親每天堅持為威爾瑪按摩，並號召家裡的人一有空就為威爾瑪按摩。母親還不斷地打聽治療小兒麻痺的偏方，買來各式各樣的草藥為威爾瑪塗抹。

奇蹟終於出現了！威爾瑪 9 歲那年，她扔掉枴杖站了起來。母親一把抱住自己的孩子，淚如雨下。4 年的辛苦和期盼終於有了回報！

11 歲之前，威爾瑪還是不能正常行走，她每天穿著一雙特製的釘鞋練習走路。開始時，她在母親和兄弟姐妹的幫助下一小步一小步地行走，漸漸地能穿著釘鞋獨自行走了。

11 歲那年的夏天，威爾瑪看見幾個哥哥在院子裡打籃球，她一時看得入了迷，看得自己心裡也癢癢的，就脫下笨重的釘鞋，赤腳去和哥哥們玩籃球。一個哥哥大叫起來：「威爾瑪會走路了！」那天威爾瑪可開心了，赤腳在院子裡走個不停，彷彿要把幾年裡沒有走過的路全補回來似的。

全家人都集中在院子裡看威爾瑪赤腳走路，他們覺得威爾瑪走路比世界上其他任何節目都好看。

13 歲那年，威爾瑪決定參加中學舉辦的短跑比賽。學校的老師和同學都知道她曾經得過小兒麻痺，直到此時也沒辦法很順利的走路，便都好心地勸她放棄比賽。但威爾瑪決意要參加比賽，老師只好通知她母親，希望母親能好好勸勸她。

然而，母親卻說：「她的腿已經好了。讓她參加吧，我相信她能超越自己。」事實證明母親的話是正確的。

比賽那天，母親也到學校為威爾瑪加油。威爾瑪靠著驚人的毅力一舉奪得 100 公尺和 200 公尺短跑的冠軍，震驚了校園，老師和同學們也對她刮目相看。從此，威爾瑪愛上了短跑運動，想辦法參加一切短跑比賽，並總能獲得不錯的名次。

同學們不知道威爾瑪曾經不太靈活的腿為什麼一下子變得那麼神奇，只有母親知道女兒成功背後的艱辛。堅強而倔強的女兒為了實現比鄰居家的孩子跑得還快的夢想，每天早上堅持練習短跑，就算練到小腿發脹、酸

痛也不放棄。

在西元 1956 年的奧運會上，16 歲的威爾瑪參加了 400 公尺的短跑接力賽，並和隊友一起獲得了銅牌。西元 1960 年，威爾瑪在美國田徑錦標賽上以 22 秒 9 的成績創造了 200 公尺的世界紀錄。在當年舉行的羅馬奧運會上，威爾瑪迎來了她體育生涯中輝煌的巔峰。她參加了 100 公尺、200 公尺和 400 公尺接力比賽，每場必勝，接連獲得了 3 塊奧運金牌。

心靈物語

這個世界上沒有那麼多「不可能」，即使被宣判了「死刑」，我們也可以用意志的力量讓上天改判。真正頑強的生命總是不肯屈服於命運，而是用自己的努力來戰勝它。

● 或許那也沒什麼大不了的

如果一個人在 46 歲的時候，因意外事故被燒得不成人形，4 年後又在一次墜機事故中腰部以下全部癱瘓，他會怎麼辦？再後來，你能想像他變成百萬富翁、受人愛戴的公共演說家、洋洋得意的新郎官及成功的企業家嗎？你能想像他去泛舟、玩跳傘，還在政壇角逐一席之地嗎？

米契爾做到了這些，甚至有過之而無不及。在經歷了兩次可怕的意外事故後，他的臉因植皮而變成一塊「彩色板」，手指沒有了，雙腿那樣細小，無法行動，只能癱瘓在輪椅上。

意外事故把他身上 65% 以上的皮膚都燒壞了，為此他動了 16 次手術。手術後，他無法拿起叉子，無法撥電話，也無法一個人上廁所。

但以前曾是海軍陸戰隊員的米契爾從不認為他被打敗了，他說：「我

完全可以掌握我自己的人生之船，我可以選擇把目前的狀況看成倒退或是一個新起點。」6個月之後，他又能開飛機了！

米契爾為自己在科羅拉多州買了一幢維多利亞式的房子，另外也買了房地產、一架飛機及一家酒吧。後來他和兩個朋友合資開了一家公司，專門生產以木材為燃料的爐子，這家公司後來變成佛蒙特州第二大私人公司。

意外發生後4年，米契爾所開的飛機在起飛時又摔回跑道，把他的12塊脊椎骨壓得粉碎，腰部以下永久性癱瘓！

「我不理解為何這些事老是發生在我身上，我到底是造了什麼孽，要遭到這樣的報應？」

但米契爾仍不屈不撓，日夜努力使自己能達到最大限度的獨立自主。他被選為科羅拉多州孤峰頂鎮的鎮長，負責保護小鎮的環境，使之不因礦產的開採而遭受破壞。米契爾後來也競選國會議員，他用一句「不只是另一張小白臉」的口號，將自己難看的臉轉化成一項有利的資產。

儘管面貌駭人、行動不便，米契爾卻墜入愛河，並完成終身大事，同時拿到了公共行政碩士學位，並持續他的飛行活動、環保運動及公共演說。

米契爾說：「我癱瘓之前可以做1萬件事，現在我只能做9,000件，我可以把注意力放在我無法再做好的1,000件事上，或是把目光放在我還能做的9,000件事上。告訴大家，我的人生曾遭受過兩次重大的挫折，如果我能選擇不把挫折拿來當成放棄努力的藉口，那麼，或許你們可以用一個新的角度來看待一些一直使你們裹足不前的經歷。你可以退一步，想開一點，然後你就有機會說：『或許那也沒什麼大不了的！』」

心靈物語

人要不斷地征服困難，才使得生命充滿樂趣，而永不服輸的信念是一種自我的肯定。強者不懼怕困難，更不會被困難壓倒，即使暫時戰勝不了，也不氣餒，積蓄力量，等待時機，困難就永遠不能成為他前進路上的終結者。

● 用樂觀的情緒自救

一個會控制自己情緒的人即使面對困境，依然會獲得幸福。

西元 1939 年，德國軍隊占領了波蘭首都華沙，此時，卡亞和他的女友迪娜正在籌辦婚禮。卡亞做夢都沒想到，他和其他猶太人一樣，在光天化日之下被納粹推上卡車運走，關進了集中營。卡亞陷入了極度的恐懼和悲傷之中，在不斷的摧殘和折磨中，他的情緒極其不穩定，精神遭受著痛苦的煎熬。

一起被關押的一位猶太老人對他說：「孩子，你只有活下去，才能與你的未婚妻團聚。記住，要活下去。」卡亞冷靜下來，他下定決心，無論日子多麼艱難，一定要保持積極的精神和情緒。

所有被關在集中營的猶太人，每天的食物只有一塊麵包和一碗湯。許多人在飢餓和嚴酷刑罰的雙重折磨下精神失常，有的甚至被折磨致死。卡亞努力控制和調適著自己的情緒，把恐懼、憤怒、悲觀、屈辱等拋之腦後，雖然他的身體骨瘦如柴，但精神狀態卻很好。

5 年後，集中營裡的人數由原來的 4,000 人減少到不足 400 人。納粹將剩餘的猶太人用腳鐐鐵鍊連成一長串，在冰天雪地的隆冬季節，將他們趕往另一個集中營。許多人忍受不了長期的苦役和飢餓，最後死於茫茫雪原之上。

在這人間煉獄中，卡亞奇蹟般地活下來。他不斷地鼓舞自己，靠著堅韌的意志力，維持著衰弱的生命。

西元 1945 年，盟軍攻克了集中營，解救了這些飽經苦難、劫後餘生的猶太人。卡亞活著離開了集中營，而那位給他忠告的老人，卻沒有熬到這一天。

若干年後，卡亞把他在集中營的經歷寫成一本書。他在前言中寫道：「如果沒有那位老人的忠告，如果放任恐懼、悲傷、絕望的情緒在我的心間瀰漫，很難想像我還能活著出來。」

是卡亞自己救了自己，是他用積極樂觀的情緒救了自己。與卡亞不同的是，總有許多人不停地抱怨命運的不公，自己付出了辛勞的汗水，得到的卻是失敗和痛苦。究其原因，是因為他們不會調節自己的情緒。

過度的情緒化除了帶給人不快樂的情緒，更多的則是與成功無緣。情緒化會讓你周圍的人認為你喜怒無常，不敢委以重任或信賴你，因為你顯得不夠成熟。情緒化還會讓你喪失判斷力，衝動之下說出錯話，做出錯誤的決定。

總之，如果你想獲得生活的幸福與美滿，或者事業的成功與輝煌，那麼你就要避免情緒化。

心靈物語

面對逆境，不同的人有著不同的觀點和態度。就悲觀者而言，逆境是生存的煉獄，是絕望的深淵；就樂觀的人而言，逆境是人生的良師，是前進的階梯。逆境如霜雪，它既可以凋葉摧草，也可使菊香梅豔；逆境似激流，它既可以溺人殞命，也能夠濟舟遠航。逆境具有二重性，就看人怎樣正確地去認知和掌握。

● 在逆境中開拓人生

西元 1944 年 4 月 7 日，施羅德出生在下薩克森州的一個貧民家庭，他出生後第三天，父親就戰死在羅馬尼亞。母親當清潔工，帶著他們姐弟二人，一家三口相依為命。

生活的艱難使母親欠下許多債。一天，債主逼上門來，母親抱頭痛哭。年幼的施羅德拍著母親的肩膀安慰她說：「別傷心，媽媽，總有一天我會開著賓士車來接你的！」40 年後，終於等到了這一天。施羅德擔任了下薩克森州總理，開著賓士車把母親接到一家大飯店，為老人家慶祝 80 歲生日。

西元 1950 年，施羅德去上學，因交不起學費，國中畢業他就到一家零售店當了學徒。貧窮帶來的被輕視和瞧不起，使他立志要改變自己的人生：「我一定要從這裡走出去。」他想學習，他在尋找機會

西元 1962 年，他辭去了店員之職，到一所夜校學習。他一邊學習，一邊到建築工地當清潔工。不僅收入有所增加，而且圓了他的上學夢。

4 年夜校結業後，西元 1966 年他進入了哥廷根大學夜間部學習法律，圓了上大學的夢。

畢業之後，他當了律師。32 歲時，他當上了漢諾威霍爾律師事務所的合夥人。回顧自己的經歷，他說，每個人都要透過自己的勤奮努力，而不是透過父母的金錢來使自己接受教育。這對個人的成長至關重要。

透過對法律的研究，他對政治產生了興趣。他積極參加政黨的集會，最終加入了社會民主黨。此後，他逐漸嶄露頭角、步步提升。西元 1969 年，他擔任哥廷根地區的主席；1971 年得到政界的肯定，1980 年當選議員。

西元 1990 年他當選為下薩克森州總理，並於 1994 年、1998 年兩次連任。政壇得志，沒有使他放棄做聯邦政治家的雄心。

西元 1998 年 10 月，他走進聯邦德國總理府。

在漫長的人生之旅中，儘管人們期盼能一帆風順，但在現實生活中，人卻常常不期然地遭遇逆境。

逆境是理想的幻滅，事業的挫敗；是人生的暗夜，征程的低谷。就像寒潮往往伴隨著大風一樣，逆境往往是透過名譽與地位的下降、金錢與物資的損失、身體與家庭的變故而表現出來的。逆境是人們的願望與現實的嚴重背離，是人們的過去與現在的巨大反差。

每個人都會遇到逆境，以為逆境是人生不可承受的打擊的人，必不能挺過這一關，可能會因此而頹廢下去；而以為逆境只不過是人生其中一個小挫折的人，就會想盡一切辦法去找到一條可邁過去的路。這種人，多邁過幾個小挫折，就會不怕大挫折，就能成大事。

心靈物語

古往今來，凡立大志、成大功者，往往都飽經磨難，備嘗艱辛。逆境成就了「天將降大任者」。如果我們不想在逆境中沉淪，那麼我們便應直面逆境，奮起抗爭，只要我們能以堅忍不拔的意志奮鬥，就一定能衝出逆境。

第八章　感謝折磨你的人

　　法國作家羅曼‧羅蘭說:「從遠處看,人生的不幸折磨還很有詩意呢!一個人最怕庸庸碌碌地度過一生。」

　　在我們的一生中,肯定會有些人出於種種目的而折磨我們。我們要學會用感謝的心情看折磨我們的人,因為他強化了我們的毅力,讓我們有堅強的意志,奮勇向前;因為他豐富了我們的世界,讓我們活出人生的精彩。

● 生命的光華在磨礪中釋放

據生物學家說，在鳥類中，壽命最長的是老鷹，牠的壽命可達 70 年。但是如果想活那麼長的壽命，就必須在牠 40 歲的時候做出困難且重要的抉擇。

當老鷹活到 40 歲時，牠的爪子開始老化，不能夠牢牢地抓住獵物，並且牠的喙會變得又長又彎，幾乎能夠碰到胸膛；同時，牠的翅膀也會變得十分沉重，使牠在飛翔的時候感到吃力。

在這個階段，只有兩種選擇：等待死亡，或經歷在牠一生之中十分痛苦的過程來蛻變和更新，這樣才能夠繼續活下去。

這是一個漫長的過程，牠需要 150 天的漫長錘鍊，而且必須很努力地飛到山頂，在懸崖的頂端築巢，停留在那裡不能飛翔。

首先，牠要做的就是用牠的喙不斷擊打岩石，直到舊喙完全脫落，然後經過一個較漫長的過程，靜靜地等候新的喙長出來，之後，還要經歷更為痛苦的過程 —— 用新長出的喙把舊趾甲一根一根地拔出來，當新的趾甲長出來後，再把舊的羽毛一根一根地拔掉，等 150 天後長出新羽毛，這時候，老鷹才能重新飛翔，從此得以再過 30 年的歲月。

同鷹一般，璞玉只有經過粗糙環境的雕琢，才能閃爍高貴的光芒；河蚌只有歷經沙礫的頑固折磨，才孕育出華美的珍珠。人的生命亦是如此。怯於磨礪，生命將永遠平庸而無奇。

心靈物語

汙泥中常盛開最美麗、最純淨的花，人只有經過命運的雕琢與磨礪才能夠放射出耀眼的光芒。在人生的岔道口面前，若你選擇了一條平坦的大道，你可能會有一個舒適而享樂的青春，但你會失去一個很好的

歷練機會；若你選擇了坎坷的小路，你的青春也許會充滿痛苦，但人生的真諦也許就此被你找到。

● 破繭化蝶的「痛楚」

蝴蝶的幼蟲是在一個洞口極其狹小的繭中度過的。當牠的生命發生巨大變化時，這狹小通道對牠來講無疑成了鬼門關，那嬌嫩的身軀必須竭盡全力才可以破繭而出。許多幼蟲在往外衝殺的時候力竭身亡，不幸成了飛翔的悲壯祭品。

有人懷了悲憫惻隱之心，企圖將那幼蟲的生命通道修得寬闊一些，他們用剪刀把繭的洞口剪大。但這樣一來，所有受到幫助而見到天日的蝴蝶都不是真正的精靈 —— 牠們無論如何也飛不起來，只能拖著喪失了飛翔功能的雙翅在地上笨拙地爬行。

原來，那「鬼門關」般的狹小繭洞恰恰是幫助蝴蝶幼蟲兩翼成長的關鍵所在，穿越的時候，透過用力擠壓，血液才能被順利輸送到蝶翼的組織中去；唯有兩翼充血，蝴蝶才能振翅飛翔。人將繭洞剪大，蝴蝶的翼翅就沒有了充血的機會，爬出來的蝴蝶便永遠不能飛翔。

成長的過程恰似蝴蝶的破繭過程，在痛苦的掙扎中，意志得到磨練，力量得到加強，心智得到提高，生命在痛苦中得到昇華。

當你從痛苦中走出來時，就會發現，你已經擁有了飛翔的力量。人生如果沒有挫折，也許就會像那些受到「幫助」的蝴蝶一樣，萎縮了雙翼，平庸一生。

生命是一次次蛻變的過程。唯有經歷各式各樣的折磨，才能拓展生命的深度。透過一次又一次與各種折磨交手，歷經反反覆覆的較量，人生的閱歷才會在這個過程中日積月累、不斷豐富起來。

● 改變生命的視角

西元 1941 年，美國洛杉磯。

深夜，在一間寬敞的攝影棚內，一群人正在忙著拍攝一部電影。

「停！」剛開拍幾分鐘，年輕的導演就大喊起來，一邊做動作一邊對著攝影師大聲說：「我要的是一個大仰角，大仰角，明白嗎？」

又是大仰角！這個鏡頭已經反覆拍攝了十幾次，演員、錄音師……所有的工作人員都已累得筋疲力盡。可是這位年輕的導演總是不滿意，一次次地大聲喊：「停！」一遍遍地向攝影師大叫「大仰角」！

此時，扛著攝影機趴在地板上的攝影師再也無法忍受這個初出茅廬的年輕人，就站起來大聲吼道：「我趴得已經夠低了，你難道不明白嗎！」

周圍的工作人員都停下了手中的工作，有些幸災樂禍地看著他們。年輕的導演鎮定地盯著攝影師，一句話也沒有說，突然，他轉身走到道具旁，撿起一把斧子，向著攝影師快步走了過去。

人們不知道這位年輕的導演會做出怎樣的蠢事。就在人們目瞪口呆的注視下，在周圍人的驚呼聲中，只見年輕的導演掄起斧子，向著攝影師剛才趴過的木製地板猛烈地砍去，1 下、2 下、3 下……把地板砸出一個窟窿。

導演讓攝影師站到洞中，平靜地對他說：「這就是我要的角度。」就這樣，攝影師蹲在地板洞中，壓低鏡頭，拍出了一個前所未有的大仰角，

一個從未有人拍出的鏡頭。

這位年輕的導演名叫奧森‧威爾斯（Orson Welles）。這部電影是《公民凱恩》。電影因大仰拍、大景深、陰影逆光等攝影創新技術及新穎的敘事方式，被譽為美國有史以來最偉大的電影之一，至今仍是美國電影學院必備的教學影片。

心靈物語

按照自己的視角看生活，才能看到最真實的美麗；按照自己的視角演繹生活，才能得到最豐碩的成果。

● 沒有「不可能」

想一想，別人提到一件新奇的事時，你是否有過這樣的反應：「不可能！」很多人都有這樣的經歷。人在生活中打磨得太久，思維變得僵化，目光變得渾濁，則只會亦步亦趨，平庸一世。

在自然界中，有一種十分有趣的動物，叫做大黃蜂。曾經有許多生物學家、物理學家、社會行為學家聯合起來研究這種生物。

根據生物學的觀點，所有會飛的動物，必然是體態輕盈、翅膀十分寬大的，而大黃蜂這種生物，卻正好跟這個理論反其道而行。大黃蜂的身軀十分笨重，而翅膀卻是出奇的短小。

依照生物學的理論來說，大黃蜂是絕對飛不起來的。而物理學家的論點是：大黃蜂的身體與翅膀比例的這種設計，從流體力學的觀點，也是絕對不可能飛行的。簡單地說，大黃蜂這種生物，根本是不可能飛得起來的。

可是，在大自然中，只要是正常的大黃蜂，卻沒有一隻是不能飛的，牠飛行的速度甚至也並不比其他能飛的動物差。這種現象，彷彿是大自然正在和科學家們開一個很大的玩笑。

最後，社會行為學家找到了這個問題的解答。答案很簡單，那就是 —— 大黃蜂根本不懂「生物學」與「流體力學」。每一隻大黃蜂在成熟之後，就很清楚地知道，牠一定要飛起來去覓食，否則就會活活餓死！這正是大黃蜂能飛的奧祕。

如果你的思維凝滯了，不妨去看看大自然，人在偉大的事物面前才能體會到人生的深邃和世界的神奇。在這個世界上，一切皆有可能，只要你始終堅信這樣的信念，你就能創造奇蹟！

心靈物語

沒有什麼不可能，這是大自然給我們的啟示。堅信這一點，你就能創造奇蹟。

● 黑暗和光明只在一線間

莎士比亞在他的名著《哈姆雷特》中有這樣一句經典臺詞：「光明和黑暗只在一線間。」一個人雖身處黑暗之中，但心靈千萬不要因黑暗而熄滅，而是要充滿希望，因為黑暗，只是光明來臨的前兆而已。

一個年輕書生，自幼勤奮好學。無奈貧瘠的小村裡沒有一個好老師。書生的父母決定變賣家產，讓孩子外出求學。

這天，天色已晚，書生飢腸轆轆準備翻過山那頭找戶人家借住一宿。走著走著，樹林裡忽然竄出一個攔路搶劫的山匪。書生立即拚命往前逃

跑，無奈體力不支再加上山匪的窮追不捨，眼看著書生就要被追上了。

走投無路時，書生一急鑽進了一個山洞裡。山匪見狀，哪肯罷手，他也追進山洞裡。洞裡一片漆黑，在洞的深處，書生終究未能逃過山匪的追逐，他被山匪逮住了。一頓毒打自然不能免掉，身上的所有錢財及衣物，甚至包括一把準備為夜間照明用的火把，都被山匪一攫而去。山匪給他留下的只有一條薄命。

後來，書生和山匪兩個人各自尋找洞的出口，這山洞極深極黑，且洞中有洞，縱橫交錯。

山匪將搶來的火把點燃，他能輕而易舉地看清腳下的石塊，能看清周圍的石壁，因而他不會撞牆，不會被石塊絆倒，但是，他走來走去，就是走不出這個洞，最終，惡人有惡報，他迷失在山洞之中，力竭而死。

書生失去了火把，沒有了照明工具，他在黑暗中摸索行走得十分艱辛，他不時撞到，不時被石塊絆倒，跌得鼻青臉腫，但是，正因為他置身於一片黑暗之中，所以他的眼睛能夠敏銳地感受到洞裡透進來的一點點微光，他迎著這縷微光摸索爬行，最終逃離了山洞。

如果沒有黑暗，怎麼可能發現光明呢？

心靈物語

黑暗並不可怕，它只是光明到來之前的預兆。充滿光明的渴望，才是最良好的心態。如果你害怕黑暗，因黑暗而絕望，那麼你將被無邊的黑暗所淹沒。相反，若你一直在心中放一盞長明燈，光明很快就會降臨。

● 一次突破自我的機會

禪宗典籍《五燈會元》上曾記載這樣一則故事：德山禪師在尚未得道之前曾跟著龍潭大師學習，日復一日地誦經苦讀讓德山有些忍耐不住。一天，他跑來問師父：「我就是師父翼下正在孵化的一隻小雞，真希望師父能從外面儘快地啄破蛋殼，讓我早日破殼而出啊！」

龍潭笑著說：「被別人剝開蛋殼而出的小雞，沒有一個能活下來的。母雞的羽翼只能提供讓小雞成長和有破殼力的環境，你突破不了自我，最後只能胎死腹中。不要指望師父能給你什麼幫助。」

德山聽後，滿臉迷惑，還想開口說些什麼，龍潭說：「天不早了，你也該回去休息了。」德山撩開門簾走出去時，看到外面非常黑，就說：「師父，天太黑了。」龍潭便給了他一支點燃的蠟燭，他剛接過來，龍潭就把蠟燭熄滅，並對德山說：「如果你心頭一片黑暗，那麼，什麼樣的蠟燭都無法將其照亮啊！即使我不把蠟燭吹滅，說不定哪陣風也要將其吹滅啊！只有點亮心燈一盞，天地自然成了一片光明。」

德山聽後，如醍醐灌頂，後來果然青出於藍，成了一代大師。

心靈物語

在面臨生活中這樣那樣的不如意時，不妨將這些不如意當作一次突破自我的機會，勇敢超越自我的極限，生命就會更上一層樓。

● 生命不會貶值

在一次討論會上，一位著名的演說家沒講一句開場白，手裡卻高舉著一張 50 美元的鈔票。

面對會議室裡的 200 個人，他問：「誰要這 50 美元？」一隻手舉了起來。

他接著說：「我打算把這 50 美元送給你們中的一位，但在這之前，請准許我做一件事。」他說著將鈔票揉成一團，然後問：「誰還要。」仍有人舉起手來。

他又說：「那麼，假如我這樣做又會怎麼樣呢？」他把鈔票扔到地上，又踏上一隻腳，並且用腳碾它。然後他拾起鈔票，鈔票已變得又髒又皺。

「現在誰還要？」還是有人舉起手來。

「朋友們，你們已經上了一堂很有意義的課。無論我如何對待那張鈔票，你們還是想要它，因為它並沒貶值。它依舊值 50 美元。」

心靈物語

生命的價值不依賴我們的所作所為，也不仰仗我們結交的人物，而是取決於我們本身！我們是獨特的，在上帝眼中，生命永遠不會貶值。

● 笑對苦難

蔡耀星，花蓮泰雅族人，因家境貧窮，國小畢業即當了學徒。16 歲時，他在工作中誤觸高壓電，傷勢非常嚴重，好幾家醫院都拒收，醫生都搖頭說「沒救了」。

後來他輾轉進入了一家醫院，才從死神手中搶回一條命，但是他雙手全被截去，往後一輩子注定都是「無臂殘障者」。

由四肢健全，一下子變成「無臂人」，真是晴天霹靂啊！然而禍不單

行，父親車禍過世，母親改嫁，妹妹也遠嫁，他一人獨居多年，但「人還是要活下去啊」！

　　沒有手，怎麼吃飯？蔡耀星看狗如何吃，就學狗一樣「直接用嘴吃飯！」

　　沒有手，怎麼穿衣服？他學會用嘴巴、用腳趾頭，慢慢將衣服套上！

　　穿褲子呢？他利用樹木分叉出的枝椏來鉤住褲子，以方便他順勢起身，將褲子套上……

　　所以，在他家中，姐姐、姐夫為他釘了好多釘子及其他「暗器」，來協助他完成每一件事情。

　　別人都是「雙手萬能」，可他卻是「雙腳萬能」，凡是洗頭、洗臉、刷牙、寫字、拿書、拿電話、梳頭、擦屁股……全都靠雙腳來完成！連洗米、煮飯、切菜、切肉，也都用雙腳來操作，一「腳」的好功夫，真是已經「神乎其技」了。

　　而今天的成就，卻是他10年來的辛酸血與淚啊！

　　「我相信『意念的力量』，我要堅定目標！雖然以前我靠養雞鴨、撿蝸牛為生，但我還是天天訓練體力，在水中游、在路上走、在沙灘上跑，我不管別人怎麼看我，但我要為自己而活！希望有一天，我還能參加身障奧運會，這是我最大的夢想！」蔡耀星看著來訪的記者，眼中也閃耀著期盼與夢想！

　　而這番豪言壯語，蔡耀星並不是隨便說說而已，因為，無師自通的他，早在前些年參加臺灣區運動會，成為蛙式50公尺、100公尺，仰式50公尺的金牌得主；幾年後又獲得蛙式、仰式等多項金牌，被好多人敬稱為「無臂蛙王」。

　　取得各種成就的蔡耀星一直有著接受教育的夢想。後來，在花蓮縣教

育局陳素嬰老師的協助下，蔡耀星進入花崗國中就讀夜間部。每天，他都堅持上學，風雨無阻，用腳打電腦，用腳捧書，用腳寫考卷，也用腳挺住自己多舛的人生。

而在多場的學校演講中，蔡耀星告訴年輕學子們「人生充滿希望，去做就對了！」「每天愁眉苦臉也是一天，還不如快快樂樂地過每一天！」

蔡耀星的命運是悲慘的，但他卻將生命中一副極差的牌，打得令人刮目相看！這樣「用腳改寫人生，游出生命金牌」的無臂蛙王，豈不教人又敬又佩？

「不要看失去什麼，只看還擁有什麼！」蔡耀星的這句話，值得我們每一個肢體健全的人去深思。

心靈物語

每一個人都無法避免苦難的降臨。懦弱者、愚者面對苦難，垂頭喪氣，甚至喪失了生活的勇氣；勇敢者、智者面對苦難，能夠坦然接受，然後想方設法化解苦難，把它看作是對人生的一次挑戰，去演繹精彩的人生。

● 有勇氣就能成功

有一個年輕人，因為家貧沒有讀多少書，他去了城裡，想找一份工作。因為他沒有文憑，城裡沒有一個人看得起他。就在他決定要離開那座城市時，忽然想給當時很有名的銀行家羅斯寫一封信。

他在信裡抱怨了命運對他是如何的不公：「如果您能借一點錢給我，我會先去上學，然後再找一份好工作。」

信寄出去了，他便一直在旅館裡等，幾天過去了，他用盡了身上的最後一分錢，也將行李打好了包。就在這時，房東說有他一封信，是銀行家羅斯寫來的。可是，羅斯並沒有對他的遭遇表示同情，而是在信裡講了一個故事。

羅斯說：「在浩瀚的海洋裡生活著很多魚，那些魚都有魚鰾，但是唯獨鯊魚沒有魚鰾。沒有魚鰾的鯊魚照理來說是不可能活下去的。因為牠行動極為不便，很容易沉入水底，在海洋裡只要一停下來就有可能喪生。為了生存，鯊魚只能不停地運動，很多年後，鯊魚擁有了強健的體魄，成了同類中最凶猛的魚。」

最後，羅斯說：「這個城市就是一個浩瀚的海洋，擁有文憑的人很多，但成功的人很少。你現在就是一條沒有魚鰾的魚……」

那晚，他躺在床上久久不能入睡，一直在想著羅斯的信。突然，他改變了決定。

第2天，他跟旅館的老闆說，只要給一碗飯吃，他可以留下來當服務員，一分錢都不要。旅館老闆不相信世上有這麼便宜的勞動力，很高興地留下了他。10年後，他擁有了令全美國人羨慕的財富，並且娶了銀行家羅斯的女兒，他就是石油大王哈特。

心靈物語

> 人生，不論到了哪一步境地，只要你還有勇氣向成功挑戰，你就還沒有失敗，你就仍有成功的希望！

● 苦難是成長的殿堂

從前古希臘國王有一個兒子，這孩子卻愛上了一個牧羊女。他對他的父親說：「父王，我愛上了一個牧羊人的女兒，我要娶她為妻。」

國王說：「我貴為國王，而你是我的兒子，我去世以後你便是一國之君了，你怎麼可以娶一個牧羊女呢？」

王子回答說：「父王，我不知道可不可以，我只知道我愛這個女子，我要她做我的皇后。」

國王感覺到：他兒子的愛情是神的安排，於是他說道：「我將傳諭給她。」他召來了使者告訴他說：「你去對牧羊女說，我的兒子愛上了她並且要娶她為妻。」

那使者到女子那裡對她說道：「國王的兒子愛上了妳，並且要妳為妻呢。」牧羊女卻問道：「他做什麼工啊？」使者回答說：「哎呀！他是國王之子，他不做工。」那女子說：「他一定要學一個技術。」

那使者回到國王那裡，把牧羊女的話一字一句地報告給他。

國王對王子說：「那牧羊女要你學一點手藝呢！你是否仍要娶她為妻？」王子堅決地說：「是的，我要學習編織草席。」於是王子就學習編織草席 —— 各式各樣、各種顏色和裝飾圖案的席子。

過了 3 年，他已經能編織很好的草席了。使者又回到牧羊女那裡去對她說，這些草席都是王子自己編織的。

牧羊女跟著使者來到王宮，嫁給王子為妻。

有一天，王子走過一家餐廳。這店看上去非常清靜雅致，於是他便走進去，選了一張桌子坐下，那原來是一個竊賊和殺人犯開的黑店。他們抓了王子，把他丟在地牢裡。城裡很多達官貴人都被囚在那裡。

這些殺人劫貨的綁匪,把俘虜來的胖子宰了用來餵養瘦子,以此尋開心。王子最為瘦弱,強盜們也不知道他是希臘國王的太子,所以沒有殺他。王子對強盜們說:「我是編草席的,我所織的席子非常寶貴!」他們便拿了些草讓他編織。

他三天編了 3 張席子,他對那些強盜說:「把這幾張席子拿到希臘王的宮廷裡去,每張席子你們會得到 100 塊金子。」他們便把那 3 張席子送進王宮,國王一看就知道那是他兒子的作品。他把草席帶到牧羊女那裡,說道:「有人把這幾張席子送進宮來,這是我失蹤了的兒子的手藝。」

牧羊女把這些席子逐一拿起仔細端詳。她在這些席子的圖案裡看到她丈夫用希臘文編下的求救訊息,她把這個訊息告訴了國王。

於是國王派了很多士兵到賊窩去,救出了所有的俘虜,並殺掉了所有的強盜。王子因此得以平安地回到王宮裡,並回到他妻子 —— 那個牧羊女的身旁。王子回到宮中和妻子重逢時,他俯伏在她跟前,抱著她的雙足。他說:「我的妻子啊!完全是因為妳,我才能夠活著!」國王因此也更疼愛牧羊女了。

心靈物語

造就偉人的不是順境,而是困境。在生活的任一驛站,要想取得成就,就必須面對和征服重重苦難。

● 用歌聲燃起希望

西元 1920 年 10 月,一個漆黑的夜晚,在英國斯特蘭臘爾西岸的布里斯托爾灣的洋面上,發生了一起船隻相撞事件。一艘名叫「洛瓦號」的小

汽船跟一艘比它大十多倍的航班船相撞後沉沒了，104 名搭乘者中有 11 名
乘務員和 14 名旅客下落不明。

　　艾利森國際保險公司的督察官弗朗哥‧馬金納從下沉的船身中被拋了
出來，他在黑色的波浪中掙扎著。救生船這會兒為什麼還不來？他覺得自
己已經奄奄一息了。漸漸地，附近的呼救聲、哭喊聲低了下來，似乎所有
的生命都被浪頭吞沒，死一般的沉寂在周圍擴散開去。

　　就在這令人毛骨悚然的寂靜中，突然，傳來了一陣優美的歌聲。那是
一個女人的聲音，歌曲絲毫也沒有走調，而且也不帶一點哆嗦。那歌唱者
簡直像在面對著客廳裡眾多的來賓進行表演一樣。

　　馬金納靜下心來傾聽著，一會兒就聽得入了神。教堂裡的讚美詩從沒
有這麼高雅，大聲樂家的獨唱也從沒有這般優美。寒冷、疲勞剎那間不知
飛向了何處，他的心完全復甦了。他循著歌聲，朝那個方向游去。

　　靠近一看，那裡浮著一根很大的圓木頭，可能是汽船下沉的時候漂出
來的。幾個女人正抱住它，唱歌的人就在其中，她是個很年輕的女孩。大
浪劈頭蓋臉地打下來，她卻仍然鎮定自若地唱著。

　　在等待救生船到來的時候，為了讓其他婦女不喪失力氣，為了使她們
不因寒冷和失神而放開那根圓木頭，她用自己的歌聲給她們增添著精神和
力量。

　　就像馬金納借助女孩的歌聲游靠過去一樣，一艘小艇也以那優美的歌
聲為導航，終於穿過黑暗駛了過來。於是，很多人得救了。

心靈物語

> 當你被黑暗或危險吞沒時，不要絕望，給自己一個快樂的藉口，用歌
> 聲驅逐恐懼，用歌聲重新燃起希望，一定會帶來意想不到的結果。

● 感謝折磨你的人

　　有位老人經不住海上的風吹浪顛，就守候著海灘，窩在泥鋪子裡熬鷹。等鷹熬足了月，他就能賺錢。他住在海邊一座新搭的泥鋪子裡。泥鋪的葦席頂上，立著一黑一灰兩隻雛鷹。

　　疲憊無奈的日子孕育著老人的希望。黑鷹和灰鷹在屋頂待膩了，就鑽進泥鋪裡。老人左手托黑鷹，右手托灰鷹，說不清到底最喜歡哪一個。

　　熬鷹的時候，老人很狠毒，對兩隻鷹沒有一點感情。他想將牠們熬成魚鷹。他用兩根布條分別把兩隻鷹的脖子紮起來，餓得鷹嗷嗷叫了，他就端出一隻盛滿鮮魚的盤子。鷹們撲過去，吞了魚，喉嚨處便鼓出一個疙瘩。鷹叼了魚吞不進肚裡又捨不得吐出來，憋得咕咕慘叫。

　　老人臉上毫無表情。他先用一隻手抓了鷹的脖子拎起來，另一隻大手捏緊鷹的雙腿，頭朝下，一抖，再把抓了鷹脖子的那隻手空出來，狠拍鷹的後背。鷹不捨地吐出魚來。

　　海邊天氣說變就變，風大到了誰也想不到的地步，老人住的泥鋪被風吹塌了，等老人明白過來時已被重重地壓在廢墟裡。黑鷹和灰鷹抖落一身的厚土，鑽出來，嘎嘎叫著。黑鷹如得到了大赦似的鑽進夜空裡去了。灰鷹沒去追黑鷹，圍著廢墟轉圈，悲哀地叫著。

　　老人被壓在廢墟裡，喉嚨裡塞滿了泥團子，喊不出話來，只能拱著身體。聰明的灰鷹瞧見老人的動靜了，便俯衝下來，立在破席片上，忽閃著雙翅，刮動著浮土。不久後，老人便看到銅錢大的光亮。他憑灰鷹翅膀刮出來的小洞呼吸活了下來。後來又是灰鷹引來村人救出了老人。老人看著灰鷹，淚流滿面。

　　大半天後，黑鷹飛回來了。老人重搭泥鋪，繼續熬鷹。看見灰鷹餓得咕咕叫的樣子，老人開始心疼了。他開始對灰鷹手下留情，關鍵時解開灰

鷹脖子上的紅布帶子，小魚就滑進灰鷹肚裡去了。

對於黑鷹，老人依然用原來的熬法，關鍵時刻卻比先前還狠。一次，他繫在黑鷹脖子上的繩子鬆了，小龜緩緩在黑鷹脖子裡下滑，他發現了，便狠狠拽起黑鷹，一隻手順著黑鷹脖子往下擼，一直擼出魚才停手，黑鷹慘叫著。灰鷹瞅著，嚇得不住地顫抖。

半年後鷹熬成了。老人很神氣地划著一條舊船出發了。到了海汊，灰鷹孤傲地跳到最高的船木上，黑鷹有些惱，也跟著跳上去，卻被灰鷹擠下去。不僅如此，灰鷹還用鳥喙啄黑鷹的腦袋。黑鷹反抗卻被老人打了一頓。

可是，到了真正抓魚的時候，灰鷹就不敢了。而黑鷹很厲害，不斷抓到魚。黑鷹眼尖，按照主人的呼哨聲扎進水裡，又叼上魚來，老人笑得合不攏嘴。

可灰鷹半晌也抓不上魚，只是圍著老人抓撓。老人很煩地罵了一句，揮手將牠掃到一邊去了。灰鷹氣得咕咕叫，很羞愧。老人開始並不輕視灰鷹，但慢慢地就對灰鷹態度冷淡了。灰鷹抓不上魚，生存靠黑鷹，於是黑鷹在主人面前占據了灰鷹的地位。

後來，灰鷹受不了了，在老人臉色難看時飛離了泥鋪子。老人不明白灰鷹為何出走。從黃昏到黑夜，他都帶著黑鷹找灰鷹，招魂的口哨聲在野窪裡起起伏伏，可是仍沒找到灰鷹。老人胸膛裡像塞了塊東西般堵得慌，他知道灰鷹不會打野食。

不久，老人在村裡一片蘆葦叢裡找到了灰鷹。灰鷹死了，是餓死的，身上的羽毛幾乎禿光了，肚裡被黑黑的螞蟻盜空了。老人的手抖地撫摸著灰鷹的骨架，默默地落下了老淚。他一直認為自己對黑鷹的要求苛刻，卻沒想到自己的不忍卻害了灰鷹。

心靈物語

把命運的折磨當作人生的考驗，忍受今天的苦楚寄希望於明天的甘甜，這樣的人，即便是上帝對他也無能為力。感謝折磨你的人吧，正是他的嚴苛要求才促成了你的成長。

● 麻煩是朋友

一位成功人士曾向朋友講述了他的經歷。

我 20 歲那年，任職的公司突然倒閉，我失業了。經理對我說：「你很幸運。」

「幸運！」我叫道：「我浪費了兩年的光陰，還有 1,600 元的欠薪沒有拿到。」

「是的，你很幸運。」他繼續說，「凡在早年受挫的人都是很幸運的，可以學到鼓起勇氣從頭做起，學到不憂不懼。運氣一直很好，到了四五十歲忽然災禍臨頭的人才真可憐，這樣的人沒有學過如何重新做起，這時候來學年紀又太大了。」

我 35 歲時，一位商業顧問對我說：「不要因為事情麻煩而抱怨；你的收入多就是因為工作麻煩。一般人不需要負什麼責任，沒有什麼麻煩，報酬也少。只有困難的工作，才有豐厚的報酬。」

我 40 歲時，一位哲學家告訴我：「再過 5 年，你就會有重大的發現。就是：麻煩不是偶然出現的，而是經常存在的。麻煩就是人生。」

今天，我 50 歲了，回想這 3 位朋友的啟示，真是至理名言。

有位知名作家說：「人生中不幸的事如同一把刀，它可以為我們所用，也可以把我們割傷。要看你握住的是刀刃還是刀柄。」

心靈物語

不要感嘆命運多舛不公。命運向來都是公正的，在這方面失去了，就
會在那方面得到補償。當你感到遺憾失去的同時，可能會有另一種意
想不到的收穫。但是，前提是你必須有正視現實、改變現實的毅力與
勇氣。

● 讓苦難也芬芳

一個農民，做過木匠、水泥工，收過破爛，賣過煤炭，在感情上受到
過致命的欺騙，還打過一場 3 年之久的麻煩官司。現在他獨自闖蕩在一個
又一個城市裡，做著各式各樣的工作，居無定所，四處飄蕩，經濟上也沒
有任何保障。

他仍然是一個農民，但是與鄉村裡的農民不同的是，他雖然也日出而
作，但是不日落而息 ── 他熱愛文學，寫下了許多清澈純淨的詩歌。每
每讀到他的詩歌，都讓人們覺得感動，同時驚奇。

「你這麼複雜的經歷怎麼會寫出這麼柔情的作品呢？」有人曾經問過
他，「有時候我讀你的作品總有一種感覺，覺得只有初戀的人才能寫得
出。」

「那你認為我該寫出什麼樣的作品呢？《罪與罰》嗎？」他笑答。

「起碼應該比這些作品沉重和黯淡些。」

他笑了，說：「我是在農村長大的，農村家家都儲糞。小時候，每當
碰到別人往地裡送糞時，我都會掩鼻而過。那時我覺得很奇怪，這麼臭這
麼髒的東西，怎麼就能使莊稼長得更壯實呢？後來，經歷了這麼多事，我
卻發現自己並沒有學壞，也沒有墮落，甚至連麻木也沒有，從而完全明白

了糞和莊稼的關係。」

人們看著他，他想做一個怎樣的比喻呢？

「糞便是髒臭的，如果你把它一直儲在糞池裡，它就會一直臭下去。但是一旦它遇到土地，情況就不一樣了。它和深厚的土地結合，就成了一種有益的肥料。對於一個人，苦難也是這樣。如果把苦難只視為苦難，那它真的就只是苦難。但是如果你讓它與你精神世界裡最廣闊的那片土地結合，它就會成為一種寶貴的營養，讓你在苦難中如鳳凰涅槃，體會到特別的甘甜和美好。」

擁有智慧的他是對的。土地轉換了糞便的性質，他的心靈轉換了苦難的流向。在這轉換中，每一道溝坎都成了他唇間的烈酒，每一道溝坎都成了他詩句的花瓣。他文字裡那些明亮的嫵媚原來是那麼深情、雋永，其間的一筆一畫都是他踏破苦難的履痕。

他讓苦難芬芳，他讓苦難醉透。能夠這樣生活的人，多麼讓人欽羨……

吹盡黃沙始見金。生活中，我們要坦然面對苦難，默默地承受苦難，從苦難的積澱中撈出勇氣、智慧、韌性，撈出成功的結晶和幸福的喜悅。

心靈物語

> 只有經過苦難的磨練，生命的火花才會閃光發亮；只有在苦難中奮進，生命的花朵才會燦爛芬芳。

● 對冷遇說聲感謝

美國人常開玩笑說，是一位布朗小姐的厚此非彼，才「造就」了一位美國總統。

原來故事是這樣的。

在讀高中畢業班時，查理·羅斯是最受老師寵愛的學生。他的英文老師布朗小姐，年輕漂亮，富有吸引力，是校園裡最受學生歡迎的老師。同學們都知道查理深得布朗小姐的青睞，他們在背後笑他說，查理將來若不成為一個人物，布朗小姐是不會原諒他的。

在畢業典禮上，當查理走上臺去領取畢業證書時，受人愛戴的布朗小姐站起身來，當眾吻了一下查理，向他表達了一個出人意料的祝賀。

當時，人們本以為會發生哄笑、騷動，結果卻是一片靜默和沮喪。許多畢業生，尤其是男孩子們，對布朗小姐這樣不怕難為情地公開表示自己的偏愛感到憤恨。

查理作為學生代表在畢業典禮上致告別詞，也曾擔任過學生年刊的主編，還曾是「老師的寶貝」，但這就足以使他獲得如此之高的榮耀嗎？典禮過後，有幾個男生包圍了布朗小姐，為首的一個質問她為什麼如此明顯地冷落別的學生。

布朗小姐微笑著說，查理是靠自己的努力贏得了她特別的賞識，如果其他人有出色的表現，她也會吻他們的。

這番話使別的男孩得到了些安慰，卻使查理感到了更大的壓力。他已經引起了別人的嫉妒，並成為少數學生攻擊的目標。他決心畢業後一定要用自己的行動證明自己值得布朗小姐報之一吻。

畢業之後的幾年內，他異常勤奮，先進入了報界，後來終於大有作為，

被杜魯門總統親自任命為白宮負責出版事務的首席祕書。

　　當然，查理被挑選擔任這一職務也並非偶然。原來，在畢業典禮後帶領男生包圍布朗小姐，並告訴她自己感到被冷落的那個男孩子正是杜魯門本人。布朗小姐也正是對他說過：「去幹一番事業，你也會得到我的吻的。」

　　查理就職後的第一項使命，就是接通布朗小姐的電話，向她轉述美國總統的問話：您還記得我未曾獲得的那個吻嗎？我現在所做的能夠得到您的評價嗎？

　　生活中，當我們遭到冷遇時，不必沮喪，不必憤恨，唯有盡全力贏得成功，才是最好的答覆與反擊。

心靈物語

> 有時候，白眼、冷遇、嘲諷會讓弱者低頭走開，但對強者而言，這也是另一種幸運和動力。對冷遇說聲感謝吧，是它「逼迫」你竭盡全力的。

● 別讓自己成「破窗」

　　美國史丹佛大學心理學家曾做過這樣一項實驗：他找來兩輛一模一樣的汽車，一輛停在比較雜亂的街區，一輛停在中產階級社區。他把停在雜亂街區的那輛車的車牌拿掉，頂棚打開，結果一天之內就被人偷走了。而擺在中產階級社區的那一輛過了一個星期仍安然無恙。

　　後來，心理學家用錘子把這輛車的玻璃敲了個大洞，結果，僅僅過了幾個小時，它就不見了。

以這項試驗為基礎，政治學家威爾遜和犯罪學家凱琳提出了破窗理論：如果有人打破了一個建築物的窗戶玻璃，而這扇窗戶又得不到及時的維修，別人就可能受到某些暗示，導致去打爛更多的窗戶玻璃。

久而久之，這些破窗就給人造成一種無序的感覺。在這種大眾已經麻木的氛圍中，犯罪就會滋生、增長。破窗理論給我們的啟示是：必須及時修好「第一個被打碎的窗戶玻璃」。

因此，若你成為那扇破窗，那麼最先被淘汰出局的人就是你。

心靈物語

人都要準確地掌握自己的人生行程，無論何時，都要記住，你千萬不要讓自己成為那扇「破窗」，否則，最先被淘汰出局的就是你。

● 承受壓力的生命

腔棘魚又稱「空棘魚」，由於脊柱中空而得名，是目前世界上十分罕見的魚類，由於科學家在白堊紀之後的地層中已找不到牠的蹤影，因此認為這個登陸英雄已經告別了世間，全部滅絕了。

西元 1938 年，科學家在南非發現了一條腔棘魚，這個史前魚種還活著！在距今 4 億年前的泥盆紀時代，腔棘龜的祖先憑藉強壯的鰭，爬上了陸地。經過一段時間的掙扎，其中的一支越來越適應陸地生活，成為真正的四足動物；而另一支在陸地上屢受挫折，又重新返回大海，並在海洋中尋找到一個安靜的角落，與陸地徹底告別了。

這個安靜的角落就是 10,000 多公尺深的海底。眾所周知，人類下海比登天還要難。首先是巨大的壓力：水深每增加 10 公尺，壓力就要增加 1

個大氣壓。在 10,000 多公尺深的海底，壓力將高達 1,000 多個氣壓，別說血肉之軀，就是普通的鋼鐵也會被壓得粉碎。

還有海底的惡劣環境：黑暗、寒冷！太陽光進入海中很快被吸收，10 公尺處的光能照及海洋表面的 18%，100 公尺深處則只有 1% 了。光線稀少，熱量自然難留，水下的寒冷、黑暗可想而知。

然而，腔棘魚通常生活在非常深的海底，並把自己隱藏在海底礁石的洞穴裡。在惡劣的海底世界裡，牠們以生存為目標，不斷給自己施加壓力，學會與壓力共處，在自己的歷史空間裡痛並快樂地生存著，超乎想像地存在了 4 億年！

心靈物語

生命的潛能是無限的，它可以承受難以想像的困難和壓力。只有承受住壓力的生命，才能真正顯現出自己的能力。能負重前行的人，才會擁有彩色的人生。

● 生命需要挑戰

一位音樂系的學生走進練習室。在鋼琴上，擺著一份全新的樂譜。

「超高難度……」他翻動著樂譜，喃喃自語，感覺自己彈奏鋼琴的信心似乎跌到了谷底，消磨殆盡。

已經三個月了！自從跟了這位新的指導教授之後，他不知道，為什麼教授要以這種方式整人。

勉強打起精神，他開始用十指奮戰、奮戰、奮戰……琴音蓋住了練習室外教授走來的腳步聲。

指導教授是個極有名的鋼琴大師。授課第一天，他給自己的新學生一份樂譜，並說：「試試看吧！」樂譜難度頗高，學生彈得生澀僵滯、錯誤百出。

「還不熟，回去好好練習！」教授在下課時如此叮囑學生。

學生練了一個星期，第二週上課時正準備讓教授驗收，沒想到教授又給他一份難度更高的樂譜，「試試看吧！」上星期的課，教授提也沒提。學生再次掙扎於高難度的技巧挑戰。

第三週，更難的樂譜又出現了。同樣的情形持續著，學生每次在課堂上都被一份新的樂譜所困擾，然後把它帶回去練習，接著再到課堂上，重新面臨更高難度的樂譜，卻怎麼樣都趕不上進度。學生感到越來越不安、沮喪和氣餒。

教授沒開門，他抽出了最早的那份樂譜，交給學生。「彈奏吧！」他以堅定的目光望著學生。

不可思議的事情發生了，連學生自己都驚訝萬分，他居然可以將這首曲子彈得如此美妙、如此精湛！教授又讓學生試了第二堂課的樂譜，學生依然呈現超高水準的表現。演奏結束，學生怔怔地看著老師，說不出話來。

「如果，我任由你表現最擅長的部分，可能你還在練習最早的那份樂譜，就不會有現在這樣的成就……」鋼琴大師緩緩地說。

心靈物語

那些我們熟悉的領域與專業，我們做起來固然會得心應手，但若長久停留在原地，那麼再重複也無濟於事。生命需要不斷地自我挑戰，只有朝著一個更高的難度奮進，我們的水準才能得到提高。

● 勇於為過錯承擔責任

　　那年李小姐剛大學畢業，被分配在一個離家較遠的公司上班。每天清晨7時，公司的專車會準時等候在一個地方接她和她的同事們上班。

　　一個驟然寒冷的清晨，她關閉了鬧鐘尖銳的鈴聲後，又在被窩裡稍微賴了一會兒 —— 像在學校的時候一樣。她盡可能最大限度地拖延一些時光，用來懷念以往不必為生活奔波的日子。那個清晨，她比平時遲了5分鐘起床。可是就是這區區5分鐘讓她付出了代價。

　　當她匆匆忙忙奔到專車等候的地點時，已經7點過5分，車開走了。站在空蕩蕩的馬路邊，她茫然若失，一種無助和受挫的感覺第一次向她襲來。

　　就在她懊悔沮喪的時候，突然看到了公司的那輛藍色轎車停在不遠處的一幢大樓前。她想起了曾有同事指給她看過那是上司的車，她想真是天無絕人之路。她向那車走去，在稍稍猶豫後打開車門悄悄地坐了進去，並為自己的聰明而得意。

　　為上司開車的是一位慈祥溫和的老司機。他從後視鏡裡看她多時了。這時，他轉過頭來對她說：「你不應該坐這車。」

　　「可是我的運氣真好。」她如釋重負地說。

　　這時，她的上司拿著公事包飛快地走來。待他在前面習慣的位置上坐定後，她才告訴他的上司說：「專車開走了，想搭您的車子。」她以為這一切合情合理，因此說話的語氣充滿了輕鬆隨意。

　　上司愣了一下，但很快堅決地說：「不行，你沒有資格坐這車。」然後用無可辯駁的語氣命令：「請你下去！」

　　她一下子愣住了 —— 從小到大沒有誰對她這麼嚴厲過，在這之前她

也沒有想過坐這車是需要一種身分的。憑這兩條件，以她過去的個性肯定會重重地關上車門，以顯示她對小車的不屑一顧，而後拂袖而去。

可是那一刻，她想起了遲到將對她意味著什麼，而且她那時非常看重這份工作。於是，一向聰明伶俐但缺乏生活經驗的她放下了身段，她用近乎乞求的語氣對上司說：「我會遲到的。」

「遲到是你自己的事。」上司冷淡的語氣沒有一絲一毫的迴旋餘地。

她把求助的目光投向司機。可是老司機看著前方一言不發。委屈的淚水在她的眼眶裡打轉。然後，她在絕望之餘，為他們的不近人情而陷入了固執且沉默的對抗。

他們在車上僵持了一會兒。最後，讓她沒有想到的是，她的上司打開車門走了出去。坐在車後座的她，目瞪口呆地看著有些年邁的上司拿著公事包向前走去。他在凜冽的寒風中攔下了一輛計程車，飛馳而去。淚水終於順著她的臉頰流淌下來。

老司機輕輕地嘆了一口氣：「他就是這樣一個嚴格的人。時間長了，你就會了解他。他其實也是為你好。」老司機跟她說了自己的故事。他說他也遲到過，那還是在公司創業階段，「那天他一分鐘也沒有等我，也不要聽我的解釋。從那以後，我再也沒有遲到過。」他說。

她默默地記下了老司機的話，拭去淚水下了車。

那天她下計程車踏進公司大門的時候，上班鈴聲正好敲響。她悄悄將自己的雙手緊握在一起，心裡第一次充滿了無法言語的感動，還有驕傲。

從這一天開始，她長大了許多。

心靈物語

勇於為自己的過錯承擔責任，哪怕為此付出代價，這是一種良好的品德。卡內基說：「蠢人才會試圖為自己的錯誤辯護。」而更愚蠢的是試圖讓別人替自己的錯誤買單。承認錯誤，並從中吸取教訓，才是明智之舉。

第九章　別跟自己過不去

　　在這個世界上，有許多事情是我們難以預料的。我們不能控制際遇，卻可以掌握自己；我們無法預知未來，卻可以掌握現在；我們不知道自己的生命到底有多長，但我們卻可以安排當下的生活；我們左右不了變化無常的天氣，卻可以調整自己的心情。別跟自己過不去，只要每天給自己一個希望，給自己一個目標，給自己一點信心，我們的人生一定不會失色。

● 不能改變就接受

　　珍子家世代採珠，她有一顆珍珠是在她離開家赴美求學時母親給她的。

　　在她離家前，珍子整日都在擔心能否融入那個陌生的環境中，她母親鄭重地把她叫到一旁，給她這顆珍珠，告訴她說：「當女工把沙子放進蚌的殼內時，蚌覺得非常的不舒服，但是又無力把沙子吐出去，所以蚌面臨兩個選擇，一是抱怨，讓自己的日子很不好過，另一個是想辦法把這粒沙子同化，使牠跟自己和平共處。於是蚌開始把精力營養分一部分去把沙子包起來。」

　　「當沙子裹上蚌的外衣時，蚌就覺得它是自己的一部分，不再是異物了。沙子裹上蚌的成分越多，蚌越把它當做自己，就越能心平氣和地和沙子相處。」

　　母親啟發她道：「蚌並沒有大腦，牠是無脊椎動物，在演化的層次上很低，但是連一個沒有大腦的低等動物都知道要想辦法去適應一個自己無法改變的環境，讓自己不愉快的異己，轉變為可以忍受的一部分，人的智慧怎麼會連蚌都不如呢？」

心靈物語

> 如果你不能改變環境，就試著改變自己。總能找到方法適應新的環境，並與新環境中的人和諧相處。

● 別把柵欄門關上

賴莎的丈夫去世了，同時也帶走了所有的快樂，她感覺生活越發苦悶。

賴莎每次上街都要經過一幢老房子，房子前面有一個小得不能再小的院子。不過，那院子總是被掃得乾乾淨淨，地上擺滿了一盆盆爭妍鬥奇的鮮花。

有個身材纖小的女人經常身繫圍裙，在院子裡掃地、修花、剪草。她甚至會把那些飛馳而過的汽車上拋下的廢物也撿走。

這個院子正在修築新的柵欄。那柵欄築得很快，賴莎每次開車經過那房子時，都會留意它的進展。老木匠在它上面加了個玫瑰花棚架和一個涼亭。他把柵欄漆成乳白色，然後將那房子四周也塗上了同樣顏色，使它重新光彩照人。

有一天，賴莎把車子停在路旁，對那道柵欄凝望了很久。木匠把它造得太好了，她有點捨不得離開，於是把發動機關掉，走下車去摸摸那道白色的柵欄。柵欄上的油漆味尚未消散。她聽見那女人在裡面轉動割草機的曲軸，想發動機器。

「你好！」賴莎揮手喊她。

「啊，你好！」那女人站起來，用圍裙擦擦手。

「我很喜歡你的柵欄。」賴莎告訴她。

她朝賴莎看了看，微微一笑道：「來前廊坐坐，我把這柵欄的故事講給你聽。」

她們走上後面的樓梯，跨過磨舊了的地毯，越過木地板，走到了前廊。

第九章　別跟自己過不去

「請坐在這裡，」女主人熱情地說。

賴莎坐在門廊上喝著香濃的咖啡，看著那道漂亮的白柵欄，心裡突然欣喜萬分。

「這白柵欄不是為我自己做的，」女主人開始述說這柵欄的故事，「這房子現在只有我一個人住，丈夫早已去世，兒女們也都搬走獨自生活去了。但我看到每天有那麼多人經過這裡，我想，如果我讓他們看到一些真正好看的東西，他們一定會很開心。現在大家看到我的柵欄，向我揮手。有些人像你一樣，甚至還停下車來，到門廊上坐下聊天。」

「但路在不斷地拓寬，這裡在不斷地改變，你的院子也越變越小，這一切你難道一點都不在乎嗎？」賴莎忍不住問道。

「改變是人生不可避免的，是生活中常有的事，它能陶冶你的性格，培養毅力。當你遇到不如意的事時，你有兩個選擇：怨天尤人，或者生活得更瀟灑。」

賴莎離開時，女主人大聲喊道「歡迎你隨時再來。別把柵欄門關上，那樣看起來更友善些。」

「別把柵欄門關上」，賴莎永遠記住了這句話。

心靈物語

不要把自己埋在陳舊的記憶裡，也不要讓自己陷入痛苦的泥潭中。改變是人生所不可避免的，你所能做的最佳選擇就是接受它。

● 活出自己的本色

「我想按照自己的定義生活。」梅格・萊恩（Meg Ryan）說，「我絕對不要活在別人定義的形象底下。我不在乎遺忘，人們總是會變得貪婪、太自我。我希望能不斷成長，活出既有的框架。也許我會再拍一部或兩部電影，也許不會。雖然我會懷念這個工作，不過我對其他事情也很有興趣。」

「我希望能活得踏實。」她說，「我不想過得飄飄然，脫離現實。」

你想要的自我方式是什麼樣？這是一個永遠沒有標準答案的問題。只要那是你要的方式，便是最好的方法。

最可怕的人生，便是活了一輩子之後，卻發現這不是自己要的一輩子！

做著自己不喜歡的工作、讀著不想讀的科系、過著自己不想要的生活……這種人即使活了 200 歲也是白活，因為他根本沒有自己、沒有思想，只像張複印紙，不斷地複印別人的想法和意見，以這些東西再來複印生活！

活出自己，還必須要克服的是：別太在乎別人的想法和眼光。

相信世界上不會有人比你自己更懂自己要什麼！

每個人的價值觀和對生活的認同感都並不盡然相同，他們當然可以給你意見，為你分析，你也可以去參考、去抉擇，但絕對不可以一個口令一個動作，人家說好的便去做，人家不認同的便抗拒，這樣只是對自己不尊重而已。

而不懂得尊重自己的人，別人又怎麼懂得尊重你？把自己生命中該思考的問題丟給別人負責，根本就是不負責任的行為！

任何人都有自我的方式：有人用唱歌活出自己、有人透過畫畫、有人用舞蹈、有人用種田、有人用煮飯、有人靠買賣……方式各異但唯一相同的是：這都是自我的選擇。

生命是自己的，生活是個人的，方式更是自己選的。每個人都有不同的天分，只要將自己最擅長、最喜歡的部分去延伸發展，就可以發展精彩的自我人生。

不要再猶豫了，你當然可以決定要活出自己。生命的原色原本就該這樣，將那些雜質濾掉，快快樂樂地活出自己吧！

心靈物語

生命是自己的，生活是自己的，不要在乎別人的看法和眼光，按自己的定義生活，快樂地活出自己的本色吧！

● 學會認輸

趙爺爺在院門口擺了一個棋攤，他立下一個規矩，凡輸了的，不輸金不輸銀，但必須說一句「我輸了」。不說也可以，但必須從他那 1 公尺高的棋桌下鑽過去，以示懲罰。既然是楚河漢界，就要分個勝負，這不奇怪。奇怪的是有些人寧願鑽桌子，也不願認輸。

趙爺爺嗜棋如命，棋藝也高，只有別人向他拱手認輸，他卻從未開口說過「輸」字。一日，有一位棋友，慕趙爺爺高名，前來對弈。

趙爺爺第一次遇到了對手，一連三局，趙爺爺都輸了。每次輸後，他總是黑著臉，一句話也不說，就從棋桌下鑽過去。

後來有人問趙爺爺：「你這是何苦呢？說一聲輸了，不就得了，為什

麼要鑽桌子？」

趙爺爺不服氣：「這『輸』字能輕易說的嗎？你就是砍了我的頭，我也不會說的。」

這正應了那句老話：「寧輸一壟田，不輸一句言。」我們生活中的很多人都像趙爺爺一樣，只知道一味追求要贏，從來不知道認輸。其實認輸，也是人生的必修課。

學會認輸，就是承認失誤，承認差距，目的是為了揚長避短。人與人之間，智力的差距、體力的差距、技藝和知識的差距，總是存在的。明知自己臂力不如人，卻要與人家硬拚，不知後退，那就只有徹底輸掉自己。

所謂「明知山有虎，偏向虎山行」，這是一種誤導，是盲目的執拗，除了以身飼虎，並不能證明你的勇敢，只能說明你的偏激和愚蠢。

人非聖賢，在生活中搭錯車的事，總是難免。當我們發現自己搭的車與自己的目的地走向不對時，就應馬上下車。如果你不承認錯誤，硬要一條道路走到底，那只能南轅北轍，距你的目的地更遠，吃的苦更多。像趙爺爺那樣，不肯認輸，那就只有鑽桌子。

學會認輸，就是清醒地審視自己，避免更大的損失，也就是糾正錯誤，重新開始，踏上正確的人生之旅。

心靈物語

認輸是人生的必修課。人的生命有限，知識有限，輸是必然，贏是偶然。學會認輸，就是面對生活的真實，承認挫折，明智地繞過暗礁，避凶趨吉，讓自己抵達成功的彼岸。

● 人人都會犯錯

任何所謂獲得幸福生活的「公式」，都注定要失敗，因為我們都是平凡的人，無法遵守一成不變的規定，如果硬要我們去遵循「公式」生活，一定會使我們過度緊張。我們都會犯錯，我們必須了解這一點，不要自怨自艾。

人無法按照絕對完美的標準去生活，也無此必要。儘管我們也有一些缺點，但我們仍然能夠生活得很好。

《聖經》說：「經過弱點的磨練，我的力量獲得完美的發展。」

請注意「獲得完美的發展」這句話並未提到容忍弱點，而只是承認弱點在發展個人力量上所扮演的角色。

我們以往都犯過錯，將來也會犯錯。

如果你是一名推銷員，有時也會使用錯誤的方法去推銷。

如果你是一個母親，也可能因為無法隨時替寶貝女兒添加衣物，而使她感冒。

如果你是學生，你可能會在英語及歷史兩科上拿到高分，但物理成績卻很糟。

如果你是投資顧問，有時候你也會向顧客提出不合理的建議。

錯誤是生活中的一部分，根本無法完全避免。

悲哀的是有許多人為了自己的錯誤而責備自己 —— 連續好幾天、好幾個星期，甚至一輩子也不肯原諒自己。

他們往往會這樣說：「如果我不把錢花在那上面就好了……」或是說：「如果我能稍微注意一點，就不會發生那件意外了……」

這些人在他們的腦子中一再重複他們所犯的錯誤，這等於提醒他們自

己如何愚蠢、如何無能。他們無隋地懲罰自己，無休無止，然而這對他們沒有任何好處。

這種自我批評不僅令他們感到悲哀，而且也會造成神經緊張，將使他們犯更多的錯誤，形成一種永無止境的惡性循環。

某些女性永遠也忘不了她們外表上的缺點，她們對這些缺點耿耿於懷，彷彿在這個世界上，只有這些缺點才是真實的。如果她們的胸部不豐滿，或她們的鼻子不夠挺直，她們就要怨天尤人。她們會嚴厲地責備自己，彷彿這些不算缺點的缺點，是她們自己造成的。

她們這樣有何好處？沒有！她們這樣又有何損失呢？失去了健全自我心靈的偉大力量。

不要再虐待自己了。

心靈物語

> 世上沒有完美之人，每一個人都會犯錯。只要不是原則性的大錯，我們大可不必糾結。為什麼非要用那一點點錯誤和缺點來虐待自己呢？

● 學會自我安慰

吃了虧的人說：「吃虧是福。」

丟了東西的人說：「破財免災。」

膽子小的人說：「出頭的橡子先爛。」

僥倖逃過一劫的人說：「大難不死，必有後福。」

受欺壓的人說：「不是不報，時候未到。」

卸任官員說：「無官一身輕。」

第九章　別跟自己過不去

官場失意者說：「塞翁失馬，焉知非福。」

生了女孩的父母說：「養女兒是福氣，養兒子是名氣。」

沒錢人的太太說：「男人有錢就變壞。」

懼內的丈夫說：「有人管著好呀，什麼事都不用操心。」

丈夫不下廚，妻子跟人說：「整天圍著鍋臺轉的男人沒出息。」

住在頂樓的人說：「頂樓好呀，上下樓鍛鍊身體，空氣新鮮，還不會有人騷擾。」

住在一樓的人說：「一樓好呀，出入方便，省得爬樓梯，怪累的。」

某人被老闆炒了魷魚，他對人說：「我把老闆炒了。」

人的確有些「阿 Q」精神，既要面子，又要自我解嘲。然而這又沒什麼不好，達觀地處理嘛！

我們每一個人所擁有的財物，無論是房子、車子、金子……無論是有形的，還是無形的，沒有一樣是屬於自己的。那些東西不過是暫時寄託於你，有的讓你暫時使用，有的讓你暫時保管而已，到了最後，物歸何主，都未可知。所以智者把這些財富統統視為身外之物。

卡內基說：「要是我們得不到我們希望的東西，最好不要讓憂慮和悔恨來苦惱我們的生活。」且讓我們原諒自己，學得豁達一點。

根據古希臘哲學家艾皮科蒂塔的說法，哲學的精華就是：一個人生活上的快樂，應該來自盡可能減少對外在事物的依賴。羅馬政治學家及哲學家塞內卡（Seneca the Younger）也說：「如果你一直覺得不滿，那麼即使你擁有了整個世界，也會覺得傷心。」

且讓我們記住，即使我們擁有整個世界，我們一天也只能吃 3 餐，一次也只能睡 1 張床，即使是一個挖水溝的工人也可如此享受，而且他們可能比洛克斐勒吃得更津津有味，睡得更安穩。

　　「身外物，不眷戀」是思悟後的清醒。它不但是超越世俗的大智大勇，也是放眼未來的豁達襟懷。誰能做到這一點，誰就會活得輕鬆，過得自在，遇事想得開，放得下。

心靈物語

> 生活中不免會有失意之時，不免會遇到不公之事，用「阿Q」精神勝利法來安慰自己，用豁達的胸襟來包容，才會活得更加輕鬆自在。

● 學會說「不」

　　羅恩剛參加工作不久，姑媽來到這個城市看他。羅恩陪著姑媽把這個小城轉了轉，就到了吃飯的時間。

　　羅恩身上只有 50 美元，這已是他所能拿出的全部資金來招待對他很好的姑媽，他很想找個小餐館隨便吃一點，可姑媽卻偏偏相中了一家很體面的餐廳。羅恩沒辦法，只得硬著頭皮隨她走了進去。

　　倆人坐下來後，姑媽開始點菜，當她徵詢羅恩意見時，羅恩只是含混地說：「隨便，隨便。」此時，他的心中七上八下，放在衣袋中的手裡緊緊抓著那僅有的 50 美元。這錢顯然是不夠的，怎麼辦？

　　可是姑媽一點也沒注意到羅恩的不安，她不住口地誇讚著這裡可口的飯菜，中途姑媽看到鄰桌有一杯很誘人的香草霜淇淋，便將侍者叫來詢問價格，侍者說那是本店推出的新品，特價 15 美元一杯。姑媽問羅恩要不要來一杯，羅恩多麼想說「不」啊，但他看到姑媽那麼喜歡的樣子，便「鬼使神差」般地說了句：「來兩杯吧！」

　　姑媽吃得很高興，不時發出讚嘆聲，可羅恩卻什麼味道都沒吃出來。

最後的時刻終於來了，彬彬有禮的侍者拿來了帳單，徑直向羅恩走來，羅恩張開嘴，卻什麼也沒說出來。

姑媽溫和地笑了，她拿過帳單，把錢給 —— 了侍者，然後盯著羅恩說：「年輕人，我知道你的感覺，我一直在等你說不，可你為什麼不說呢？要知道，有些時候一定要勇敢堅決地把這個字說出來，這是最好的選擇。我來這裡，就是想要讓你知道這個道理。不過，還是感謝你請姑媽吃了一頓大餐，今天好像的確吃得太多了一些，平時我只吃兩片麵包、一杯牛奶就夠了。」

這一課對所有的人都很重要：在你力不能及的時候要勇敢地把「不」說出來，否則你將陷入更加難堪的境地。

學會說「不」，是種自我尊重，尊重了自己之後，別人才懂得如何尊重我們。一味的好心，不只加重了別人的依賴，也加重了自我的負擔。

這種好心，不但害了自己，也害了別人。

心靈物語

> 在力所不能及的時候勇敢地說「不」，這不是懦弱的表現，而是一種保護自己、尊重別人的手段。

● 原諒生活

「人有悲歡離合，月有陰晴圓缺，此事古難全。」古人有古人的悲哀，可古人很看得開，他們把人世間的悲歡離合比做月的陰晴圓缺，一切全出於自然，其中有永恆不變的真理，它像一隻無形的手在那裡翻雲覆雨，演繹著多色多味的世界。今人也有今人的苦惱，因為「此事古難

全」。

　　苦惱和悲哀常常引起人們對生活的報怨，哀自己的命運苦，怨生活的不公。其實生活仍然是生活，關鍵看你取什麼角度。

　　我見過幾位「麻將專家」，真正意義上的賭徒，他們無限沉溺於這種遊戲之中，自然應該受到道德譴責，可是人生又是什麼？從某種意義上說，難道不也是一場賭局嗎？用你的青春去賭事業，用你的痛苦去賭歡樂，用你的愛去賭別人的愛。要不怎麼有人說：「如果你覺得活得沒意思了，那就該死了。」

　　有沮喪失落的時候，我們對一切感到乏味，生活的天空烏雲密布，看什麼都不順眼，像 T 恤衫上印著的：別理我，煩著呢！生活中有很多時候令我們心情不好。面對考試落榜，面對失戀，面對解釋不清的誤會，我們的確不易很快地擺脫。

　　但是人有反抗心理，更多的時候是「多雲轉晴」，憂鬱被生氣勃勃的憧憬所取代。煩些什麼？你的敵人就是你自己，戰勝不了自己，沒法不失敗；想不開、鑽死胡同，全是自己自尋煩惱。

　　沮喪的時候，回歸你生活的角落，去充電、打氣。選一盒錄音帶，京劇、越劇、歌曲、樂曲什麼都成，邊聽邊練毛筆字，書寫龔自珍的詩「霜豪擲罷倚天寒」，多舒暢！「不是逢人苦譽君，亦狂亦俠亦溫文」，多親切！

　　如果你還是想發洩一下，那就大聲唱出來：「我站在冽冽風中，恨不能蕩盡綿綿心痛：看蒼天，四方雲動，劍在手，問天下誰是英雄……」漸漸排遣沮喪，煥發了新的振奮激情，環視四周，發現一切正常，你的消沉、你的低落、你的怨憤沒有任何意義，既然如此，何不讓自己回歸正常？憑什麼總跟自己過不去呢？

第九章　別跟自己過不去

試試看，每天吃一顆糖，然後告訴自己 —— 今天的日子，果然是甜的！

有時候，我們要對自己殘忍一點，不必過分縱容自己的哀憐，「不識廬山真面目，只緣身在此山中。」走出去或登到頂上去，你會看到另一番景象：「日照香爐生紫煙，遙看瀑布掛前川，飛流直下三千尺，疑是銀河落九天。」

我們看清了自己，再來看生活，也許多了幾分寬容在裡面，生活本身，並不是可以實現所有幻想的萬花筒，生活和我們是相互選擇的，不該過分計較生活的失言，生活本來就沒有承諾過什麼。它所給予的，並不總是你應當得到的，而你所能取得的，是憑你不懈的真誠和執著所能得到的。

原諒生活是一種積極有效的方式，原諒生活，不是可以淡漠所有的不公，不是為了超脫凡世的恩怨，而是要正視生活的全部，以緩解和慰藉深深的不平。相信生活，才能原諒生活，如果你的桅杆被折斷，不論是你自己的錯，還是生活的錯，都不該再悲哀地守著淺舟的孤獨。

請重新支起新的桅杆！

原諒生活，是為了更好地生活。

心靈物語

生活並非一位溫文爾雅的智者，它會給我們帶來快樂與歡笑，也會帶來煩惱與痛苦。我們不應抱怨生活，人不能完美，何況生活？感恩生活、原諒生活，才是人生的明智選擇。

● 不拿別人當鏡子

麥克小時候是個十分貪玩的孩子。他的母親常常為此憂心忡忡，母親的再三告誡對他來講如同耳邊風。

直到 16 歲的那年秋天。

一天上午，父親將正要去河邊釣魚的麥克攔住，並講了一個故事給他，正是這個故事改變了麥克的一生。父親講的故事是這樣的。

「從前，有兩個年輕人名叫肖尼和傑克，一起清掃街道中央的一個大煙囪。那煙囪只有踩著裡面的鋼筋踏梯才能上去。傑克在前面，肖尼在後面。他們抓著扶手，一階一階地終於爬上去了。下來時，傑克依舊走在前面，肖尼還是跟在他的後面。後來，鑽出煙囪時，出現了一個奇怪的事情：傑克的後背、臉上全都被煙囪裡的煙灰蹭黑了，而肖尼身上竟連一點煙灰也沒有。」但是他們並不知道這一點。

麥克的父親繼續微笑著說：「肖尼看見傑克的模樣，心想我肯定和他一樣，臉髒得像個小丑，於是肖尼就到附近的小河裡去洗了又洗。而傑克呢？他看見肖尼鑽出煙囪時乾乾淨淨的，就以為他也和肖尼一樣乾淨，就只草草洗了洗手，就這副模樣上街了。結果，街上的人都笑痛了肚子，還以為傑克是個瘋子呢！」

麥克聽罷，忍不住和父親一起大笑起來。父親笑完了，鄭重地對他說：「其實，別人誰也不能當你的鏡子，只有自己才是自己的鏡子。拿別人當鏡子，白痴或許會把自己照成天才的。」

從此，麥克決定離開那群頑皮的孩子們。他要時時用自己當鏡子來審視和映照自己。

第九章　別跟自己過不去

心靈物語

拿別人當鏡子的人愚蠢至極，只有以自己當作自己的鏡子，才能做出明智的選擇。

● 學會彎曲

　　加拿大的魁北克有一條南北走向的山谷。山谷沒有什麼特別之處，唯一能引人注意的，是它的西坡長滿松、柏、女貞等樹，而東坡只有雪松。

　　這一奇異景觀是個謎，許多人想探究個所以，但一直沒有找到令人滿意的結論。最後揭開這個謎的，竟是一對夫婦。

　　那是西元 1983 年的冬天，這對夫婦的婚姻正瀕於破裂。為了重新找回昔日的愛情，他們打算做一次浪漫之旅，如果能找回就繼續生活，如果不能就友好分手。他們選擇的地點正是這個山谷。

　　他們剛到這裡，天空便下起了大雪。他們支起帳篷，望著滿天飛舞的大雪，發現由於風向的緣故，東坡的雪總比西坡的雪來得大，來得密。不一會兒，雪松上就落了厚厚的一層雪。不過當雪積到一定的程度，雪松那富有彈性的枝丫就會向下彎曲，直到雪從枝上滑落。

　　這樣反覆地積，反覆地彎，反覆地落，雪松完好無損。西坡由於雪小，總有些樹挺了過來，所以西坡除了雪松，還有柏和女貞。

　　帳篷中的妻子發現了這一景觀，對丈夫說：「東坡肯定也長過雜樹，只是不會彎曲才被大雪摧毀了。」

　　丈夫點頭稱是。少頃，兩人像突然明白了什麼似的相互吻著擁抱在一起。

　　丈夫興奮地說：「我們揭開了一個謎 —— 對於外界的壓力要盡可能地

去承受，在承受不了的時候，學會彎曲一下，像雪松一樣讓一步，這樣就不會被壓垮。」

確實，他們不只揭開了山谷雪松之謎，更揭開了一個人生之謎。

心靈物語

> 彎曲不是退縮的怯懦，而是一種逆境求生的智慧與獲得和諧生活的人生藝術。

● 人生的三重境界

一位禪師認為，人生有三重境界，這三重境界可以用一段充滿禪機的語言來說明：看山是山，看水是水；看山不是山，看水不是水；看山還是山，看水還是水。

人生之初，純潔無瑕，初識世界，一切都是新鮮的，眼睛看見什麼就是什麼，人家告訴他這是山，他就認識了山，告訴他這是水，他就認識了水。

隨著年齡漸長，經歷的世事漸多，就發現這個世界的問題了。這個世界問題越來越多，越來越複雜，經常是黑白顛倒、是非混淆，無理走遍天下，有理寸步難行，好人無好報，惡人活千年。

進入這個階段，人是激情的、不平的、憂慮的、疑問的、複雜的，人不願意再輕易地相信什麼。人在這個時候看山也感慨，看水也嘆息，借古諷今，指桑罵槐。山自然不再是單純的山，水自然不再是單純的水。一切的一切都是人的主觀意志的載體。

倘若留在人生的這一階段，那就苦了這條性命了。人就會這山望著那山高，不停地攀登，爭強好勝，與人比較，怎麼做人，如何處世，絞盡腦

汁，機關算盡，永無滿足的一天，因為這個世界原本就是一個圓，人外還有人，天外還有天，循環往復，綠水長流。而人的生命是短暫的，有限的，哪裡能夠去與永恆和無限比較呢？

在生活中，不少人到了人生的第二重境界就到了人生的終點。追求一生，勞碌一生，心高氣傲一生，最後發現自己並沒有達到自己的理想，於是抱恨終生。但是有一些人透過自己的修煉，終於：把自己提升到了第三重人生境界，茅塞頓開，回歸自然。

人在這時候便會專心致志做自己應該做的事情，不與旁人有任何計較。任你紅塵滾滾，自有清風朗月。面對繁雜世俗主事，一笑了之，了了有何不了。這個時候的人看山又是山，看水又是水了。

「人本是人，不必刻意去做人；世本是世，無須精心去處世」，這才是真正的做人與處世。

心靈物語

> 人生須專心地做自己應做的事，任你紅塵滾滾，自有清風朗月。

● 別做金錢的奴隸

利奧·羅斯頓是美國最胖的好萊塢影星。西元 1936 年，他在英國演出時，因心臟衰竭被送進湯普森急救中心。搶救人員用了最好的藥，動用了最先進的設備，仍沒挽回他的生命。

臨終前，羅斯頓曾絕望地喃喃自語：「你的身軀很龐大，但你的生命需要的僅僅是一顆心臟！」

羅斯頓的這句話，深深觸動了在場的哈登院長，作為心外科專家，他

流下了淚。為了表達對羅斯頓的敬意，同時也為了提醒體重超標的人，他讓人把羅斯頓的遺言刻在了醫院的大樓上。

西元 1983 年，一位叫默爾的美國人也因心臟衰竭住了進來。他是位石油大亨，兩伊戰爭使他在美洲的 10 家公司陷入危機。為了擺脫困境，他不停地往來於歐、亞、美之間，最後舊病復發，不得不住進醫院。

他在湯普森醫院包了一層樓，增設了 5 部電話和 2 部傳真機。當時的《泰晤士報》是這樣渲染的：湯普森 —— 美洲的石油中心。

默爾的心臟手術很成功，他在這裡住了 1 個月就出院了。不過他沒回美國。蘇格蘭鄉下有一棟別墅，是他 10 年前買下的，他在那裡住了下來。

西元 1998 年，湯普森醫院百年慶典，邀請他參加。記者問他為什麼賣掉自己的公司，他指了指醫院大樓上的那一行金字。不知記者是否理解了他的意思，總之，在當時的媒體上沒找到與此有關的報導。

後來人們在默爾的一本傳記中發現這麼一句話：「富裕和肥胖沒什麼兩樣，也不過是獲得超過自己需要的東西罷了。」

要有合乎時代的「金錢感覺」，說來容易，實際做來卻有困難。因為對事情的想法和創意，多多少少會受限於生長的環境，所以雖然知道，卻不容易做到。

因此，我們要把一個真理銘記於心：「不要做金錢的奴隸！」

換句話說，就是不要被金錢所束縛，單是這個基本的想法，就值得跨越任何時代而銘記於心。

心靈物語

金錢只是使我們生活便利的工具，我們絕不能淪為金錢的奴隸。只有這樣，你才能在面對金錢時不喪失良心，不做違背道德的事情。

● 不必完美

美國心理學家納撒尼爾·布蘭登（Nathaniel Branden）舉過一個他親身經歷的例子。

許多年前，一位叫洛蕾絲的 24 歲年輕婦女無意中讀了他的一本書，便找他來進行心理治療。洛蕾絲有一副天使般的面孔，可罵起人來卻粗俗不堪，她曾吸毒、賣淫。

布蘭登說，她做的一切都使我討厭，可我又喜歡她，不僅因為她的外表相當漂亮，而且因為我確信在墮落的表象下她是個出色的人。起初，我用催眠術使她回憶她在國中是個什麼樣的女孩子。

她當時很聰明，但是不敢表現自己，怕引起同學的嫉妒。她在體育上比男孩強，招惹來一些人的諷刺挖苦，連她哥哥也怨恨她。我讓她做真空練習，她哭泣著寫了這樣一段話：你信任我，你沒有把我看成壞人！你使我感到痛苦，也感到了希望！你把我帶到 —— 了真實的生活，我恨你！

一年半後，洛蕾絲考取洛杉磯大學學習寫作，幾年後成為一名記者，並結了婚。10 年後的一天，我和她在大街上相遇，我幾乎認不出她了：衣著華麗，神態自若，生機勃勃，絲毫不見過去的創傷。

寒暄後，她說：「你是沒有把我當成壞人看待的那個人，你把我看做一個特殊的人，也使我看到了這一點。那時我非常恨你！承認我是誰，我到底是什麼人，這是我一生中從未遇到的事。人們常說承認自己的缺點是多麼不容易的事，其實承認自己的美德更難。」

真正面對成功，就必須要學會放棄完美，不求完美，因為我們的確不是完美無缺的。這是一個令人寬慰的事實，我們越早接受這一事實，就越能及早地向新的目標邁進，這是人生的真諦。

　　沒有自我接受、自我肯定這個先決條件，我們怎麼會改進和提升呢？

　　你站在一面全身鏡前，觀察自己的面孔和全身。你可能喜歡某些部分，而不喜歡另外某些部分。有些地方可能不怎麼耐看，使你感到不安，但如果你看自己不喜歡的樣子，請你不要逃避，不要牴觸，不要否認自己的容貌。

　　這個時候你就需要放棄完美，放棄「公共化」的標準，而用自己的標準來看待自己。否則你就無法自我接受、自我肯定。法國大思想家盧梭說得好：「大自然塑造了我，然後把模子打碎了。」這話聽起來似乎有點深奧，其實說的是實在話。

　　可惜的是，許多人不肯接受這個已經失去了模子的自我，於是就用自以為完美的標準，即公共模子，把自己重新塑造一遍，結果彼此就變得如此相似，都失去了自我。

　　「成為你自己！」這句格言之所以知易行難，道理就在於此。失去了自我，失去了個性與自我意識，你還談什麼改進和提升呢？

　　應當怎麼辦？你要用自己的眼光注視鏡子裡面的自我形象，並試著對自己說：「無論我的什麼缺陷，我都無條件地完全接受，並盡可能喜歡我自己的模樣。」你可能想不通：我明明不喜歡我身上的某些東西，我為什麼要無條件地完全接受呢？

　　接受意味著接受事實，承認鏡子裡的面孔和身體就是自己的模樣。接受自己承認事實，你會覺得輕鬆一點，感到真實和舒服了。時間不長，你就會體會到自我接受與自信自愛之間相輔相成的關係。我們學會接受自我，才會構建屬於自己的頭腦。

第九章　別跟自己過不去

每個人都有或多或少的缺陷，正是這些缺陷才使我們更加真實、更加可愛。我們本不必為追求完美而迷失了自己，學會接受真實的自我，才會使你的生活更輕鬆、更充實。

第十章　越過心靈的低谷

　　人生不如意事十有八九。而生活中的煩惱與憂愁猶如海水裡的波浪一樣多，一波未平一波又起。情緒能夠在數小時、數日、甚至數週內控制和影響人的心境和感受。當人的情緒低落時，就會變得懶惰、喪失主動性，使智慧與才能的正常發揮受到阻礙。所以，當人誤入心靈的低谷時，應努力盡早走出。

● 不碎的是意志

有一個人生長在農村，國中唯讀了兩年，家裡就沒錢繼續供他上學了。他輟學回家，幫父親耕種三畝薄田。

在他 19 歲那年，父親去世了，家庭的重擔全部壓在了他的肩上。他要照顧身體不好的母親，還有一位癱瘓在床的祖母。

1980 年代，農田承包到戶。他把一塊水窪挖成池塘，想養魚。但鄉里的幹部告訴他，水田不能養魚，只能種莊稼，他只好把水塘填平。這件事成了一個笑話，在別人的眼裡，他是一個想發財但非常愚蠢的人。

後來，聽說養雞能賺錢，他向親戚借了 1,000 元，養起了雞。但是一場洪水後，雞得了雞瘟，幾天內全部死光了。1,000 元對別人來說可能不算什麼，對一個只靠三畝薄田生活的家庭而言，不亞於天文數字。他母親受不了這個刺激，竟然憂鬱而死。

他後來釀過酒、捕過魚，甚至還在採礦的懸崖上幫人爆破……可都沒有賺到錢。35 歲的時候，他還沒有娶到老婆。即使是寡婦也看不上他。因為他家的那一間土房已經成為村裡有名的危房，一場大雨就有可能使它倒塌。娶不上老婆的男人，在農村是沒有人看得起的。

但他還想搏一搏，就四處借錢買了一輛手扶拖拉機。不料，上路不到半個月，這輛拖拉機就載著他沖入河裡。他斷了一條腿，成了瘸子。而那拖拉機，被人撈起來時，已經支離破碎，他只能拆開它，當作廢鐵賣。

在別人看來，他這輩子算是完了。

但是後來他卻成了城裡一家公司的老總，擁有 2 億元的資產。現在，許多人都知道他苦難的過去和富有傳奇色彩的創業經歷。媒體採訪過他，紀實文學描述過他。其中有這樣一個情節。

記者問他：「在苦難的日子裡，你憑什麼一次又一次毫不退縮？」

他坐在寬大豪華的老闆桌後面，喝完了一杯水。然後，他把玻璃杯子握在手裡，反問記者：「如果我鬆手，這個杯子會怎樣？」

記者說：「摔在地上，碎了。」

「那我們試試看。」他說。

他手一鬆，杯子掉到地上發出清脆的聲音，但並沒有破碎，而是完好無損。他說：「即使有 10 個人在場，他們都會認為這只杯子必碎無疑。但是，這個杯子不是普通的玻璃杯，而是用玻璃鋼製作的。而我，就是這杯子。」

心靈物語

其實，有「摔不碎的意志」的人，無論上天給他怎樣的挫折與苦難，他都能在生存的縫隙中抓住成功的機會，奮起一搏。

● 希望永不破滅

很久以前，為了開闢新的街道，倫敦拆除了許多陳舊的樓房。然而新路卻久久沒能開工，舊樓房的廢墟被晾在那裡，任憑日晒雨淋。

有一天，一群自然科學家來到這裡，他們發現，在這一片多年未見天日的舊地基上，這些日子裡因為接受了春天的陽光雨露，竟出了一片野花野草。

奇怪的是，其中有一些花草卻是在英國從來沒有見過的，它們通常只生長在地中海沿岸國家。這些被拆除的樓房，大多都是在古羅馬人沿著泰晤士河進攻英國的時候建造的。

這些花草的種子多半就是那個時候被帶到了這裡，它們被壓在沉重的石頭磚瓦之下，一年又一年，幾乎已經完全喪失了生存的機會。但令人感到意外的是，它們見到陽光，就立刻恢復了勃勃生機，綻開了一朵朵美麗的花朵。

　　其實，人的生命也是如此。一個人，不管他經受了多少打擊，也不管他經歷了多少苦難，一旦愛的陽光照耀在了他的身上，他便能治癒創傷，便能重獲希望，便能萌生出新的生機，哪怕是在荒涼惡劣的環境裡，也依然能夠放射出自己的生命之光。

心靈物語

> 在挫折和逆境中保持旺盛的鬥志，蓄勢待發的人，就像被埋藏了數千年的花草種子，只要發現成功的轉機，就會迅速地發芽開花。

● 彎腰的暫學

　　孟買佛學院是印度最著名的佛學院之一，這所佛學院之所以著名，除了它建院歷史的久遠、輝煌的建築和它培養出了許多著名的學者以外，還有一個特點是其他佛學院所沒有的。

　　這是一個極其微小的細節，但是，所有進入過這裡的人，再出來的時候，幾乎無一例外地承認，正是這個細節使他們頓悟，正是這個細節讓他們受益無窮。

　　這是一個很簡單的細節，只是我們都沒有在意：在孟買佛學院的正門一側，又開了一個小門，這個小門只有 1.5 公尺高、40 公分寬，一個成年人要想過去必須彎腰側身，不然就會撞到。

　　這正是孟買佛學院給它的學生上的第 1 堂課。所有新來的人，教師都會引導他到這個小門旁，讓他進出一次。很顯然，所有的人都是彎腰側身進出的，儘管有失禮儀和風度，但是卻達到了目的。

　　教師說，大門出入當然方便，而且能夠讓一個人很體面、很有風度地出入。但是，有很多時候，我們要出入的地方並不都是有著壯觀的大門的，況且，有的大門也不是隨便可以出入的。這個時候，只有學會了彎腰和側身的人，只有暫時放下尊貴和體面的人，才能夠出入。否則，有很多時候，你就只能被擋在院牆之外了。

　　佛學院的教師告訴他們的學生，佛家的哲學就在這個小門裡，人生的哲學也在這個小門裡。人生之路，尤其是通向成功的路上，幾乎是沒有寬闊的大門的，所有的門都是需要彎腰側身才可以進出。

心靈物語

　　人生的道路會有曲折與艱險，會有深淵與泥潭，但只需你懂得了彎腰的哲學，度過難關之後，迎來的必是一馬平川。

● 一切都能應付過去

　　辛・吉尼普的父親得了肺結核，那段日子，正碰上全美經濟危機，吉尼普和妻子先後失業，經濟拮据。父親的病使得本不富裕的家裡雪上加霜。老吉尼普生病時，仗著他曾經是俄亥俄州的拳擊冠軍，有著硬朗的身子，才挺了過來。

　　那天，吃完晚飯，父親把他們叫到病榻前。他一陣接一陣地咳嗽，臉色蒼白。他艱難地掃了每個人一眼，緩緩地說：「我想告訴你們一件事

情。那是在一次全州冠軍對抗賽上，我的對手是個人高馬大的黑人拳擊手，而我個子矮小，一次次被對方擊倒，牙齒也出血了。我在臺上不止一次地想到過要放棄。」

「但在休息時，教練鼓勵我說：『辛，你不痛，你能挺到第 12 局！』我也跟著說，『不痛。我能應付過去！』之後，我感到自己的身子像一塊石頭、像一塊鋼板，對手的拳頭擊打在我身上發出空洞的聲音。」

「跌倒了又爬起來，爬起來又被擊倒了，但我終於熬到了第 12 局。對手戰慄了，我開始了反攻，我是用我的意志在擊打，長拳、勾拳，又一記重拳，我的血和他的血混在一起。眼前有無數個影子在晃，我對準中間的那個狠命地打⋯⋯他倒下了，而我終於挺過來了。哦，那是我唯一的一枚金牌。」

說話間，他又咳嗽起來，額上汗珠紛紛而下。他緊握著吉尼普的手，苦澀地一笑：「不要緊，才一點點痛，我能應付過去。」

第二天，父親就去世了。

父親死後，家裡的境況更加艱難。吉尼普和妻子天天跑出去找工作，晚上回來，總是面對面地搖頭，但他們不氣餒，互相鼓勵說：「不要緊，我們會應付過去的。」

後來，當吉尼普和妻子都重新找到了工作，坐在餐桌旁靜靜地吃著晚餐的時候，他們總會想到父親，想到父親的那句話：我能應付過去。

心靈物語

> 就像不可能總是一帆風順一樣，我們不會總處於困境之中，困境只是上蒼對我們的考驗，你應該昂起頭，微笑著說：「一切都能應付過去！」

● **生命的滋味**

只有一個真正嚴肅的哲學問題，那就是自殺。這是卡繆（Albert Camus）《薛西弗斯神話》裡的第一句話。朋友提起這句話時，正躺在醫院急診室的病床上，140 粒安眠藥沒有撂倒他，他又能夠微笑著和大家說活了。

另一位朋友肺癌晚期，一年前醫生就下過病危通知書，是錢、藥、家人的愛在一點一點地延長著他的生命。對於病人，病痛的折磨或許會讓他感到生不如死，但對於親人來說，不惜一切代價，只要他活著，只要他在那裡。

人無權決定自己的生，但可以選擇死。為什麼要活著？怎樣活下去？是人終生都要面對的問題。

有一個春天，李傑很憂鬱，是那種看破今生的絕望，那種找不到目的和價值的空虛，那種無枝可棲的孤獨與蒼涼。一個下午，李傑抱了一大堆影碟躲在屋內，心想就這樣看影片看到死算了。直到他看到一部伊朗影片《櫻桃的滋味》，他的心弦被輕輕地撥動了。

那時李傑的電腦還沒裝喇叭，只能靠中文字幕的對白了解劇情。劇情大致是這樣的。

巴迪先生驅車走在一條山間公路上，他神情從容鎮靜，穩穩地操縱著方向盤。他要尋找一個可以幫忙埋掉他的人，並付給對方 20 萬元。一個士兵拒絕了，一位牧師也拒絕了。天色不早了，巴迪先生依然從容鎮靜地驅車在公路上尋覓。

這時他遇到了一個鬍子花白的老人，老人告訴他一個故事：我年輕的時候也曾想過要自殺，一天早上，我的妻子和孩子還沒睡醒，我拿了一根

繩子來到樹林裡，在一顆櫻桃樹下，我想把繩子掛在樹枝上，扔了幾次也沒成功，於是我就爬上樹去。那時是櫻桃成熟的季節，樹上掛滿了紅瑪瑙般晶瑩飽滿的櫻桃。我摘了一顆放進嘴裡，真甜啊！於是我又摘了一顆。我站在樹上吃櫻桃。太陽出來了，萬丈金光灑在樹林裡，塗滿金光的樹葉在微風中搖擺，滿眼細碎的亮點。

我從未發現樹林這麼美麗。這時有幾個上學的小學生來到樹下，讓我摘櫻桃給他們吃。我搖動樹枝，看他們歡快地在樹下撿櫻桃，然後高高興興去上學。看著他們的背影遠去，我收起繩子回家了。從那以後我再也不想自殺了。生命是一列向著一個叫死亡的終點疾馳的火車，沿途有許多美麗的風景值得我們留戀。

夜幕降臨了，巴迪先生披上外套，熄滅了屋內的燈，走進黑暗中。夜色裡只看到車燈的一線亮光。然後是無邊的、長久的黑暗⋯⋯

天亮了，遠處的城市和近處的村莊開始甦醒，巴迪先生從洞裡爬出來，伸了個懶腰，站在高處遠眺。

看到這裡李傑決定認認真真地洗個臉，把皮鞋擦亮，然後到商場買束鮮花給自己。

後來李傑曾經問過一位欲放棄生命的朋友，問他體驗死亡的感覺如何。他說一直在昏迷中，沒感覺什麼痛苦。倒是出院的那天，看到陽光如此的明媚，外面的世界如此的新鮮，大街上女孩們穿著紅格子裙，真是可愛。長這麼大第一次發現世界是這樣的美好。

世界還是那個世界，只是感受世界的那顆心不同而已。

患肺癌的朋友已經離開了，記得他生前愛吃那種烤得兩面焦黃的厚厚的鍋盔（類似發酵麵餅）。每次看到賣餅的小販推著小車走來，就會悵然，若他活著該多好！可惜那些吃餅的人，已經體會不到自己能夠吃餅的幸福了。

　　為什麼要活著？就為了櫻桃的甜，餅的香。靜下心來，認真去體驗一顆櫻桃的甜，一塊餅的香，去享受春花燦爛的刹那，秋月似水的柔情吧。就這樣活下去，把自己生命過程的每一個細節都設計得再精美一些，再純淨一些。不要為了追求目的而忽略過程，其實過程即目的。

心靈物語

> 生命的滋味不能一言蔽之。有人想永生，有人想提前結束，有人活得有滋有味，有人活得太苦太難。可不論人們怎樣，生命總是生生不息。

● 螞蟻人生

　　布奇是位鰥夫，今年已90歲了。不過看樣子他至少還能活20個年頭。

　　布奇從來不談論自己的長壽之道，其實這也沒有什麼奇怪的，他平時就是個寡言少語的人。

　　布奇雖然不愛說話，卻很樂於幫助別人。因此他擁有不少莫逆之交。據他的朋友透露，他母親生他時難產死了；他5歲那年，他家鄉發生水災，大水一直漫過房頂。他坐在一塊木板上，他的父親和幾個哥哥扶著木板在水裡游著。在那個生命之舟上，他眼睜睜地看著巨浪把自己的幾個哥哥一個個地卷走。

　　當他看到陸地的時候，父親也筋疲力盡，隨水而走。他是全家唯一的倖存者。經此磨難，他活潑的眼神變得呆滯了，他的眼前似乎總是瀰漫著一片茫茫大水。

　　布奇長大成人，結了婚，溫柔美麗的妻子為他生了5個可愛的孩

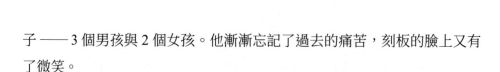

子——3 個男孩與 2 個女孩。他漸漸忘記了過去的痛苦,刻板的臉上又有了微笑。

天有不測風雲,人有旦夕禍福。全家出去郊遊時,布奇僱了一輛汽車,可是汽車不夠寬敞,他只好騎著自行車興致勃勃地跟在後面。這時車禍發生了。布奇又成了孤身一人。那一瞬間,他的眼神又變得像木頭一樣呆滯了。

此後,布奇再也沒結過婚。他當過兵,出過海。他沒日沒夜地跟苦難的朋友們待在一起,傾盡全力幫別人的忙。布奇也經歷了各式各樣的驚濤駭浪,然而,死神逼近的時候,總是擁抱別的靈魂,好像他有上帝的護身符一樣。

不知什麼時候,90 歲的布奇已站在我們身後,他蒼涼的聲音像遠古時期的洪流衝擊著每一個人:

「在離我 10 公尺遠近的水面上,一窩螞蟻抱成足球那麼大的一團漂浮著。每一秒鐘都有螞蟻被洪水沖出這個球。當這窩螞蟻跟 5 歲的我一起登上陸地時,牠們竟還有網球那般大。」

心靈物語

螞蟻的堅忍與對生命的追求啟發了布奇。布奇的傳奇人生感化了我們。對於堅忍的生命來說,苦難只是人生的插曲而已,它並不會破壞生命的主旋律。

● 種一棵「煩惱樹」

　　一個農場主，僱了一個水管工來安裝農舍的水管。不知是否老天故意和水管工作對，那天他的運氣糟透了。第一天，車子的輪胎爆裂了，耽誤了一個小時，後來電鑽也「罷工」了，開來的那輛載重 1 噸的老爺車說什麼也不再啟動。

　　他收工後，僱主開車送他回家。到了家門前，為了感謝僱主，他邀請僱主進屋坐坐。在門口，僱主發現，滿臉晦氣的水管工沒有馬上進去，而是沉默了一陣子，接著伸出雙手，撫摸門旁一棵小樹的枝椏，像是自言自語地說了些什麼。

　　待到門打開，水管工笑顏逐開，和兩個孩子緊緊擁抱，再給迎上來的妻子一個響亮的吻，像變了一個人一樣。在家裡，水管工喜氣洋洋地招待這位新朋友。僱主離開時，水管工陪他向車子走去。僱主按捺不住好奇心，問：「剛才你在門口的動作，有什麼用意嗎？為什麼你能在瞬間像換了個人呢？」

　　水管工爽快地回答：「哦，這是我的『煩惱樹』。我到外頭工作，不愉快的事情總是有的，可是煩惱不能帶進門，不能因自己的煩惱而影響太太和孩子的心情。我就把它們掛在煩惱樹上，讓老天爺管著，明天出門再拿走。奇怪的是，第二天我到樹前去，『煩惱』大半都不見了。」

心靈物語

栽上一棵「煩惱樹」，清除心靈的垃圾，讓快樂生活陪伴在你的左右。

第十章　越過心靈的低谷

● 絕望之後必輕鬆

　　我們在處於絕望狀態時，往往會設法逃避現實，甚至希望得到他人的庇護。可是，著名政治家邱吉爾卻不然，他深知在那種消極的情緒支配下，不可能馬上找到解決的良方，因而要大膽地承認和接受眼前這絕望的現實，並借助這種豪邁的氣概和客觀的態度來鼓起自己的勇氣。

　　有關英國前首相邱吉爾的傳說很多。第二次世界大戰爆發前曾流傳這樣一個故事。

　　當時戰爭已無法避免，有天一位高級軍官報告說：「依我看，事態的發展令人感到絕望。」這時邱吉爾鎮定地說：「的確，絕望的心情無法用言辭來表達。」邱吉爾首先肯定和承認這一現實，然後繼續說：「可我感到我年輕了 20 歲！」

　　絕望和承認絕望是截然不同的兩種精神活動。承認自己絕望的處境才能客觀地看待自己！因此，處於絕望狀態時，承認自己處於絕望狀態這一現實，不僅能鬆弛自己的情緒，甚至還能使自己設法擺脫絕望的處境。

　　有一本人生雜誌，上面刊載如下的新聞：有一位曾在戰場上受傷的士兵，當他從麻醉手術臺上醒過來的時候，軍醫對他說：「你再休息一會兒，你就會痊癒了，唯一遺憾的是，你已經失去一隻腳了。」

　　沒有想到，這位傷兵卻大聲抗議說：「不對，我這隻腳不是失去的，而是被我遺棄的。」

　　任何人在讀完這篇報導後，都對這位士兵那種毫不沮喪接受悲劇事實的勇敢感到由衷敬佩。他能把失去的，改稱為被遺棄的，顯然表示他已經越過絕望的深淵。

　　不管「失去的」也好，「被遺棄的」也好，反正是自己已經沒有了的東西，這是一個改變不了的事實。不過，如果你認為它是失去的東西，那

麼，你的意志與感受便會不斷地牽掛在那件失去的事物上。

　　換句話說，失去的東西具有尚未了結的性質，所以內心一定會萬分地惋惜，甚至還會想不開；相反，如果你把它想像成被遺棄的東西，那就表示它是廢物，在這種情況下，你就會以輕鬆的心情來處理事物，而且對它不再眷戀。

　　在我們的人生中，失去的東西顯然不計其數。然而，只要我們把那些東西當做被遺棄的廢物時，沮喪的感覺就會減輕許多。也只有這樣，絕望之後才會感覺輕鬆。

心靈物語

處於絕望狀態時，承認「絕望」這一現實，才能放鬆心情，使自己擺脫絕望境地，生活才能輕鬆愉快。

● 選擇堅強地活下去

　　這是發生在日本的一則故事。

　　一個女人死了丈夫，家鄉又遭受了災禍，不得已，她帶著兩個孩子背井離鄉，輾轉各地，好不容易得到一個善良人家的同情，把一個倉庫的一角租借給她們母子三人居住。

　　空間很小，只有 3 張榻榻米大小，她鋪上一張席子，裝上一個沒有燈罩的燈泡、一個炭爐、一個吃飯兼孩子學習兩用的小木箱，還有幾床破被褥和一些舊衣服，這是他們的全部家當。

　　為了維持生活，女人每天早上 6 點離開家，先去附近的大樓做清掃工作，中午去學校幫助學生發食品，晚上到飯店洗碗。結束一天的工作回到

家裡已是深夜十一二點鐘了。於是，家務的擔子全都落在了大兒子身上。

　　為了一家人能活下去，女人披星戴月，從沒睡過一個安穩覺，但生活還是那麼清苦。她們就這樣生活著，半年、8 個月、10 個月⋯⋯做母親的不忍孩子們跟她一起過這種苦日子。她想到了死，想和兩個孩子一起離開人間，到丈夫所在的地方去。

　　這一天，女人泡了一鍋豆子，早上出門時，留下一張紙條給大兒子：「鍋裡泡著豆子，把它煮一下，晚上當菜吃，豆子煮熟時醬油少放點。」

　　又經過了一天的辛勞和疲憊，女人偷偷買了一包安眠藥帶回家，打算當天晚上和孩子們一塊死去。

　　她打開房門，見兩個兒子已經鑽進席子上的破被褥裡，並排入睡了。忽然，女人發現大兒子的枕邊放著一封信，便有氣無力地拿了起來。上面這樣寫道：

　　「媽媽，我照您紙條上寫的那樣，認真地煮了豆子，豆子爛了時放了醬油。不過，晚上盛出來給弟弟當菜吃時，弟弟說太鹹了，不能吃。弟弟只吃了點冷水泡飯就睡覺了。」

　　「媽媽，實在對不起。不過，請媽媽相信我，我的確是認真煮豆子的。媽媽，嚐一粒我煮的豆子吧。而且，明天早上不管您起得多早，都要在您臨走前叫醒我，再教我一次煮豆子的方法。」

　　「媽媽，我們知道您已經很累了。我知道媽媽是在為我們操勞。媽媽，謝謝您。不過請媽媽一定保重身體。我們先睡了。媽媽，晚安！」

　　淚水從女人的眼裡奪眶而出。

　　「孩子年紀這麼小，都在頑強地伴著我生活⋯⋯」母親坐在孩子們的枕邊，伴著眼淚一粒一粒地品嚐著孩子煮的鹹豆子。一種信念在她的心中升騰而起：我選擇堅強地活下去。

女人摸摸裝豆子的布口袋，裡面正巧剩下一粒豆子。她把它撿出來，包進大兒子寫給她的信裡，她決定把它當做護身符帶在身上。

心靈物語

困難是打不倒堅強的意志的，不論遇到什麼挫折，都沒有理由絕望，都要堅強地活下去。

● 獨奏堅強

如果不是親眼所見，王卓簡直不敢相信那是真的：耀眼的鎂光燈下，一個男孩用他無手的右胳膊，拉出了悅耳的《江河水》。二胡的琴弓就綁在光禿禿的右臂上，在胳膊的帶動下，抹、拉、抖、顫，種種高難度的二胡動作，被他表現得淋漓盡致。

一曲終了，臺下響起雷鳴般的掌聲。主持人也動情地說：「這位少年小時候被高壓電擊中，截去了雙手。他一度悲觀、絕望，但他最終站了起來，並拜師學習二胡。他把琴弓綁在右胳膊上，剛開始的時候，琴弓與胳膊怎麼也配合不好，等到掌握了二胡的技法，殘存的胳膊也磨出了老繭，而在繭之下，埋藏的是曾經的血肉模糊和疼痛難忍，還有對怨天尤人的訣別。」

此時此刻，王卓的心情單純用感動二字是無法表達的。和他相比，我們這些四肢健全的人，又做得怎樣？尤其初涉人世的時候，家人的誤解，考試失利，朋友的欺詐，職業的暫無著落，工作的失誤，都有可能使我們意志消沉，甚至在打擊面前加上「致命」二字。

和生活比腕力，我們有幾次是問心無愧的勝利者？

也許，現實是另一種形式的「二胡」，挫折與磨難會使我們一時手足無措 —— 就像那位少年剛失去雙手時的感覺。也許人生之路，就像繃得緊緊的琴弦 —— 是奏出動人的音樂，還是拉出噪音，全靠你自己的精神如何。

巧合的是，那天電視裡也播放了另一組鏡頭，一個屢屢行竊的少年犯，他在攝像機前聲淚俱下。他的手可謂修長，甚至他的名字也可以用「三隻手」來代替。然而，他只詮釋了失敗與墮落。

心靈物語

> 在困境中用生命獨奏堅強的人，得到的是眾人的尊重與靈魂的昇華，他們用自己的意念演奏了華美的人生樂章。

● 沉浮人生

日本「經營之神」松下幸之助，小時候有一次看見農民洗甘薯，這一尋常的舉動卻讓他悟出了一番做人的道理。

農民用木制的特大號水桶，裝滿了要洗的甘薯，然後用一根扁平的大木棍不停地攪拌。在木桶裡，大小不一的甘薯，隨著木棍的攪動，忽沉忽現。有趣的是，浮在上面的甘薯，不會永遠在上面；沉在下面的甘薯，也不會永遠在下面。甘薯總是浮浮沉沉，互有輪替。

甘薯是這樣，生活何嘗不是這樣！

松下深有體會地說：「這種沉沉浮浮、互有輪替的景象，正是人生的寫照。每一個人的一生，都像那個甘薯一樣，總是浮浮沉沉，不會永遠春風得意，也不會永遠窮困潦倒。這樣持續不停地一浮一沉，就是對每個人

最好的磨練。」

松下雖然在商界聲名顯赫，業績輝煌，其實他一生充滿著不幸與坎坷。他 11 歲輟學；13 歲喪父；17 歲差一點溺水而亡；20 歲喪母，還得肺病差點逝世；34 歲，唯一的兒子出生僅 6 個月就病故；他一生受病魔糾纏，常常因病而臥床。

然而，每當他遭受打擊與挫折時，他就會想起鄉下人洗甘薯那一幕，他相信厄運能變成好運，危機就是轉機，逆境能變為順境。於是，他百折不撓，愈挫愈勇，最終戰勝逆境，轉敗為勝，化危為安。

心靈物語

人生確實如此，沒有人會永遠一帆風順，同樣也不會有永遠的泥潭將你深埋。人的一生有低潮，就會有高潮，但你別指望永遠站在浪尖上。當你的心情跌到谷底時，一定要懂得積聚力量，為再次「衝浪」做好一切準備。

● 方法總比困難多一個

詹妮芙・派克小姐是美國鼎鼎有名的律師。她曾被自己的同行 —— 資深的律師馬格雷先生愚弄過一次，但是，恰恰是這次愚弄使詹妮芙小姐名揚美國。

使詹妮芙揚名的故事是這樣的。

一位名叫康妮的小姐被美國「全國汽車公司」製造的一輛卡車撞倒，司機踩了剎車，卡車把康妮小姐捲入車下，導致康妮小姐被迫截去了四肢，骨盆也被碾碎。康妮小姐說不清楚自己是在冰上滑倒跌入車下，還是

被卡車捲入車下，馬格雷先生則巧妙地利用了各種證據，推翻了當時幾名目擊者的證詞，康妮小姐因此敗訴。

傷心、絕望的康妮小姐向詹妮芙・派克小姐求援。詹妮芙透過調查掌握了該汽車公司的產品近年來的 15 次車禍——原因完全相同，該汽車的制動系統有問題，急剎車時，車子後輪會打轉，把受害者捲入車底。

詹妮芙對馬格雷說：「卡車制動裝置有問題，你隱瞞了它。我希望汽車公司拿出 200 萬美元來賠償那位女孩，否則，我們將會提出控告。」

馬格雷回答道：「好吧，不過我明天要去倫敦，一個星期後回來，屆時我們研究一下，做出適當安排。」

一個星期後，馬格雷卻沒有露面。詹妮芙感到自己上當了，但又不知道為什麼上當，她的目光掃到了日曆上——詹妮芙恍然大悟，訴訟時效已經到期了。詹妮芙怒氣衝衝地打給馬格雷，馬格雷在電話中得意洋洋地放聲大笑：「小姐，訴訟時效今天過期了，誰也不能控告我們了！希望你下一次變得聰明些！」

詹妮芙幾乎要被氣瘋了，她問祕書：「準備好這份案卷要多少時間？」

祕書回答：「需要三四個小時。現在是下午 1 點鐘，即使我們用最快的速度草擬好檔，再找到一家律師事務所，由他們草擬出一份新檔交到法院，那也來不及了。」

「時間！時間！該死的時間！」詹妮芙急得團團轉。突然，一道靈光在她的腦海中閃現——「全國汽車公司」在美國各地都有分公司，為什麼不把起訴地點往西移呢？隔 1 個時區就差 1 個小時啊！

位於太平洋上的夏威夷在西十區，與紐約時間相差整整 5 個小時！對，就在夏威夷起訴！

詹妮芙贏得了至關重要的幾個小時，她以強而有力的論證、催人淚下的語言，使陪審團的成員們大為感動。陪審團一致裁決：詹妮芙勝訴，「全國汽車公司」賠償康妮小姐 600 萬美元損失費！

心靈物語

成功的人找方法，失敗的人找藉口。面對困難，我們需要的是積極尋找方法，而不是用藉口來敷衍事實。關鍵時候冷靜對待有助於探索方法，使事情有所轉機，相信柳暗花明又一村總會來到。

● 再等待 3 天

應邀訪美的作家在紐約街頭遇見一位賣花的老太太。這位老太太穿著相當破舊，身體看上去很虛弱，但臉上滿是喜悅。女作家挑了一朵花說：「你看起來很高興。」

「為什麼不呢？一切苦難都會過去的。」接著她像對待老朋友一樣向作家講述了她不幸的一生。

她的丈夫在第二個孩子還沒有出世時就去世了，之後她一人挑起了生活的重擔。在第二次世界大戰中，又傳來了她的兩個兒子都陣亡的噩耗。

「你很能承擔苦難。」老太太平靜的敘述令作家感到吃驚。

老太太的回答令作家更為吃驚：「耶穌在星期五被釘在十字架上的時候，那是全世界最糟糕的一天，但 3 天後就是復活節。所以，當我遇到不幸時，我就想再等待 3 天，一切也會恢復正常的。」

心靈物語

一些常常抱怨生命不幸、命運不公的人，會感慨「一切都讓我心生絕望」。如此說話的人，通常都不知道什麼叫真正的「滅頂之災」，很多時候眼前的痛苦並不算什麼大不了的事情。武田麻方在自傳《抗爭》中說：「沒有天生的強者，一個人只有站在懸崖邊時才會真正堅強起來。」

● 首先將你的心跳過去

布卡（Sergey Bubka）是舉世聞名的奧運會撐竿跳冠軍，享有「撐竿跳沙皇」的美譽。他曾數十次創造撐竿跳世界紀錄，所保持的兩項世界紀錄，迄今無人打破。

在接受「國家勳章」的授勳典禮上，記者們紛紛提問：「你成功的祕訣是什麼？」

布卡微笑著說：「很簡單，每次撐竿跳之前，我都會先讓自己的心『跳』過橫杆。」

作為一名撐竿跳選手，在成名之前，儘管布卡不斷嘗試新的高度，但每次都以失敗告終。他既沮喪又苦惱，甚至懷疑過自己的潛力。

有一天，他來到訓練場，搖頭對教練說：「我實在跳不過去。」

教練平靜地問：「你是怎麼想的？」

布卡如實回答：「只要踏上起跳線，一看那根高懸的橫杆，心裡就害怕。」

教練看著他，突然厲聲喝道：「布卡，你現在要做的就是閉上眼睛，先讓你的心從標杆上『跳』過去。」

教練的訓斥，讓布卡如夢初醒。遵從教練的吩咐，他重新撐杆，這一次，他順利地躍身而過。

教練欣慰地笑了，語重心長地說：「記住，先將你的心從標杆上『跳』過去，你的身體就一定會跟著過去。」

心靈物語

在一個沒有勇氣的人眼中，任何挫折都是不可戰勝的。如果你真的能夠勇往直前，將你的心跳過標杆，你的身體就一定能跨越過去。每當遇到難題時，我們都要先從心理上打敗它，認定自己必勝無疑。只有具備這種無比堅定的信心，才能越過人生的橫杆。

● 天助自助者

車夫駕著一輛滿載貨物的馬車走在鄉間的路上，一不小心陷進了泥坑裡。在鄉下的田野上，會有誰來幫這個可憐人呢？這完全是命運之神有意惹人發怒而安排的。

車陷入泥坑裡使車夫大動肝火，罵不絕口。他罵泥坑，罵馬，又罵車子和自己。無奈之中，他只得向天神求救。

「神啊！」車夫懇求道，「請你幫幫忙，你的背能扛起天，把我的車從泥坑中推出來對你來說應該是舉手之勞。」

剛祈禱完，車夫就聽到神從雲端發話了：「神要人們自己先動腦筋、想辦法，然後才會給予幫助。你先看看，你的車困在泥坑裡究竟是什麼原因？為什麼會陷入泥坑？拿起鋤頭清除車輪周圍的泥漿和爛泥，把礙事的石頭都砸碎，把車轍填平，你不自己嘗試一下怎麼行呢？」

過了一會兒，神問車夫：「你幹完了嗎？」

「是的，幹完了。」車夫說。

「那很好，我來幫助你。」天神說，「拿起你的鞭子。」

「我拿起來了……咦，這是怎麼回事？我的車走得很輕鬆！神哪，你真是無所不能！」

這時神發話說：「你瞧，你的馬車很輕易地就離開了泥坑！遇到困難，要先自己動腦筋想辦法解決，不要坐等別人來幫助你。」

心靈物語

遇到挫折時，不要總是習慣把自己放在一個弱者的位置上，等待著別人的同情，然後等著別人來拯救你。只有自強自立，才能讓人對你刮目相看，你才能走出挫折的泥潭。

● 將挫折踩在腳下

一頭驢不小心掉到一口枯井裡，牠可憐地叫喊求助，期待主人能救牠出去。驢的主人召集數位鄉親出謀劃策，卻想不出好的辦法。大家一致決定，反正驢已老了，將牠活埋了也不為過，況且，這口枯井遲早也要填上，以免後患。

於是，人們拿起鏟子，開始填井。當第一鏟泥土落到枯井中時，驢叫得更淒慘了 —— 牠顯然明白了主人的意圖。

然而，當一鏟鏟泥土落到枯井中時，驢卻出乎意料地安靜了。人們發現，每一鏟泥土落在牠背上的時候，驢都在做一件令人驚奇的事情：牠努力抖落背上的泥土，踩在腳下，把自己墊高一點。

人們不斷地把泥土往枯井裡鏟，驢就不停地抖落那些落在背上的泥土，使自己再升高一點。就這樣，驢慢慢地升到枯井口，在人們驚奇的目光中，瀟瀟灑灑地走出了枯井。

心靈物語

山再高也有頂，困難再大也有限，而自我的力量卻是無窮的。
那些讓我們苦惱的困難，其實如同泥土一樣，放在身上是包袱，抖落地上又都變成了幫助我們走出困境的墊腳石。

● 接受痛苦的雕琢

一位著名的雕刻師準備塑造一尊佛像供人供奉，經過精挑細選，他看上一塊質感上乘的石頭，開始雕刻。

沒想到才拿起銼刀敲幾下，這塊石頭就痛不欲生，不斷哀嚎：「好痛，好痛，師傅，不要再刻了，還是讓我躺著吧！」師傅只好停工，讓其躺在地上，另外再找了一塊質感差一點的石頭重新雕刻。

只見這塊較差的石頭，任憑刀琢棒敲，一概咬緊牙根堅忍承受，默然不出一語。師傅漸入佳境，在精雕細琢下，果然雕成了極品，大家驚嘆為傑作，將佛像送到大雄寶殿，供善男信女日夜頂禮膜拜，從此，該廟宇香火鼎盛，遠近馳名。

不久，無法忍受雕刻之痛的那塊石頭，被人廢物利用，鋪在通往廟宇的馬路上，人車頻繁經過，又要承受風吹雨打，實在痛苦不堪，石頭內心憤憤不平，質問廟裡這尊佛像，說道：「你資質比我差，卻享盡人間禮贊尊崇，我卻每天遭受凌辱踐踏、日晒雨淋，憑什麼？」

佛像只是微笑，說：「你天資雖好，卻耐不住雕琢之苦，怎能抱怨別人呢？」

心靈物語

> 如果把生命比作一把披荊斬棘的「刀」，那麼挫折就是一塊不可或缺的「磨刀石」，為了使青春這把「刀」更加鋒利，就必須勇敢地接受挫折的磨礪！「梅花香自苦寒來」，經受過痛苦的人才能嘗到幸福的喜悅。

成熟大人學彎腰：

低頭認輸 × 自我安慰 × 逆境求生，既然無法成為主角，那就當最搶眼配角！

編　　著：胡彧

發 行 人：黃振庭

出 版 者：崧燁文化事業有限公司

發 行 者：崧燁文化事業有限公司

E-mail：sonbookservice@gmail.com

粉 絲 頁：https://www.facebook.com/
　　　　　sonbookss/

網　　址：https://sonbook.net/

地　　址：台北市中正區重慶南路一段六十一號八
　　　　　樓 815 室

Rm. 815, 8F., No.61, Sec. 1, Chongqing S. Rd.,
Zhongzheng Dist., Taipei City 100, Taiwan

電　　話：(02)2370-3310

傳　　真：(02)2388-1990

印　　刷：京峯彩色印刷有限公司（京峰數位）

律師顧問：廣華律師事務所 張珮琦律師

定　　價：420 元

發行日期：2023 年 05 月第一版

◎本書以 POD 印製

國家圖書館出版品預行編目資料

成熟大人學彎腰：低頭認輸 × 自
我安慰 × 逆境求生，既然無法成
為主角，那就當最搶眼配角！/ 胡
彧 編著 . -- 第一版 . -- 臺北市：崧
燁文化事業有限公司 , 2023.05
面；　公分
POD 版
ISBN 978-626-357-323-9(平裝)
1.CST: 成功法 2.CST: 生活指導
177.2　　112005528

電子書購買

臉書